Handels- und Gewerbekammer Triest

Das Triester Hafenprojekt und die Triester Handelskammer

Handels- und Gewerbekammer Triest

Das Triester Hafenprojekt und die Triester Handelskammer

ISBN/EAN: 9783743401266

Hergestellt in Europa, USA, Kanada, Australien, Japan

Cover: Foto ©ninafisch / pixelio.de

Manufactured and distributed by brebook publishing software (www.brebook.com)

Handels- und Gewerbekammer Triest

Das Triester Hafenprojekt und die Triester Handelskammer

Das Triester Hafenproject und die Triester Handelskammer.

Nach amtlichen Actenstücken.

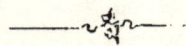

Triest.
Buchdruckerei des Oesterreichischen Lloyd.
1873.

Der neue Hafen von Triest, wie Einige jene im Meere zur Ausführung kommenden Arbeiten zu nennen belieben, welche unsere Stadt im Widerspruche mit ihren Wünschen in der Nähe der Eisenbahnstation vornehmen sieht, weßhalb sie uns auch das erste Mal unvorsichtiger aber ganz richtiger Weise unter dem Namen „Eisenbahnhafen" dargelegt wurden — dieser angebliche Hafen von Triest bildet seit langer Zeit den Gegenstand wiederholter Verhandlungen, Studien und Anträge im Schooße der städtischen Körperschaften: des Stadtrathes und der Handelskammer.

Als Dolmetscher der Wünsche Aller, die Triest lieben, auf die gewichtige Stimme angesehener Techniker, Ingenieure und Seeleute gestützt, deren Urtheil durch die Wissenschaft und praktischen Localkenntnisse geleitet wurde, haben diese beiden Körperschaften wenigstens dem Wesen nach bei ihrem Widerstande gegen die im Gange befindlichen Arbeiten stets die nämliche Bahn eingeschlagen, und dieser, wie bereits gesagt, aus patriotischer Anhänglichkeit für Triest und praktischer Erfahrung entsprungene Widerstand begann von dem ersten Augenblicke an, in dem die Arbeiten projectirt wurden, und dauert noch immer unerschütterlich und unverändert fort, wie die Stimme der Wahrheit. Um aber den Beweis zu liefern, daß es sich in diesem Falle mehr als in jedem andern um eine „allergetreueste Opposition", um eine loyale, wahrheitsliebende und vorurtheilsfreie, von Vaterlandsliebe beseelte Opposition handelt, um eine uneigennützige Würdigung der besonderen Interessen Triest's und der damit verbundenen des Reiches — um dies zu zeigen und zu beweisen, daß jede

1

gegentheilige Behauptung oder Einflüsterung, von welcher Seite sie auch kommen möge, entweder als Irrthum bezeichnet oder als Verleumdung gebrandmarkt werden müsse, hat der Präsident der Handels- und Gewerbekammer, Salomon Ritter von Parente, die Abfassung eines Auszuges aus den die Hafenfrage betreffenden Acten angeordnet, welche der unterzeichnete Referent hiemit vorlegt:

Auszug aus den Acten und Berathungen

der Handels- und Gewerbekammer in Angelegenheiten der im Hafen von Triest in Ausführung befindlichen Arbeiten.

Vor Allem möge hier die Ansprache wörtlich wiedergegeben werden, womit der Präsident der Kammer, Anton Ritter von Vicco, in der Sitzung der Kammer vom 1. Mai 1862 die neu aufgetauchte Hafenfrage auseinandersetzte, weil man sagen kann, daß der Bau des neuen Hafens, oder besser gesagt, der Arbeiten, die man so nennen will, bei diesem Anlasse seinen Einzug in den Sitzungssaal der Handelskammer gehalten hat. Auch nahm bei diesem ersten Erscheinen die Hafenfrage streng genommen keineswegs ein amtliches Kleid an, es war vielmehr, wie sich aus den Worten des Präsidenten selbst ergibt, ein weder aufgenöthigtes, noch sonst angeregtes Erscheinen, sondern nur eine einfache vertrauliche Mittheilung, welche der Kaufmann, Herr Anton Vicco, indem er erklärte, er sei in dieser seiner Eigenschaft eingeladen worden, den betreffenden, von der Regierung veranstalteten Commissionsberathungen beizuwohnen, seinen Collegen, den Mitgliedern der Kammer, machte. Gerade dieser Umstand erklärt vielleicht, daß das bezügliche Einladungsschreiben, sowie ein an den Präsidenten selbst gerichteter Brief des Herrn Talabot, obschon sie in den amtlichen Acten der Kammer unter Nr. 1129—570 1862 registrirt sind, sich im Archive nicht vorfinden.

Das Protokoll der erwähnten Versammlung lautet also folgendermaßen:

„Nach Eröffnung der Sitzung erklärte der Herr Präsident, er habe die Mitglieder der Kammer berufen, um ihnen Mittheilungen über die Berathungen zu machen, die in Angelegenheiten der projectirten Umgestaltung des hiesigen Hafens stattfanden, worauf er sich ungefähr folgendermaßen äußerte:

Ich schicke als notorisch die Bildung einer besonderen Commission unter dem Vorsitze Seiner Excellenz des Herrn Statthalters Dr. Friedrich von Burger voraus, zu dem Zwecke, ein von dem Ober-Ingenieur der Südbahn, Herrn Talabot, vorgelegtes Project zu prüfen. Zum Mitgliede dieser Commission, deren Auftrag darin bestand, das Project von technischer, nautischer und commercieller Seite mit Ausschluß der finanziellen zu prüfen, wurde ich durch das Vertrauen Sr. Excellenz, des Präsidenten, berufen, in Gemeinschaft mit meinem Collegen, Herrn Escher und anderen angesehenen Personen aller Stände unserer Stadt. Die betreffenden Pläne bildeten den ersten Gegenstand des Studiums in besonderen Ausschüssen, die großentheils aus ausgezeichneten Technikern, Hydrotechnikern u. s. w. bestanden, und wurden dann in voller Sitzung zur allgemeinen Berathung gebracht. Hierbei muß erwähnt werden, daß das von Sr. Excellenz dem Herrn Statthalter bei der Erörterung dieses Gegenstandes beobachtete Verfahren, sowie auch der von den einzelnen Commissionsmitgliedern an den Tag gelegte Eifer besonders ehrenvoll hervorgehoben zu werden verdient.

Der commercielle Gesichtspunct, auf den sich sowohl meine Thätigkeit als jene des Herrn Escher natürlicherweise beschränken mußte, gestattete mir nur einen beschränkten Antheil an den fraglichen Berathungen zu nehmen; nichts destoweniger wurde von unserer Seite nichts versäumt, was unsere Interessen fördern konnte. Die Erlangung neuer Grundflächen durch Anschüttung des Meeres, der Bau von Magazinen, die freie Bewegung auf den Quais, die Bequemlichkeiten für die Schiffe, kurz Alles, was sich auf den Vortheil des Handels und der Schifffahrt bezieht, wurde von mir bei jedem Anlasse warm befürwortet. Die von mir dargelegten Erwägungen

*

fanden auch im Ganzen vollen Beifall, und nur bei der Frage der Verschüttung des Theresienlazareths wich meine Meinung von jener der großen Mehrheit ab. Diese Frage stellt sich für die Kammer keineswegs als neu dar, da sich dieselbe wiederholt damit beschäftigt und sogar in der nämlichen Angelegenheit bei verschiedenen Anlässen Denkschriften an die höchsten Behörden gerichtet hat, namentlich damals, als Studien für die Verlegung des Lazareths im Gange waren, woran sich später ein von mir gemeinschaftlich mit dem Herrn Podestà Stephan von Conti an die Ministerien gerichtetes Memorial schloß, und endlich ein anderes, welches ich ebenfalls gemeinschaftlich mit dem Herrn Podestà Sr. Excellenz dem Herrn Handelsminister bei der Durchreise in Nabresina überreichte. Nun wurde in der Commission, über welche ich jetzt berichte, der Bau des neuen Hafens ohne Verschüttung des Lazareths von allen Technikern einstimmig für unmöglich erklärt, indem dieselben versicherten, die durch diese Maßregel zu erlangende Grundfläche sei für den Transport der Materialien behufs des Baues des projectirten Dammes unerläßlich.

Diesem Urtheile der Techniker wußte der in der Commission vertretene Handelsstand die harte Nothwendigkeit beklagend, nichts entgegen zu stellen, und die wärmsten Fürsprecher der Unverletzlichkeit des Lazareths, wie z. B. die Herren Regensdorff, Cunauo und Andere, ordneten ihre Wünsche ebenfalls dem von competenter Seite gethanenen Ausspruche unter. Ich, dem die von der Kammer ausgedrückten Wünsche betreffs der Erhaltung des Lazareths immer am Herzen lagen, glaubte trotz des eben Vorausgeschickten auf dieser Erhaltung bestehen zu müssen, aber Se. Excellenz der Herr Statthalter brachte mir in Erinnerung, es sei nicht der Kammerpräsident, der in dieser Eigenschaft berufen worden, seine Stimme abzugeben, sondern einfach der Kaufmann Anton Vicco, an welchen die Frage gerichtet werde, ob er für Triest einen neuen Hafen mit Verschüttung des Lazareths wünsche, oder ob er den gegenwärtigen vorziehe? Vor diese Alternative gestellt, erbat ich einen kurzen Aufschub, um mein definitives Votum in dieser Angelegenheit abzugeben, und erbat mir denselben, nicht um über diesen Gegenstand weitere Studien anzustellen, da letzterer hinlänglich erörtert und zu der erwähnten Alternative gebracht, keinen Zweifel über das abzugebende Votum mehr zuließ, sondern zu dem Zwecke, um vor Abgabe meines Votums, welches mit Rücksicht auf das Vorausgeschickte der Verschüttung zustimmend lauten muß, die Kammermitglieder von den gewichtigen Gründen zu unterrichten, welche mich bestimmen, von jenen von ihnen und mir getheilten Wünschen abzugehen, die immer der Erhaltung des erwähnten Lazareths günstig lauteten."

Später ertheilte der Präsident auf eine Interpellation der Herren v. Parente und Cloetta die Versicherung, es sei in der Commission ausgesprochen worden, das Theresienlazareth nicht früher niederzureißen, als bis für ein anderes gesorgt sei. Auch sei von ihm und vom Podestà eine entsprechende Erklärung zu Gunsten der Eigenthumsrechte des Staates und der Gemeinde auf die zu gewinnenden Gründe und betreffs des freien Verkehrs auf den Quais abgegeben worden.

Die Kammer, oder besser gesagt, wie das Protokoll lautet, "die Anwesenden" statteten nach dieser Mittheilung dem Präsidenten für die ihnen erwiesene Rücksicht ihren Dank ab, und der Präsident schloß mit der Aeußerung, er werde es sich nun angelegen sein lassen, sein motivirtes persönliches Votum in der Commission schriftlich zu Protokoll zu geben.

Am 21. Juli 1862 wurde im Schooße der Börsedeputation die Frage erörtert, eine Commission zu ernennen, um ein Project zur Umgestaltung des Hafens zu studiren, welche Frage durch eine Motion des Herrn Deputirten A. Tanzi angeregt wurde; jedoch mit Rücksicht darauf, daß man, wie der Antragsteller selbst andeutete, dabei im Einvernehmen mit dem Stadtrath hätte vorgehen müssen, und daß der damalige Podestà, Herr Stephan v. Conti, vom Kammerpräsidenten über die etwaige Aufnahme befragt, welche eine solche Einladung im Stadtrathe finden würde, mit dem nachfolgenden Schreiben geantwortet hatte, sprach sich die Deputation betreffs dieser Frage ablehnend aus.

Das Schreiben des Herrn Podestà lautete:

"Hochgeehrter Herr! Mit geschätzter Zuschrift vom 16. Juli d. J. Nr. 2374 wünschen Euer Hochwohlgeboren meine Privatmeinung über die Frage des neuen Triester Hafens, welche man in abermalige Erörterung ziehen möchte, zu vernehmen. Ich zögere nicht, dieselbe zu äußern. Nach meiner Anschauung ist es für Triest dringend nothwendig, daß die

Arbeiten für den neuen Hafen ohne Aufschub begonnen werden. Jede Verzögerung wäre ein Todesstreich für unseren Handel, der augenscheinlich anderen Städten in die Hände fällt. Das von Herrn Talabot vorgelegte Project des neuen Hafens wurde von einer sehr zahlreichen Commission geprüft, erörtert und abgeändert, welche viele durch Kenntnisse und praktische Erfahrung ausgezeichnete Capacitäten in ihrer Mitte zählte. Dieses Project liegt nun einer andern in Wien eingesetzten Commission zur Prüfung vor. Ueberdies wurden der Regierung verschiedene andere Projecte vorgelegt, in der trefflichen Absicht, wie ich nicht zweifle, uns einen guten Hafen zu verschaffen, aber mit einer für uns verderblichen Wirkung, weil sie die Beschlüsse der Wiener Commission verzögern werden und deren Ideen in Verwirrung bringen könnten. Beriefe man jetzt eine andere Commission, um sich mit näheren Studien zu beschäftigen, so würde man nur eine kostbare Zeit verlieren, die Durchführung eines so dringenden und nothwendigen Werkes verzögern und eine günstige Gelegenheit einbüßen, wie sie sich für Triest vielleicht niemals mehr darbieten wird. Ich betrachte also den Gegenstand nicht nur nicht als nützlich, sondern als höchst gefährlich und würde ihn für meine Person nicht zur Kenntniß des Stadtrathes bringen, außer auf ausdrückliche Aufforderung. Genehmigen Sie ɛc. ɛc.

Triest, den 17. Juli 1862.

Conti, Podestà.

An den Herrn A. Ritter von Vicco u. s. w."

In der Folge kam die Börsedeputation auf den Gegenstand zurück, indem dieselbe der Ansicht war, daß verschiedene Projecte für die Umgestaltung des Hafens, die inzwischen von Privaten vorgelegt wurden, Stoff für ein commissionelles Studium böten, und in der Sitzung der Handelskammer vom 29. August 1862 ernannte diese auf Antrag der Börsedeputation, welche ihr die erhaltenen Projecte mittheilte, eine besondere Commission für das Studium der verschiedenen Projecte für den Hafen von Triest.

Die Commission verfaßte ihren Bericht und legte ihn der Börsedeputation vor, in deren Sitzung vom 15. December 1862 im Laufe der Discussion vom Herrn Präsidenten von Vicco betreffs der Verhandlungen, die der Vorlage des

Projectes Talabot vorangingen, hervorgehoben wurde, daß im Jahre 1854 die Frage der theilweisen Verlegung des Hafens zur Erörterung kam, wofür bereits die allerhöchste Sanction erlangt war, und daß später nach verschiedenen mit Herrn Talabot unter Betheiligung des Herrn Podestà gepflogenen Berathungen auch Herr Talabot sich mit den Studien für die Umgestaltung des Hafens beschäftigte und schließlich der Regierung das Project des Dammes vorlegte.

Der Kammer wurde der Bericht am 22. December mit einem Bericht und mit den Anträgen der Börsedeputation vorgelegt, welcher letztere Bericht und welche Anträge hier ihrem Wortlaute nach folgen.

„In der ordentlichen Sitzung vom 29. August d. J. ernannte die Kammer aus ihrer Mitte eine Commission, welche aus den Herren G. Bazzoni, J. Sforzi, Ch. Opuich, A. Porenta, E. Padovan, C. M. Stalitz, A. Ralli bestand, mit der Befugniß, andere Personen außerhalb der Kammer zu Rathe zu ziehen und zu dem Zwecke, die verschiedenen Projecte für die Verbesserung und Erweiterung unseres Hafens zu studiren. Diese Commission hat, nachdem sie auch die Herren J. Hagenauer, B. Pazze und C. Regensdorff zu Rathe gezogen, ihren Bericht vorgelegt, der auf Veranstaltung des Börsenamtes gedruckt und gleichzeitig mit der Einladung zur heutigen Sitzung unter die wirklichen und stellvertretenden Mitglieder der Kammer vertheilt wurde, indem, wie dies auch in der Einladung selbst bemerkt ist, die betreffenden Beilagen im Börsenamte zu ihrer Verfügung gehalten werden, damit jedes der Herren Kammermitglieder sich über diesen wichtigen Gegenstand genau unterrichten kann, weßhalb heute die Verlesung des Berichtes unterlassen wird.

Die Börsedeputation hat gemäß der ihr laut Art. 40 lit. e des Statuts obliegenden Verpflichtung den Commissionsbericht einem vorläufigen Studium unterzogen, und beehrt sich nun, denselben mit ihrem eigenen Gutachten der Kammer vorzulegen. Es unterliegt keinem Zweifel, daß die in Rede stehende Angelegenheit eine der wichtigsten ist, welche die Handelsvertretung beschäftigen könne, da hauptsächlich von der glücklichen Lösung dieser Lebensfrage die commercielle Entwickelung unserer Stadt für die ganze Zukunft abhängt. Alles Lob gebührt daher Jenen, die sowohl im Schooße unserer Kammer, als außerhalb derselben sich eifrig damit beschäftigten, und nicht minder der Commission, welche der Einladung der Kammer selbst bereitwillig entsprechend sich der schwierigen Aufgabe gern unterzog. Bei diesem Anlasse darf mit besonderer Befriedigung hervorgehoben werden, daß von Seite einiger Mitglieder der Kammer und namentlich von jener des Herrn H. Rieter diesem vaterländischen Gegenstande besondere Sorgfalt gewidmet wurde, mittels der Ausarbeitung von Detailplänen bezüglich seines genialen Projectes, betreffs des Hafenkanals, das von vielen interessanten Publicationen begleitet ist, welche die öffentliche Aufmerksamkeit verdientermaßen erregten. Ebenso löblich sind die bezüglichen Bemühungen des Kammermitgliedes, Herrn Ingenieurs J. Sforzi, jene des Herrn S. C. Rosenkart, der sich seit so langer Zeit mit solcher Beharrlichkeit privatim mit diesem Gegenstande beschäftigt, sowie die der Herren Poppovich, Humpel, Bishop und endlich aller Jener, welche zu diesem wichtigen Zweck mitwirkten, und denen diese kurze öffentliche Erwähnung als Ausdruck des lebhaftesten Dankes für ihre eifrigen, umsichtigen, bereitwilligen und uneigennützigen Bemühungen in einer Angelegenheit dienen möge, welche das Gemeinwohl so nahe berührt.

Die Börsedeputation theilt vollkommen die von der Commission auf Seite 6 der erwähnten Denkschrift ausgedrückte Ansicht, indem sie „die Nothwendigkeit einer Verbesserung unseres Hafens anerkennt, da schon im Hinblick auf die gegenwärtigen Bedürfnisse der Schifffahrt der Triester Hafen einiger Reformen benöthigt, die, da sie nothwendig vorgenommen werden müssen, um im Vergleiche mit andern, rivalisirenden und ihre Concurrenz immer mehr ausdehnenden Plätzen nicht zurückzubleiben, jedenfalls auf eine solche Grundlage festgestellt werden sollten, daß sie nicht nur den gegenwärtigen Bedürfnissen unseres Handels entsprechen, sondern auch den künftigen, mit Rücksicht auf jene Entwickelung unseres Handels, die sich verständigerweise hoffen läßt."

In der That ist es unleugbar, und Jeder, der in der Lage ist, die maritimen Operationen praktisch durchzuführen, muß es aus eigener Erfahrung zugeben, daß unsere Rhede mit Bezug auf die Leichtigkeit, solche Operationen mit der erforderlichen Oekonomie vorzunehmen, viel zu wünschen übrig läßt, in Folge der Kosten für Lichterschiffe und den Transport der Waaren für die Ein= und Ausladung der Fahrzeuge, da Schiffe von großer Tragfähigkeit sich den Quais nicht nähern können, — lauter Uebelstände, welche durch Vertheuerung der Waaren unseren Absatzkreis vermindern und sich mit der Zeit desto fühlbarer machen werden, je größeren Umfang der Handel anzunehmen berufen sein sollte. Ueberdies werden bei stürmischem Wetter diese Uebelstände noch viel lästiger, indem sie zur Winterszeit die Handelsoperationen hemmen, zum größten Nachtheil für unseren Platz, in dessen Interesse es höchst wünschenswerth wäre, bei jedem Wetter arbeiten zu können. Von diesem Gesichtspuncte der commerciellen Interessen unseres Platzes theilt die Börsedeputation vollständig die Ansichten der Commission, ja sie ist der Meinung, daß unser Handelsemporium zu einer glänzenden Zukunft und zu einer großartigen und gedeihlichen Entwicklung berufen ist, wenn zu Gunsten unseres Hafens und unserer Rhede zweckmäßige und wirksame Maßregeln getroffen werden, die unbedingt nöthig sind, um die fraglichen Operationen zu erleichtern und es möglich zu machen, daß man das ganze Jahr ohne Unterbrechung mit größter Kostenersparniß und thunlichster Beschleunigung arbeiten könne.

Wie wenig es aber auch vom commerciellen Standpuncte aus einem Zweifel unterliegen kann, daß die Kammer und im Allgemeinen der Handelsstand den vorausgeschickten allgemeinen Grundsätzen zustimme, so darf man sich doch keiner Täuschung darüber hingeben, daß die wichtige Frage, welche uns jetzt beschäftigt, nebst der commerciellen Seite noch eine andere sehr wesentliche hat, nämlich die technische und die finanzielle, und es ist zu bemerken, daß die Commission selbst es gefühlt und an mehreren Stellen ihres fleißigen Elaborats ausgesprochen hat, wie schwierig, um nicht zu sagen unmöglich es sei, sich mit der gehörigen Sachkenntniß über die technische und finanzielle Seite einer so heiklen Angelegenheit zu äußern, welche besondere Fachkenntnisse erheischt, wenn man sich nicht der Gefahr aussetzen will, die größten Irrthümer zu begehen. Die Börsedeputation, welche aus einfachen Kaufleuten und Rhedern besteht, ist ebenso weit entfernt zu glauben, daß sie technische Kenntnisse besitze, die den Umfang jener überschreiten, die man sich im gewöhnlichen Leben zu=

fällig aneignen kann; deßhalb hält sie sich nicht für competent, in einer so schwierigen technischen Sache ein Urtheil abzugeben, und sei es auch nur die geringste Verantwortlichkeit nicht nur unserer Zeitgenossen, sondern auch unseren Nachkommen gegenüber zu übernehmen, auf welche hauptsächlich jene Beschlüsse was immer für einer Art, die unsere Regierung für die Verbesserung und Erweiterung unseres Hafens fassen wird, ihre Wirkungen ausüben müssen. Diese Zurückhaltung der Deputation in technischer Beziehung, während sie berufen ist ihr Gutachten abzugeben, entspringt nicht aus einer übelverstandenen Bescheidenheit oder aus einer falschen Besorgniß sich moralisch zu compromittiren, sondern ist die natürliche Folge der Sache an und für sich, da man von Personen, welche ihr Leben dem Handel, der Schifffahrt und der Industrie gewidmet haben, billigerweise nicht technische Kenntnisse bezüglich so schwieriger hydraulischer Werke verlangen kann. In diesem Betreffe hat man von angesehenen und in den bezüglichen technischen Fächern sehr bewanderten Personen diametral entgegengesetzte Meinungen äußern hören. Während z. B. Einige für den Bau eines wirklichen Hafens stimmen, ziehen Andere die einfache Verbesserung unserer offenen Rhede vor, und während Einige den von Herrn Talabot angerathenen Damm als einen heilsamen Schutz gegen die Stürme unseres Golfes und als eine Bürgschaft der Sicherheit für die Schiffe im Hafen vorschlagen, entsetzen sich Andere bei dem bloßen Gedanken an dieses Heilmittel, das sie für schlechter als das Uebel selbst halten, indem sie darin statt einer Wehre gegen den Ungestüm der Wellen und der Winde eine neue künstliche Klippe im Hafen erblicken, gegen welche die Winde und Wellen in wirbelvollen Brandungen anstürmen würden, so daß die Schiffe, welche im Hafen Schutz gesucht, sich dort gleichsam zwischen Schlla und Charybdis in der schlechten Jahreszeit großen Gefahren und Unfällen ausgesetzt sähen. In diesem Sinne sind aber erfahrene Seeleute der Meinung, daß unsere Rhede, gerade weil sie glücklicherweise eine offene ist, solche Sicherheit darbietet, daß in einer langen Reihe von Jahren nur sehr wenige Unfälle vorkamen, indem auf diese Art der Ungestüm der Bora sich frei austoben kann, ohne auf der Rhede Schaden anzurichten, weßhalb sie behaupten, daß, wenn man die Rhede selbst schließen wolle, um daraus einen Hafen zu bilden, dies das Gute zerstören hieße, was uns die Natur gegeben, um ein der Sicherheit unseres Hafens höchst nachtheiliges künstliches Werk an die Stelle zu setzen. Und selbst unter jenen Kunstverständigen, welche dem Damme geneigt wären, herrscht große Meinungsverschiedenheit über die Richtung und Entfernung, in welcher derselbe angebracht werden sollte. Einige sind der Ansicht, ihn mehr oder weniger schief, oder mehr oder weniger parallel mit der Richtung der Quais unseres Hafens zu erbauen; Einige möchten ihn in mäßiger Entfernung haben, während Andere ihn weiter hinausgerückt wünschten, und Jeder glaubt in seiner eigenen Meinung ein sicheres Pfand für den Schutz unseres Hafens zu erblicken, während er die widersprechende als Quelle zahlloser Unfälle betrachtet, und zwar in dem Grade, daß, nachdem einmal in dieser Beziehung ein Irrthum begangen worden, es unmöglich würde, demselben im Laufe der Zeit abzuhelfen, und man große Gefahr liefe, statt unsern Hafen zu verbessern, wie es unser Zweck ist, denselben ganz und für immer zu ruiniren.

Wenn also unter den Sachverständigen eine solche Meinungsverschiedenheit herrscht, so würde die Börsedeputation eine nicht zu rechtfertigende Anmaßung begehen, falls sie sich zur Richterin in einer Angelegenheit aufwerfen wollte, in welcher sie sich ebenso wie die Commission incompetent erklärt.

Obschon in der Kammer zufälligerweise technisch gebildete Mitglieder sitzen, für welche die Deputation alle Achtung hegt, so ist es doch nichtsdestoweniger wahr, daß die Körperschaft selbst, aus welcher die Kammer besteht, aus Kaufleuten, Industriellen und Angehörigen der Marine zusammengesetzt ist, auf welche im Allgemeinen die gleichen Erwägungen Anwendung finden, die bezüglich der von ihr delegirten Deputation vorausgeschickt wurden.

Es ist daher anzunehmen, daß die Kammer selbst sich von den nämlichen Klugheitsgründen leiten lassen wird, welche die Deputation abhalten, in technischer Beziehung ein Urtheil abzugeben, da ein solches außer ihrer Befugniß liegt. Nebst den soeben kurz erwähnten technischen Schwierigkeiten erweckte auch die finanzielle Seite der verschiedenen Projecte nicht geringere Bedenken, und um in diesem Betreffe auch nur annähernde Gewißheit zu erlangen, wäre es nothwendig, lange und genaue Studien an Ort und Stelle durch Sachverständige vorzunehmen, mit den entsprechenden Untersuchungen, Erhebungen und Berechnungen, da es sonst ganz unmöglich wäre, eine begründete Meinung über die wichtige finanzielle Frage abzugeben, die auch einen Gegenstand bildet, über welchen die Handelsvertretung eine Aeußerung abzugeben sich nicht direct berufen fühlen kann.

Bei dieser schwierigen, aber leider thatsächlich vorhandenen Lage der Dinge fühlt sich die Börsedeputation, von dem Wunsche beseelt, daß die Handelsvertretung die Sache in jeder angemessensten Weise fördere, die sich von ihr nur irgend erwarten läßt, und bei der Unmöglichkeit, daß wir selbst alle erforderlichen technischen Studien anstellen, für verpflichtet, der Kammer ein Mittel vorzuschlagen, welches allen gerechten Anforderungen zweckmäßig zu entsprechen scheint. Es wird daher der Kammer vorgeschlagen: Erstens den Bericht der Commission sammt allen Beilagen dem k. k. Ministerium für Handel und Volkswirthschaft vorzulegen; zweitens das genannte Ministerium zu ersuchen, von Allem, was in diesem Berichte den commerciellen Theil betrifft, geneigte Kenntniß zu nehmen; drittens dem Ministerium die dringende Nothwendigkeit auseinander zu setzen, daß jene Verbesserungen und Erweiterungen in unserem Hafen, welche schließlich als die zweckmäßigsten anerkannt werden, wirklich ins Leben gerufen werden; viertens sich in technischer Beziehung eines näheren Eingehens zu enthalten, da dieser Gegenstand besondere Sachkenntnisse erfordert, dafür aber fünftens hervorzuheben, daß es nicht nur im Interesse Triest's, sondern auch in jenem der ganzen Monarchie höchst wünschenswerth wäre, daß außer den technischen Celebritäten, die sich bis jetzt mit der vorliegenden Angelegenheit beschäftigt, auch noch andere ausgezeichnete Ingenieure von erprobter Tüchtigkeit und europäischem Rufe besonders im Fache des Wasserbaues zu Rathe gezogen würden, wozu, wie man anzunehmen Grund hat, die Regierung selbst geneigt scheint, welche Techniker jedoch bei ihren Erhebungen namentlich dem von der Kammer schon bei früheren Anlässen ausgesprochenen lebhaften Wunsch, das Bassin des Theresienlazareths mit den erforderlichen Ausbesserungen für Handelszwecke zu erhalten, die thunlichste Berücksichtigung gewähren sollten, damit in einer so wichtigen Angelegenheit

Irrthümern, die leicht die verderblichsten, nie wieder gut zu machenden Folgen haben könnten, vorgebeugt und die Möglichkeit dargeboten werde, nach reiflicher Erwägung jenen Beschluß zu fassen und zur Verwirklichung zu bringen, der sich kraft des maßgebenden Ausspruches der technischen Notabilitäten und im Einklang mit der Ansicht der Handelskörperschaften und der erfahrenen Seeleute, sowie schließlich auch vom finanziellen Standpuncte als der geeignetste erweisen würde, um den dauernden Aufschwung unseres Emporiums zu dessen eigenem Wohle und zum Besten der ganzen Monarchie zu begründen; ferner sechstens zu dem unter 5 bezeichneten Zwecke einen angemessenen Geldbeitrag von Seite der Kammer anzubieten, über den später eine Vereinbarung zu treffen wäre, um die in Aussicht genommenen Studien zu erleichtern und besser in der Lage zu sein, bei den weiteren Verhandlungen über diesen für uns eine Lebensfrage bildenden Gegenstand den gebührenden Einfluß zu sichern; und endlich siebentens der Commission den verdienten Dank zu erstatten.

Die Kammer genehmigte alle Anträge der Deputation nach reiflicher Erörterung, in deren Verlauf viele Redner mit Beziehung auf die Gutachten der praktischen Seeleute das Project des Dammes bekämpften, und es wurde hierauf ein entsprechender Bericht an das k. k. Ministerium erstattet und darin das Gesuch hervorgehoben, daß vor definitiver Genehmigung des Planes auch das Gutachten der Kammer vernommen werde.

Unterm 24. März 1863 richtete die Börsedeputation ein neues Gesuch an das k. k. Ministerium in dem Sinne, daß, nachdem sie aus guter Quelle zur Kenntniß gelangt, daß eine neue Regierungscommission einberufen werden solle, um die verschiedenen Hafenprojecte zu prüfen, sie für einen oder zwei von der Kammer zu ernennende commercielle Delegirte Sitz und Stimme in der Commission erbitte, und zwar ohne Beeinträchtigung des früheren Gesuches, daß über das genehmigte Project auch das Gutachten der Kammer eingeholt werde.

Auf dieses Gesuch erfolgte der Bescheid durch einen Erlaß der k. k. Central-Seebehörde vom 16. April 1863, worin letztere Behörde selbst im Auftrage des k. k. Marine-

Ministeriums sich äußerte: „daß auf Anordnung des genannten Marineministeriums die nämliche Commission, welche schon früher von der Regierung zur Prüfung dieses Gegenstandes ernannt wurde, ihre Berathungen und Verhandlungen weiter fortzusetzen habe; daß, inwiefern bei diesen Verhandlungen nebst den technischen und nautischen Fragen auch die commerciellen Interessen in's Spiel kommen, durch die Beiziehung einer ansehnlichen Zahl von Vertretern und namhaftesten Mitglieder der Handelskammer, sowie des Handels=, Rheder= und Seefahrerstandes schon die umfassendste Gelegenheit zu einer freimüthigen und gründlichen Erörterung der betreffenden Interessen und Gesichtspuncte dargeboten, und daß es nach der Natur und Bedeutung des Gegenstandes vollkommen unstatthaft sei, der von der Staatsverwaltung eingesetzten Vertrauenscommission eine noch größere Vertretung der einzelnen Körperschaften oder besonderen Interessen beizugeben."

Die Börsedeputation befriedigte sich bei diesem Bescheide nicht, sondern richtete unterm 21. April desselben Jahres an die k. k. Central = Seebehörde und an das k. k. Ministerium wiederholte Vorstellungen, worin sie das obenerwähnte Gesuch, daß nämlich die Kammer vor definitiver Genehmigung eines Projectes einvernommen werde, erneuernd hervorhob, die Kammer könne in der Regierungscommission nicht als vertreten betrachtet werden, da sie als solche Niemanden in dieselbe abgeordnet und die einzelnen Mitglieder, welche etwa von der Regierung berufen worden, nach ihren eigenen Erklärungen nur als Privatpersonen zugegen gewesen seien, der Präsident selbst aber seine Theilnahme an den fraglichen Verhandlungen eben deshalb abgelehnt habe, weil er dadurch nicht mit seiner amtlichen Stellung in Widerspruch gerathen wollte. Die Deputation betonte neuerdings die aus diesem Verfahren möglicherweise entspringenden Nachtheile, so wie die daran geknüpfte Verantwortlichkeit, welche sie Andern zuschob, indem sie schließlich ihr Gesuch erneuerte, eigene Vertreter in der Commission zu erhalten.

Da dieses letzte Gesuch unbeantwortet blieb und sich inzwischen die Nachricht verbreitete, das Ministerium beabsichtige, dem Reichsrathe einen förmlichen Antrag behufs eines bestimmten Projectes für die Verbesserung des Hafens vorzulegen, richtete die Börsedeputation, indem sie sich darauf und

auf ihr früheres Gesuch bezog, ein abermaliges Gesuch an
das k. k. Ministerium, worin sie ihr statutenmäßiges Recht
hervorhob, in Angelegenheiten solcher Art gehört zu werden
und ihre betreffenden früheren Bitten dringend erneuerte.

Auch diese Vorstellung hatte das nämliche Schicksal, wie
die früheren. Sie blieb unbeantwortet. Inzwischen wurden
im Schooße der Deputation und in den Plenarsitzungen der
Kammer von Zeit zu Zeit darauf bezügliche Interpellationen
vorgebracht, mit der Empfehlung, den Gegenstand im Auge zu
behalten. Betreffs dessen erklärte der Präsident, Ritter von
Vicco, in der Kammersitzung vom 10. März 1865, er habe
in Wien gehört, die Hafenangelegenheit sei in den Wirkungs=
kreis des Marineministeriums übergegangen, und die betref=
fenden Auslagen würden erst mit dem Budget für 1866 dem
Reichsrathe zur Berathung vorgelegt worden, indem er noch
mit Bezug auf die von der Kammer gestellten zahlreichen
Gesuche um Einvernehmung vor einer definitiven Beschluß=
fassung beifügte, er behalte sich vor, den Herrn Deputirten
Escher, welcher nächstens nach Wien abreise, zu ersuchen, sich
über den Stand der Dinge zu erkundigen, um nöthigenfalls
die bereits gethanenen Schritte zu erneuern.

Im August 1865 theilten die Herren G. A. Gaddum
und C. Girardelli, welche als Abgeordnete der Kammer den
bei der Statthalterei betreffs der Eisenbahnstation abgehalte=
nen Conferenzen beiwohnten, mit, „daß, nachdem der Präsi=
dent der Commission, nämlich Se. Excellenz der Herr Statt=
halter, den amtlichen Ausspruch gethan, daß Erörterungen
über den Hafen im Allgemeinen und das Theresienlazareth im
Besonderen nicht zugelassen würden, weil die Durchführung
der Arbeiten bereits allerhöchsten Ortes beschlossen und ge=
nehmigt sei, und daß es sich deshalb jetzt nur um die innere
Eintheilung der Eisenbahnstationen jenseits der bezeichneten
Linie handle, sie ihr Mandat niederlegten."

Am 13. October 1865 wurde der Kammer der Bericht
zur Kenntniß gebracht, den die nämlichen Herren als ihre
Vertreter erstattet, welche auf Ansuchen ihr Mandat, den Con=
ferenzen beizuwohnen, mit dem ausdrücklichen, in dasselbe auf=
genommenen Vorbehalt wieder übernommen, daß nämlich diese
Delegirung ohne Beeinträchtigung der Schritte stattfinde,
welche die Kammer betreffs des von den Commissionsverhand=

lungen ausgeschlossenen Hafenprojectes und Lazarethes zu beschließen für gut finden werde. Von diesem Berichte Kenntniß nehmend, billigte die Kammer mit ausdrücklicher Abstimmung das Verfahren der Delegirten, welche diese Vorbehalte der Kammer mitgetheilt hatten, und beschloß an das neu errichtete Ministerium für Handel und Volkswirthschaft ein abermaliges Gesuch zu richten, um zu erwirken, daß sie vor einer Beschlußfassung über die Angelegenheit der Umgestaltung des Hafens einvernommen werde. Auch dieses Gesuch blieb unerledigt.

Am 12. Januar 1866 wurde im Schooße der Kammer über diesen Gegenstand eine neue Interpellation gestellt, und am 14. desselben Monats richtete der Präsident ein Präsidialschreiben direct an Se. Excellenz den Handelsminister Baron von Wüllersdorff, worin er den bisherigen Gang der Angelegenheit in seinen Hauptumrissen auseinandersetzte, die durch das künftige Project, so weit es eben bekannt sei, hervorgerufenen Befürchtungen und Besorgnisse schilderte und inständig bat, daß die Kammer vor Genehmigung desselben einvernommen werde.

Unter dem Datum „Wien den 2. Februar 1866" ertheilte S. Excellenz der Herr Minister nachstehende Antwort, die hier nach ihrem Wortlaute folgt:

160—H. M.

Hochwohlgeborner Ritter!

Für das verbindliche Schreiben vom 24. v. M. Z. 222 beehre ich mich meinen wärmsten Dank zu sagen. Dem mir höchst schmeichelhaften persönlichen Vertrauen, welchem Euer Hochwohlgeboren Ausdruck zu geben die Güte haben, glaube ich entgegengekommen zu sein, indem ich sofort nach meinem Amtsantritte, der nicht nur für Triest, sondern für den Handel des ganzen Reiches sehr wichtigen Frage der Verbesserung des dortigen Hafens meine volle Aufmerksamkeit zuwandte.

Es gereicht mir zur nicht geringen Befriedigung, einen Schatz der eingehendsten und gründlichsten Vorarbeiten vorzufinden, welcher unter Mitwirkung anerkannter Koryphäen der Hydrotechnik, dann der hervorragendsten Vertreter aller berechtigten Interessen, namentlich auch des Handels-, Rheder- und Schifferstandes von Triest zu Stande gebracht, endlich

und nach wiederholter, sorgsamster Ueberprüfung in einem
Projecte ihren Abschluß fanden, das Se. Majestät der Kaiser
mit Allerhöchster Entschließung vom 27. Juni 1865 aller=
gnädigst zu genehmigen geruhten.

Dieses Project, welches weit abweichend von dem vor
einigen Jahren behandelten auf totale Umgestaltung des Ha=
fens und der Rhede zielenden größeren Planes lediglich die
Verbesserung des gegenwärtigen Hafens zum Gegenstande hat,
trägt allen Anforderungen und Interessen volle Rechnung,
dasselbe entspricht, und ich betone dies mit der ganzen Ueber=
zeugung eines nicht unerfahrenen Seemannes, vorzüglich den
Bedürfnissen der Schiffahrt.

Indem ich es für eine meiner wichtigsten und schönsten
Obliegenheiten ansehe, den, auf rasche Durchführung der zur
Entwickelung unseres Seeverkehrs unentbehrlichen Verbesserung
des Triester Hafens sowie der damit im Zusammenhange ste=
henden Bahnhofbauten, gerichteten A. h. Absichten zu entspre=
chen und mich der Hoffnung hingebe, daß die getroffenen Ein=
leitungen den Beginn der Arbeiten in allernächster Zeit ge=
statten werden, zweifle ich nicht daran, daß auch die von
Euer Hochwohlgeboren besprochenen Bedenken überall dort
weichen werden, wo die adoptirten Pläne einer sachverständi=
gen und vorurtheilsfreien Ueberlegung unterzogen werden.

Euer Hochwohlgeboren möchte ich aber ersucht haben,
daß Sie Ihren ebenso weitreichenden als wohlberechtigten Einfluß
auf die Mitglieder der geehrten Handelskammer wie auf Ihre
Mitbürger überhaupt geltend machen, um der allein begrün=
deten Ueberzeugung Eingang zu verschaffen, daß der Plan,
nach welchem die Verbesserung des Hafens nunmehr vorge=
nommen werden wird, weit entfernt die maritimen Interessen
zu schädigen, gerade diesen die wesentlichsten Vortheile ver=
spricht, und daß die dem Theresienlazarethe zugedachte Be=
stimmung, wenn sie auch nicht den mit Vorliebe gehegten und
gewiß gut gemeinten Plänen einzelner Projectanten zusagt,
doch eine solche ist, welche in weit höherem Maße das hof=
fentlich rasche Aufblühen der ersten Seehandelsstadt des Rei=
ches zu fördern geeignet und daher den erhabenen Absichten
der großen Kaiserin entspricht, deren Andenken die Pietät der
Bewohner von Triest stets in wahrhaft anerkennenswerther
Weise zu ehren weiß.

Genehmigen Sie, Herr Präsident, die Versicherung meiner besonderen Hochachtung mit der sich zeichnet

Euer Hochwohlgeboren

ergebener

Wüllerstorf.

Verschiedene Mitglieder der Kammer stellten sogleich nach Empfang der ministeriellen Mittheilung einen Antrag auf Ernennung einer Commission, die mit Studien über den Hafenbau zu beauftragen sei; die Kammer ging jedoch in ihrer Sitzung vom 23. März 1866 nach langer und erschöpfender Erörterung über diese Motion zur Tagesordnung über, indem sie den darauf bezüglichen Antrag der Börsedeputation annahm, der nach Constatirung des Vorausgegangenen nunmehr jedes Studium über die bereits entschiedene Frage als unnütz bezeichnete.

Am 3. Mai 1867 wurde der Kammer zur Kenntniß gebracht, daß zwei ihrer Mitglieder, die im Dringlichkeitswege zu Conferenzen bei der Central=Seebehörde zu einer Berathung über die Hafenbauarbeiten abgeordnet wurden, denselben mit der Erklärung beigewohnt, daß, da es sich für sie nur um die Art und Weise handle, wie ein bereits als genehmigt erklärtes Project ohne Nachtheil für die Handels= und Schiffahrtsoperationen durchzuführen sei, sie mit den von der Commission angerathenen Ausführungsmodalitäten einverstanden seien, jedoch mit den schon bei anderen Anlässen von der Kammer selbst ausgesprochenen Vorbehalten.

Im Juli 1867 hatte die Börsedeputation über ein Gesuch Berathung zu pflegen, das, von mehreren Rhedern, Kaufleuten und Ingenieuren vorgelegt, darauf abzielte, von Seite des Reichsrathes eine Revision des Vertrages hervorzurufen, welchen die k. k. Staatsverwaltung mit der Südbahn über die Triester Hafenbauten abgeschlossen. Die Börsedeputation stellte dieses Gesuch den Bittstellern zurück, indem sie auf Grund eines Rechtsgutachtens der Ansicht war, daß ihre von denselben erbetene Einmischung die Grenzen ihres Wirkungskreises überschreiten würde. Unter den Erwägungen, welche in der betreffenden Berathung zur Geltung kamen, ist nebst der Rücksicht auf das betreffende Gutachten über die

Incompetenz der Kammer auch das Bedenken hervorzuheben, daß es den Bittstellern freigestanden wäre, sich direct entweder durch Vermittlung der Triester Abgeordneten oder des Landesausschusses an den Reichsrath zu wenden, dessen Aufmerksamkeit übrigens schon in Folge der von der Grazer Kammer ergriffenen Initiative auf den Gegenstand gelenkt worden war.

Dieser Beschluß der Börsedeputation wurde auch von der Kammer später genehmigt. In beiden darauf bezüglichen Sitzungen hatte der Präsident erklärt, im Hinblick auf das Rechtsgutachten jeden Beschluß suspendiren zu müssen, der gefaßt würde, um das Gesuch der Bittsteller zu unterstützen.

Im October 1868 lud die k. k. Seebehörde die Handelskammer ein, ihre Vertreter zu Commissionssitzungen abzuordnen, welche für die in der nachstehenden Einladung bezeichneten Zwecke einberufen wurden:

„In dem Wunsche, die Zweifel zu beseitigen, welche über die Zweckmäßigkeit des projectirten Dammes für den neuen Hafen in Triest entstanden sind und hauptsächlich aus der Besorgniß entspringen, daß dadurch der Hafen selbst verschlammt, die Einfahrt erschwert, der Raum vermindert und die Schiffe der Gefahr ausgesetzt werden könnten, am Damme selbst zu zerschellen, weßhalb die hiesige Stadtvertretung das Gesuch stellte, daß der Bau dieses Dammes ganz unterbleibe, hat das k. k. Handelsministerium mit Erlaß vom 4. September d. J. die Unterzeichnete beauftragt, der genannten Vertretung und der Handelskammer die Gründe bekannt zu geben, welche von den vorzüglichsten Technikern angeführt wurden, um die Nothwendigkeit des fraglichen Dammes zu beweisen, und deshalb den Stadtrath und die Handelskammer einzuladen, Vertreter zu einer commissionellen Besprechung zu senden, worin ihnen die thatsächlichen Verhältnisse auseinandergesetzt und Gelegenheit dargeboten werden soll, ihr eigenes Gutachten abzugeben und zu begründen. Mit Bezug darauf beehrt sich die Central-Seebehörde E. Hochwohlgeboren einzuladen, drei Vertreter der Handelskammer zu der in Rede stehenden Commission abordnen zu lassen, welche im Amtslocale der Central-Seebehörde und unter dem Vorsitz des Herrn Gubernialrathes Dr. Wittmann am 23. November d. J. um 11 Uhr Vormittags stattfinden und, wenn erforderlich, nach den Bestimmungen der Commission selbst an den folgenden Tagen fortgesetzt werden wird. Wegen der Aehnlichkeit, die zwischen den in Triest auszuführenden und den in Marseille durchzuführenden Hafenarbeiten besteht, hat man es für zweckmäßig gehalten, dieser Commission den Ober=Ingenieur der Brücken und Straßen in Marseille, Herrn Pascal, beiwohnen zu lassen, der vor dem oben erwähnten Zeitpuncte nicht in Triest eintreffen kann, was die Aufschiebung der Commission selbst veranlaßte. Da letztere sich auch mit der Frage beschäftigen muß, ob es etwa auch zweckmäßig wäre, die Zahl der Molos im neuen Hafen zu vermehren, sowie mit jener, auf welche Weise die Gießbäche Klutsch und Martesin abzuleiten wären, um die Interessen der öffentlichen Gesundheit zu wahren und der Verschlammung des neuen Hafens vorzubeugen, wird es gut sein, daß die zur Commission abzuordnenden Vertreter entweder Techniker seien, oder von Technikern begleitet werden."

Bevor dieser Einladung entsprochen wurde, berief die Deputation mehrere Seecapitäne zu einer Besprechung, welche zu einem Ideenaustausch über den Gegenstand der Einladung bestimmt war, und über die ein Protokoll aufgenommen wurde, worauf die Deputation selbst der Kammer in der Sitzung vom 17. Nov. 1868 der Kammer den Antrag stellte, drei Vertreter aus ihrer Mitte abzuordnen, die von zwei Technikern begleitet und auf das von den Vertrauensmännern in der eben erwähnten Besprechung abgegebenen Gutachten gestützt, der von der Regierung angeordneten Conferenz beizuwohnen hätten. Die Kammer ernannte in der That die Herren J. Brüll, Dr. L. Buzzi und G. A. Gaddum zu ihren Vertretern, zu deren technischen Beiräthen aber die Herren L. Camelli und B. Verona mit dem ausdrücklichen Auftrage für die Abgeordneten, gegen den Damm Widerspruch zu erheben, und mit dem gleichzeitigen Beschlusse, vom Ministerium und erforderlichen Falls vom Monarchen neuerdings die Rückgabe des Theresienlazareths zu erbitten.

Der von den Herren Abgeordneten über die commissionellen Besprechungen erstattete Bericht lautet folgendermaßen:

Löbliche Börsedeputation!

In Gemäßheit des in der Sitzung vom 14. November l. J. erhaltenen Auftrages wohnten die unterzeichneten Abgeordneten in Gemeinschaft mit den zwei zu diesem Zwecke beigezogenen Herren technischen Sachverständigen heute der Conferenz bei, welche in dem Amtslocale der hochlöbl. k. k. Central-Seebehörde über die Hafenfrage stattfand, und beehren sich hiemit über die vorgekommenen Verhandlungen zu berichten.

Die Sitzung wurde von dem Präsidenten Herrn von Gödel-Lannoy eröffnet und geleitet, welcher erklärte, daß die Conferenz, hervorgerufen durch den Geist liberalster Auffassung, der heutzutage unsere Minister leitet, vollkommene Freiheit der Discussion besitze, daß aber gleichwohl letztere, den ministeriellen Instructionen gemäß, von den im Programme festgesetzten drei Puncten nicht abweichen dürfe; diese Puncte umfassen:

1. Die Frage, ob eine kleine Aenderung in den Krümmungen am Eingange des Hafendammes geeignet wäre, die Ansichten der Kammer über den Damm selbst für sich zu gewinnen;

2. möge die Conferenz ihr Gutachten über die Zahl der Hafendämme abgeben, welche innerhalb des neuen Bassins zu erbauen wären;

3. möge sie dasselbe bezüglich der geeignetsten Art und Weise abgeben, die Mündungen der Wildbäche Klutsch und Martesin abzuleiten.

Die Abgeordneten des Stadtrathes beschränkten sich dem erhaltenen Mandate gemäß darauf, gegen die Hafenbauten im Allgemeinen zu protestiren, indem sie zugleich erklärten, daß sie auch an den Verhandlungen nicht theilnehmen könnten.

Wir, die Abgeordneten der Kammer, erklärten vor Allem, daß wir beauftragt seien, uns gegen die Erbauung des Hafendammes auszusprechen, und erklärten zugleich, daß die löbliche Börsedeputation in Folge Beschlusses der Handelskammer unmittelbar bei dem hohen Handelsministerium einschreite, damit das Theresienlazareth seiner commerciellen Bestimmung zurückgegeben werde.

Auf die Frage des Herrn Präsidenten, ob es uns möglich sei an der Discussion theilzunehmen, bejahten wir dies, indem wir übrigens auf unserem Widerspruch gegen die Erbauung des Hafendammes beharrten und es uns ausdrücklich vorbehielten, der Handelskammer Bericht zu erstatten und uns erneuerte und bestimmtere Vorschriften für den Fall geben zu lassen, als es Herrn Pascal gelingen sollte, die Bedenken der Sachverständigen über den unheilvollen Einfluß auf die Zukunft des Hafens selbst zu beschwichtigen, welche der auf dem vorgelegten Plane verzeichnete Damm in ihnen hervorgerufen.

Die Verhandlung war ziemlich lang und schwierig; — lang, weil Herr Pascal, der bloß französisch spricht, eines Dolmetschers bedurfte, um daran theilzunehmen — schwierig, weil bei Aufrechthaltung des ministeriellen Programmes, sowohl wir als die Herren technischen Beistände nur schwer den Standpunct einhalten und die Richtung verfolgen konnten, die uns und ihnen durch das erhaltene Mandat vorgezeichnet waren.

Die Erklärungen des Herrn Pascal, welche auf der Aehnlichkeit zwischen den in Marseille bereits ausgeführten und den in Triest erst auszuführenden Arbeiten fußen, waren keineswegs geeignet uns zu befriedigen; was aber nicht wenig dazu beiträgt, die von den österreichischen Capitänen in ihrem Gutachten vom 9. d. M. abgegebene Ansicht aufrecht zu erhalten, ist, daß derselbe Herr Pascal sich durchaus nicht mit dem Hafendamme in seiner gegenwärtig in Aussicht genommenen Form einverstanden erklärte, sondern vollkommen der Ansicht des Herrn Capitäns Verona beistimmte, welcher Herrn Pascal fragte, wie er, der im Jahre 1862 die südliche Einfahrt des Projectes Talabot auf den Vorschlag der seemännischen Mitglieder der damals tagenden Commission um 200 Fuß schmäler gestaltete, um auf diese Weise die Wellenbewegung im Bassin zu verringern, heute eine Mündung von beiläufig 1500 Fuß gutheißen könne, wie sie in dem vorgelegten Projecte in Aussicht genommen sei und ihm auf diese Art den Widerspruch bewies, in den er, Herr Pascal, mit sich selbst gerathen.

Dies bewog Herrn Pascal zu der Erklärung, daß er in dem vorliegenden Plane nur den Anfang der auszuführenden Arbeiten erblicken könne und daß man jedenfalls im Verlaufe der Zeit angewiesen sein werde, die Arbeiten vollständig auszuführen, die in dem Projecte Talabot in Antrag gebracht werden.

Der Herr Präsident, über diesen Umstand, nämlich darüber befragt, ob die bis jetzt in Aussicht genommenen Arbeiten wirklich nur einen Theil dessen umfassen, was man auszuführen gedenke, erklärte, eine bestimmte Antwort nicht geben zu können, indem er von den Absichten des Ministeriums nicht hinlänglich unterrichtet sei, sprach aber zugleich seine Bereitwilligkeit aus, dem hohen Ministerium hierüber Bericht zu erstatten und bei demselben eine eventuelle Verlängerung des Hafendammes zu befürworten, wenn die Handelskammer diesem Wunsche Ausdruck geben sollte.

Unser Mandat war hiemit umsomehr erschöpft, als das Gutachten der Capitäne einen bestimmten Plan zur Grundlage hatte.

Da wir diese unsere Ansicht dem Herrn Präsidenten v. Gödel-Lannoy mittheilten, ersuchte er uns, darauf hinzuwirken, daß der Beschluß der Handelskammer mit der möglichsten Beschleunigung gefaßt werde, weil Herr Pascal durch seine anderweitigen Geschäfte ehestens abberufen werde. Indem wir nun dem Herrn Präsidenten unseren verbindlichsten Dank für die zuvorkommende Art und Weise ausdrücken, mit welcher er die Verhandlungen auf dem leider nur zu sehr beschränkten Terrain zu führen wußte, erlauben wir uns unserseits die löbliche Deputation zu bitten, dieselbe möge diese Zuvorkommenheit dadurch erwiedern, daß sie so rasch wie möglich die Handelskammer zur weiteren Beschlußfassung und zwar vorzüglich über folgende drei Puncte veranlasse:

1. daß die Abgeordneten ermächtigt werden über die Krümmung des Hafendammes gegen Norden, 2. über die Größe, Richtung und Zahl der Dämme, und 3. über die Ableitung der beiden Wildbäche zu verhandeln.

Wir bemerken noch, daß, was diesen letzten Gegenstand betrifft, der Herr Abgeordnete Dr. d'Angeli das Präsidium befragte, auf wessen Kosten diese Arbeit ausgeführt werden sollte, und zur Antwort erhielt, daß die entfallenden Auslagen vom Staate, dem Municipium und der Eisenbahngesellschaft zu tragen wären!

Triest, 23. November 1868.

G. A. Gaddum. Dr. Buzzi. Ignaz Brüll. B. Verona. W. Camelli.

Ueber diesen Bericht trat die Kammer in der Sitzung vom 27. November 1868 in Berathung, und nach lebhafter Erörterung über die Frage, ob der gefaßte Beschluß, den eigenen Standpunct nicht zu verlassen, der k. k. Central-Seebehörde schriftlich mitzutheilen, oder die Abgeordneten zu ersuchen seien, bei den Conferenzen neuerdings zu erscheinen, um diese Erklärungen abzugeben, erhielt die erstere Ansicht die Oberhand, und es wurde somit an die Central-Seebehörde folgende Zuschrift gerichtet:

Hochlöbliche Central-Seebehörde!

Mit heutigem Berichte hat die ergebenst Unterzeichnete einer hochlöblichen k. k. Central-Seebehörde den Beschluß mitgetheilt, welchen die Handels- und Gewerbekammer in ihrer gestern Abends abgehaltenen ordentlichen öffentlichen Sitzung über den Bericht ihrer Abgeordneten und Techniker bezüglich der von der Regierung einberufenen Conferenz vom 23. d. M. in Angelegenheiten der Hafenarbeiten gefaßt hat, soweit es sich um die erwähnten ferneren Besprechungen über diese Frage handelt.

Zur Ergänzung dieser Mittheilung hält sich die Unterzeichnete für verpflichtet, auch die Gründe dieses Beschlusses anzuführen, da dieselben einen integrirenden Theil des letzteren bilden, indem sie gleichzeitig auch die Schlußfolgerung beifügt. Diese Begründung sammt der Beschlußfolgerung lautet folgendermaßen:

„In Erwägung, daß der Plan für die Hafenbauten, welcher in der von der Regierung einberufenen Conferenz vorgelegt wurde, derselbe ist, auf Grund dessen die neulich von der Handelskammer zu Rathe gezogenen Sachverständigen, das bekannte Gutachten abgegeben haben, und auf den sich folgerichtig der von der Handelskammer am 14. d. M. gefaßte Beschluß stützt, in Erwägung, daß der Sachverständige den die kaiserliche Regierung selbst berufen hatte, um die in Triest gegen den Bau des Dammes aufgetauchten Befürchtungen zu bekämpfen, nicht umhin konnte, auch seinerseits sich gegen den projectirten Hafendamm und folglich gegen den in Rede stehenden Plan zu erklären; in Erwägung, daß die Handelskammer mit ihren erwähnten Beschlüssen den Bau des Hafendammes bereits verworfen hat, und daß alle anderen jetzt von der Regierung aufgeworfenen Fragen über eine allfällige Krümmung dieses Hafendammes, über die Wildbäche, die Quais u. s. w. von dieser bereits im Principe verwor-

jene Frage abhängig sind: in Erwägung aller dieser Umstände kann die Kammer, nachdem sie von dem Bericht ihrer Abgeordneten Kenntniß genommen, auch heute keinen triftigen Grund erblicken, um von ihrem früheren Beschlusse über diese Angelegenheit abzugehen und beauftragt daher, diesen ihren früheren Beschluß aufrecht erhaltend, die Börsedeputation der hochlöbl. k. k. Central-Seebehörde diesen Beschluß der Kammer mitzutheilen.

Triest, 28. November 1868.

Die Börsedeputation.

In der nämlichen Sitzung genehmigte die Kammer, einer Einladung des Stadtrathes entsprechend den Antrag des Herrn Salomon Ritters v. Parente, gemeinschaftlich mit dem Municipium an das Gesammtministerium ein motivirtes Memorial über die Ansichten Triests in der Angelegenheit der Hafenarbeiten zu richten. Endlich wurde noch während der Sitzung ein directes telegraphisches Gesuch an die Ministerien gerichtet, um die rasche Suspendirung der fraglichen Arbeiten im Allgemeinen, sowie jener der Verschüttung des Lazareths und der Versenkung des zur Erbauung des Hafendammes bestimmten Materiales zu erwirken.

In der Sitzung vom 5. December 1868 genehmigte die Kammer das Memorial und beauftragte die Herren G. A. Gadbum und J. Brüll mit dessen Ueberreichung.

Am 6. und am 22. December desselben Jahres kamen der Kammer der nachstehende Ministerial-Erlaß und Bericht zu:

„Durch die von mir neuerlichst angeordnete commissionelle Verhandlung über die Hafenbauten in Triest, wozu sowohl die dortige Handelskammer als das Municipium durch die Central-Seebehörde eingeladen wurden, sollte die erwünschte Gelegenheit geboten werden, die von mehreren Seiten gegen die Zweckmäßigkeit der Hafenanlage, insbesondere des Schutzdammes, erhobenen Bedenken zu erörtern und eine fachmännische Darlegung der technischen Gründe, welche für die Gestaltung des Systems der Hafenanlage maßgebend waren, in Gegenwart der zugezogenen Repräsentanten der Handelskammer und des Municipiums zu bieten, indem von dem hieburch eröffneten Wege einer freien Discussion die Zerstreuung der in dieser Richtung ausgesprochenen unbegründeten Besorgnisse zu erwarten und die Gelegenheit gegeben war, Wünschen und Bedürfnissen der Localorgane den Ausdruck zu verschaffen und die mögliche Berücksichtigung zuzuwenden.

Das Handelsministerium war nämlich bereit, bei diesem Anlasse sowohl bezüglich der den Ausläufern des Schutzdammes (Diga) zu gebenden Richtung, dann bezüglich der Dimensionen und der Zahl der erforderlichen Moli, selbstverständlich innerhalb des Rahmens des bereits im Großen und Ganzen feststehenden Hafenbausystemes, sowie endlich rücksichtlich der im Interesse der öffentlichen Gesundheit gebotenen Ableitung der Wildbäche Klutsch und Martesin die begründeten Meinungen und Wünsche der genannten beiden Corporationen entgegenzunehmen und zu berücksichtigen.

Diesen so wohlwollenden Absichten der Regierung stellen nun jene Corporationen einen formalen Protest gegen das in Ausführung begriffene Hafenproject entgegen, lehnen gleichzeitig jedes Eingehen in eine sachliche Erörterung des Gegenstandes ab und vereiteln daher den Zweck der in ihrem eigenen Interesse angeordneten commissionellen Berathung.

Das Handelsministerium kann ein solches Vorgehen und ein so ganz ungerechtfertigtes Verkennen seiner wohlgemeinten Absichten so wie der gegebenen thatsächlichen und rechtlichen Verhältnisse nur auf das Lebhafteste beklagen, es kann und wird sich aber Angesichts seiner Verpflichtungen gegenüber den in erster Reihe maßgebenden commerciellen Bedürfnissen des Reiches, gegenwärtig durch die Haltung der Triester Localorgane bei der stattgefundenen Commissionsverhandlung um so weniger in der unaufgehaltenen Weiterführung des definitiv genehmigten und mit beträchtlichen Geldopfern theilweise bereits ausgeführten Systems der Hafenanlage beirren lassen; es wird lediglich den das Wesen des Planes nicht alterirenden Verbesserungen der Detailprojecte Rechnung tragen, welche, nachdem ihm hiezu bei der commissionellen Berathung in Triest die Gelegenheit versagt blieb, der erfahrene französische Seebauingenieur Herr Pascal hier in Anregung brachte.

Unter diesen Umständen hat die Triester Handelskammer es lediglich ihrer eigenen Haltung zuzuschreiben, wenn auf ihre allfälligen Wünsche bezüglich der Detailausführung des dortigen Hafenbaues kein Bedacht genommen werden kann.

Selbstverständlich kann dem von der Börsedeputation mittelst Telegrammes vom 27. v. Mts., sowie mittelst der Eingaben vom 19. und 28. v. Mts. Z. Z. 2903 und 3009 anher gerichteten Ansuchen um Einstellung der Hafenbauarbeiten und um Rückstellung des Lazarethsbassins zu Handelszwecken gar nicht Folge gegeben werden.

Wien am 2. December 1868.

Plener."

„Löbliche Börsedeputation!

Die von der Kammer zu dem Behufe erwählte Deputation, um im Vereine mit der Deputation des löblichen Stadtrathes dem hohen Ministerrathe das auf die Hafenarbeiten bezügliche Memorial zu überreichen, rechnet es sich zur Ehre und zur Pflicht, über den Ausgang ihrer Mission Bericht zu erstatten.

Die Deputation erfreute sich im Allgemeinen einer wohlwollenden Aufnahme bei den Herren Ministern, denen sie nicht ermangelte offenherzig die Wünsche der Stadt Triest vorzutragen und deren Erfüllung im Interesse des Handels und der Schiffahrt ans Herz zu legen.

Aber wie sehr auch die Herren Minister sich geneigt zeigten dem Gegenstande jene Aufmerksamkeit im vollen Grade zu widmen, welche dessen für die ganze Monarchie nicht weniger als für die Stadt Triest so hervorragende Wichtigkeit erheischt, so konnte die Deputation doch nicht umhin die betrübende Wahrnehmung zu machen, daß die Gründe, welche die Stadt Triest bestimmen, sich der Ausführung des Planes für den sogenannten Hafen zu widersetzen, bisher gänzlich verkannt und entstellt wurden.

Um nun diese schädliche Voreingenommenheit zu beseitigen und die falsch aufgefaßten Tendenzen der städtischen und der Handelsvertretung in das rechte Licht zu setzen, hat es die Deputation nicht unterlassen, die Grundlosigkeit der ersteren zu beweisen und den einzelnen Herren Ministern die Versicherung zu geben, daß dem Widerstande der Stadt Triest gegen die in Antrag gebrachten Arbeiten keineswegs eigennützige Absich=

ten zu Grunde liegen, die sie zurückweise, sondern daß derselbe einzig aus der festen Ueberzeugung entspringe, daß die Ausführung des projectirten Eisenbahnbassins dem Interesse des Handels und der Industrie eben so wenig entspreche als der Sicherheit der Schiffahrt.

In dieser Beziehung wurde darauf hingewiesen, daß Triest selbst auf das lebhafteste die Ausführung aller jener Verbesserungen seiner Rhede wünsche und verlange, die geeignet sind, durch Ausdehnung der Ufer und Anlegung bequemer und sicherer Landungs= und Ladeplätze der Schiffahrt Vortheil zu bringen und den Handel zu erleichtern, ferner daß man durch diese Verbesserungen und durch directe Schienenverbindung der Eisenbahn mit den Ufern und Kais eine viel größere Leichtigkeit und Schnelligkeit in den Arbeiten des Aus= und Einladens erzielen könne, als wenn die ganze Handelsbewegung auf ein einziges und enges Bassin beschränkt bleibt.

Ebenso unterließ es die Deputation nicht hervorzuheben, wie eben hiedurch der Triest gemachte Vorwurf entkräftet werde, als ob diese Stadt nur darauf hinziele sich den Zwischenhandel zu bewahren, indem durch die Anlegung von Geleisen längs sämmtlicher Ufer und Molos die Gewerbsthätigkeit und der Handel eine wenigstens eben so leicht zugängliche, directe, billige und von jeder Vermittlung Triest's unabhängige Verbindungsstraße erhält, als sie nur je das projectirte Eisenbahnbassin zu bieten vermöchte.

Man unterließ auch nicht beizufügen, daß dieses Bassin mit dem in Aussicht genommenen Hafendamm keineswegs geeignet sei die verlangte Sicherheit zu gewähren und dem Zwecke zu entsprechen, den man im Auge habe.

Die Deputation hielt es für angemessen, sich in dieser Beziehung auf das einstimmige dem Memorial beiliegende Gutachten der Schiffscapitäne und besonders auch auf jenes des berühmten Ingenieurs Pascal zu berufen und die Herren Minister darauf aufmerksam zu machen, daß, wenn der Hafendamm, wie man nur zu sehr Grund habe anzunehmen, nicht entsprechen sollte, unsere ausgezeichnete Rhede für immer zu Grunde gerichtet wäre, zum unersetzlichen Schaden dieses ersten Handelsplatzes der Monarchie.

Auch darauf machte die Deputation schließlich aufmerk=

kam, daß die Verhältnisse der Triester Rhede sehr verschieden
von jenen des Hafens zu Marseille sind, wo der Hafendamm
nöthig ist, um die Bassins vor den dort vorherrschenden Seewinden zu schützen, während der für Triest projectirte Damm
nicht nur gegen die hier herrschende Bora gar keinen Schutz
bietet, sondern im Gegentheil den Schiffen gefährlich und
dem übrigen Theile der Rhede höchst schädlich wäre.

Auch dürfte es kaum nöthig sein hier zu erwähnen, daß
die Deputation es nicht versäumte darauf zu bestehen, daß
das Theresienlazareth dem Handel und der Schiffahrt erhalten bleibe, und zugleich die Nothwendigkeit desselben für die
Station der Rudolfsbahn hervorhob, welche in dessen Er-
manglung gezwungen sein würde, sich mit ungeheueren, in keinem Verhältnisse zu ihren Mitteln stehenden Auslagen einen
neuen Hafen zu bauen.

Trotz all dieser Beweisgründe aber, deren Richtigkeit
und Gewicht der Einsicht der Herren Minister gewiß nicht
entgangen ist, hieße es sich doch einer trügerischen Hoffnung
hingeben, wenn die Deputation erklären wollte, daß die Wünsche der Stadt Triest, so gerechtfertigt sie auch sein mögen, in
ihrem ganzen Umfange erfüllt würden, und zwar aus dem
hauptsächlichen Grunde, weil die nach dem angenommenen
Plane auszuführenden Hafenarbeiten in engster Verbindung
mit der in Aussicht gestellten Aufhebung des Freihafens
stehen.

Nichtsdestoweniger ist nicht alle Hoffnung verloren, daß
man, wenn auch nicht das Uebel, das uns bedroht, ganz beseitigen, doch wenigstens dessen Wirkung und Tragweite ein-
schränken kann.

In dieser Beziehung ist die Deputation sehr erfreut,
constatiren zu können, daß ein und der andere der Herren
Minister sich dem Auskunftsmittel nicht abgeneigt zeigte, daß
der Hafenplan einer neuen commissionellen Berathung unterzogen werde, um, wenn möglich, die abweichenden Ansichten
einander näher zu bringen, und daß es vielleicht zweckdienlich
wäre, wenn die Stadtrepräsentanz und Handelsvertretung einen
neuen Plan entwerfen würden, der die Wünsche der Stadt
Triest berücksichtigend sich den Ansichten und Bestrebungen der
kaiserlichen Regierung näherte.

Auf diese Hoffnung gestützt, hat die Deputation die Ehre, durch die löbliche Börsedeputation der Handelskammer vorzuschlagen, daß es ihr gefallen möge:

1. aus ihrer Mitte eine Commission von fünf Mitgliedern zu ernennen, welche in Gemeinschaft mit einer aus ebensoviel Mitgliedern bestehenden und von dem löblichen Stadtrathe zu erwählenden Commission mit größtmöglicher Beschleunigung und mit Berücksichtigung sowohl des von der Regierung angenommenen Planes als der Ansichten des Stadtrathes und der Handelskammer einen neuen Hafenplan zur Vorlage an das Handelsministerium auszuarbeiten habe;

2. seinerzeit von der hohen kaiserlichen Regierung die Einberufung einer gemischten Commission zu erbitten, welche aus Abgeordneten der Regierung, des Stadtrathes, der Handelskammer und Schiffscapitänen zu bilden wäre, um sowohl den bereits angenommenen als den durch die beiden Vertretungskörper vorzulegenden Plan einer Prüfung und einer freien, unbeschränkten Erörterung zu unterziehen und das Resultat dem hohen Handelsministerium zur endgiltigen Entscheidung über den Triester Hafen zu überreichen.

Triest, 21. December 1868.

G. A. Gaddum, Ignaz Brüll."

Die Kammer genehmigte in ihrer Sitzung vom 22. December den ersten Punct des eben erwähnten Antrags ihrer Abgeordneten und ernannte, indem sie dem Stadtrathe zum Behufe der erforderlichen Verständigung davon Kenntniß gab, ihrerseits zu Mitgliedern der Commission die Herren J. Berlam, J. Brüll, Dr. Buzzi, G. A. Gaddum und C. Girardelli.

Was den zweiten Punct des Antrages betrifft, so hielt man es für zweckmäßiger, sich für den Zeitpunct, in welchem die Arbeit der gemischten Commission vollendet sein würde, volle Actionsfreiheit vorzubehalten. Die eben genannten Herren, denen der Stadtrath, als seine Abgeordnete die Herren Dr. M. d'Angeli, Dr. Gregorutti, F. Hermet, A. Minas und J. Sirovich als seine Delegirte beigesellt hatte, erstatteten folgenden Bericht über das Ergebniß der commissionellen Studien:

In Erfüllung des ihr in dieser Sitzung vom 22. December v. J. ertheilten Auftrages gemeinsam mit der vom

Stadtrathe ernannten Commission einen neuen Plan für den Hafen von Triest mit Rücksicht auf den von der Regierung angenommenen, sowie auf die Ansichten der Handelskammer und der Stadtvertretung zu studiren und zu entwerfen, beehrt sich die Unterzeichnete das Ergebniß ihrer Studien vorzulegen.

Bevor die Commission sich mit dem Entwurf des neuen Projectes beschäftigte, widmete sie ihre Aufmerksamkeit vor Allem der wichtigen Frage des Bassins des Theresienlazareths und gelangte bei der betreffenden Prüfung und Erörterung einstimmig noch einmal zu der Erkenntniß, daß die Erhaltung desselben durch commercielle und maritime Rücksichten in hohem Grade geboten sei, indem es sich um ein sicheres und geräumiges Bassin handelt, welches durch entsprechende Vergrößerung und eine mit wenig Kosten herzustellende Verbesserung seiner Quais einer großen Anzahl von Schiffen einen sicheren und bequemen Punct zum Laden und Löschen bieten würde.

In Folge der bekannten, ausdrücklichen Erklärungen der Regierung und der aus der unseligen Uebereinkunft entspringenden unübersteiglichen Schwierigkeiten kann die Commission sich jedoch nicht mit der Hoffnung schmeicheln, daß die Bestrebungen unserer Stadt betreffs der Erhaltung jenes Bassins zur Erfüllung gelangen.

Indem also die Commission bedauert, daß von Seite der kaiserlichen Regierung für die so sehr gewünschte Erhaltung jenes einzigen sichern Bassins, welches unser Hafen besaß, keine Fürsorge getroffen worden, mußte sie bei ihren weiteren Prüfungen und Studien von derselben abstrahiren. Die Commission könnte Ihnen jedoch dieses ungemein harte Opfer nicht vorschlagen, und wenn dasselbe unglücklicherweise doch gebracht werden müßte, so wäre es jedenfalls an die unerläßliche Bedingung zu knüpfen, daß das durch die Verschüttung dieses kostbaren Bassins gewonnene Terrain nicht dem ausschließlichen Gebrauche der ohnehin durch erwähnten Vertrag vom 13. April 1867 so sehr begünstigten Südbahn gewidmet werde, sondern möglichst die Bestimmung erhalten soll, den commerciellen Bedürfnissen des hiesigen Platzes zu dienen.

Die Commission hatte sich dann mit der nicht minder wichtigen Frage des Dammes in der von der Regierung pro=

jectirten und angenommenen Form und Richtung zu beschäftigen.

Auch in dieser Beziehung mußte sich dieselbe sowohl aus eigener Ueberzeugung als in Folge des ausdrücklichen Gutachtens der darüber einvernommenen Seecapitäne gegen die Durchführung des Regierungsprojectes und gegen die beabsichtigte Errichtung des Dammes selbst in der angenommenen Form aussprechen, da dieselbe weit entfernt den ins Auge gefaßten Zwecken zu genügen, die in dem projectirten nahen Bassin der Südbahn geankerten Schiffe bei herrschender Bora, und noch mehr die in dem übrigen Theile des Hafens geankerten, bei von der Seeseite wehenden Winden nicht geringen Gefahren aussetzen und überdies, indem sie unsere treffliche Rhede um mehr als ein Drittel schmälern würde, dieselbe in unersetzlicher Weise für immer ruiniren müßte.

Unter den hier auseinandergesetzten Umständen mußte die Commission ihre Thätigkeit darauf beschränken, den vollendeten Thatsachen gegenüber die geeigneten Mittel ausfindig zu machen, um den heutigen Bedürfnissen des Handels und der Schifffahrt abzuhelfen, mit Berücksichtigung der von den städtischen Vertretungen ausgesprochenen Wünsche und mit Erwägung der eigenthümlichen Verhältnisse unseres Meeres.

Nachdem also auch in dieser Beziehung die Ansichten der Seecapitäne vernommen worden, die man eingeladen hatte, die weiteren Studien der Commission durch ihren einsichtsvollen Rath zu erleichtern, genehmigte letztere nach lebhaften und erschöpfenden Erörterungen nachfolgende Systemisirung des Hafens:

1. Vorrückung der Kais der Eisenbahnstation, so wie der übrigen und zwar der ersteren 140 Meter weit von ihrer gegenwärtigen Lage, d. i. um 100 Meter weniger als das Regierungsproject vorschlägt, und der letzteren 60 Meter weit.

2. Verlängerung der Molos S. Carlo und Giuseppina bis auf 215 Meter von den neuen Kais, und Erweiterung derselben auf die Breite von 60 Meter.

3. Errichtung von 4 Molos in dem neuen Eisenbahnbassin und zwar zwischen dem Bassin S. Teresa und dem Molo S. Carlo, — ferner eines Molo zwischen dem letzteren und dem Molo Giuseppina. Diese sämmtlichen Molos hätten eine Länge von je 215 und eine Breite von 60 Meter

zu erhalten, mit Ausnahme des Molos, der von der Batterie südwestlich vom Theresienlazarethe abzweigt, und die von der Regierung beantragten Maße beizubehalten hätte, weil der Grund zu demselben beinahe beendigt ist.

4. Durchstich des Leuchtthurmarmes, um die natürliche Meeresströmung wieder zu gewinnen, die so nothwendig ist, um die fortwährende Verschlammung des Bodens unseres Hafens und vorzüglich des in der Nähe des Leuchtthurmes befindlichen, unter dem Namen La Sacchetta bekannten Theiles desselben zu verhindern.

5. Sämmtliche vorgeschlagene Molos auf Bogengängen oder gußeisernen Säulen zu erbauen, um die im vorhergehenden Puncte erwähnte Meeresströmung möglich zu machen.

6. Die Herstellung des Bassins der Sacchetta zu einem zum Auf- und Abladen geeigneten Hafen durch möglichst tief gehende Baggerung und Ausführung der gebotenen Uferarbeiten.

7. Die Herstellung einer entsprechenden Anzahl von Geleisen längs der neuen Molos und in der ganzen Ausdehnung der neuen Quais.

8. Die Verlegung des Ausflusses der beiden Wildbäche Klutsch und Martesin.

Indem die Commission die oben erwähnten Beschlüsse faßte, ging sie von den durch die maritimen Fachmänner befürworteten Grundsätzen aus:

a) die Beschaffenheit unserer trefflichen Rhede nicht allzu stark anzutasten; b) die gegenwärtige sichere Ankerungsmethode auf derselben beizubehalten, welche bei Durchführung des Regierungsprojectes fast ganz beseitigt würde; c) die Meeresbewegung durch eine größere Hinausrückung der Quais und Molos nicht noch mehr zu steigern; d) die an den Quais und Molos der Station geankerten Schiffe dem Ungestüm der Bora nicht noch mehr preiszugeben.

Aus allen diesen Gründen, deren Richtigkeit Niemand in Abrede stellen kann, der die Beschaffenheit unserer Rhede nur einigermaßen kennt, ist die Commission fest überzeugt, daß die sowohl für die Quais als für die Molos vorgeschlagenen Ausmaße die Grenze bilden, welche nicht zu überschreiten Klugheit und Erfahrung rathsam erscheinen läßt, um nicht mit den nautischen Interessen in Conflict zu gerathen, welche auf solche Art gewahrt und gefördert werden, während anderseits die projectirten Quais und Molos alle jene Bequemlichkeiten für die commerciellen Operationen darbieten, welche die großen Seeplätze unserer Zeit besitzen.

Die Commission setzt die Vorrückung der Quais der Station auf 140 Meter fest, während für die andern Quais 60 Meter vorgeschlagen sind, weil, da die Grenzlinie zwischen dem Eigenthum des Staates und jenem der Südbahn fixirt ist, diese Vorrückung sich als nothwendig darstellte, um eine Quaibreite von 60 Metern zum öffentlichen Gebrauche zu erhalten, gleich jener der anderen Quais der Rhede. Es versteht sich übrigens von selbst, daß, wenn sich die Zurückziehung dieser Grenzlinie erlangen ließe, wie es sehr wünschenswerth wäre, die fraglichen Quais in gleichem Maße zurückzuziehen wären.

Der Durchstich des Leuchtthurmarms ist eine Nothwendigkeit, um, wie gesagt, die in den verflossenen Jahren zum offenbaren Nachtheil unseres Hafens beseitigte Meeresströmung wieder herzustellen, als nämlich profane Hände die in diesem Arme seit langer Zeit bestehende Mündung schlossen, welche Maßregel die natürliche Folge haben mußte und leider auch hatte, daß unser Hafen, der vor nicht allzu langer Zeit an den Quais der Sacchetta und an anderen Stellen eine Wassertiefe von 14 Fuß hatte, heutzutage in Folge der den Naturgesetzen angethanen Gewalt nur noch 5 zählt, und daß die mittlere Tiefe sich von 35 auf nur 15 Fuß verminderte.

Der Bau der Molos auf Bogen und mit gußeisernen Säulen ist eben erforderlich, um die Lebhaftigkeit der Strömung zu erhalten, die eben mit Rücksicht auf den Durchstich des Leuchtthurmarms beträchtlich geschwächt und gehemmt würde, wenn die Molos nicht in der oben erwähnten Form erbaut würden, mittels deren allein es möglich ist, der Strömung in der ganzen Ausdehnung der Rhede die freie Bewegung zu sichern. Ueberdies wäre der Bau der Molos mit gußeisernen Säulen weit weniger kostspielig.

Das Legen von Schienengeleisen auf der ganzen Ausdehnung der Quais und der Molos in Verbindung mit jenen der Station, dient zur Erleichterung des Ein- und Ausladens, zu welchem Behufe jedoch die Geleise nicht zur ausschließlichen

Verfügung der Südbahn stehen dürfen, sondern auch von jeder andern Eisenbahn zu benützen wären, die in unserer Stadt ausmünden würde. Die Ableitung der beiden Gießbäche Klutsch und Martesin ist unbedingt nothwendig, um die Anhäufung der von denselben in den Hafen geschwemmten Abfallstoffe zu verhindern.

Alle diese Folgerungen und Beschlüsse finden sich in dem beiliegenden Plane sub A zusammengestellt, der Ihnen zur Prüfung und Genehmigung vorgelegt wird. Die Commission ist fest überzeugt, dieses Project sei so beschaffen, daß es sowohl den bei jedem Anlasse kundgegebenen Ansichten der Stadt- und Handelsvertretung entspricht, als auch den Bedürfnissen und Erfordernissen des Handels und der Schifffahrt für einen noch weit größeren Verkehr als den jetzigen, und hegt deshalb die zuversichtliche Hoffnung, dasselbe werde Ihre Genehmigung sowie jene der kaiserlichen Regierung erlangen.

Die Commission hegt diese Zuversicht um so mehr, als nach dem von den Seecapitänen abgegebenen Gutachten durch die projectirten Werke auch reichlich für die Sicherheit und Bequemlichkeit der Operationen des Ladens und Löschens gesorgt ist, ohne zu äußeren Schutzwehren seine Zuflucht nehmen zu müssen, während diese Sicherheit durch den projectirten Damm bei Borastürmen in hohem Grade gefährdet würde, da die im nahen Eisenbahnhafen geankerten Schiffe Gefahr laufen würden, an denselben geworfen zu werden, in Folge der übergroßen Entfernung des Dammes von den Quais und von den Häusern.

Nichtsdestoweniger und für den Fall, daß sich später gegen jede Vermuthung und Wahrscheinlichkeit die Zweckmäßigkeit eines äußeren Schutzes zur Sicherheit der Molos und der Quais herausstellen sollte, hielt es die Commission für ihre Pflicht, auch diese Eventualitäten ins Auge zu fassen und die Art und Weise ausfindig zu machen, wie denselben zweckmäßig begegnet werden könnte, ohne dem andern im Plane A bezeichneten Werke Eintrag zu thun.

Die Commission findet sich dazu durch die sehr wichtige Erwägung bewogen, daß es vor Allem nothwendig ist, auf jede mögliche Weise zu verhindern, daß die kaiserliche Regierung, wenn sie den vorgeschlagenen Plan A nicht zu genehmigen findet, ihr eigenes Project zur Durchführung bringe,

*

zum offenbaren Schaden und nicht wieder gut zu machenden Verderben unserer Rhede.

Dazu kommt, daß die Angriffe, welche unserer Stadt der von ihr bei jeder Gelegenheit gezeigte Widerwille gegen die Durchführung des Regierungsplanes bezüglich des Hafens von Triest auch von solcher Seite zuzog, wo man sich weniger als von jeder anderen berufen fühlen sollte, zu Gunsten dieses Projectes eine Lanze zu brechen, es in hohem Grade rathsam erscheinen ließen, ein= für allemal diesen unverdienten Anklagen und Vorwürfen dadurch ein Ende zu machen, daß man einen Plan vorlegte, der jeder Anforderung und Eventualität entsprechend, zugleich alle Erfordernisse in sich vereinigte, die geeignet wären, die gewünschte Sicherheit der Schiffe mit der Erhaltung der Rhede in Einklang zu bringen.

Von diesen beiden Gesichtspuncten ausgehend, fand also die Commission nach reiflichen Studien, daß, wenn man den Plan A in allen seinen einzelnen Theilen beibehielte, für die Sicherheit der Schiffe auf's Beste gesorgt wäre, indem an die Stelle des von der Regierung angenommenen unvollständigen und gefährlichen Dammes der Grundsatz eines Hafenkanales trete, mittels eines vom Rande der neuen Quais 265 Meter und mithin um volle 215 Meter weniger als der von der Regierung vorgeschlagene Damm abstehenden Quais, der, da er sich sowohl durch Form und Richtung, als auch durch Ausdehnung und Lage von dem von der Regierung projectirten Damm unterscheiden würde, den von der Commission ins Auge gefaßten vielfachen Zwecken entspräche, nämlich jenen, die bequeme und sichere Rhede nicht anzutasten, sondern zu erhalten, den Schiffen geräumige Bassins und einen sicheren Ankerplatz in denselben darzubieten, ausgedehnte Anlandungsplätze zu gewähren und auf solche Art die Operation des Ladens und Löschens im höchsten Grade zu erleichtern.

Dieser Quai würde in zwei Theile zerfallen; der erste würde sich vom Theresienlazareth bis zum Molo S. Carlo erstrecken, der zweite vom letzteren bis zur Sacchetta. Der erste Theil würde drei Bassins von der Gesammtfläche von 260,000 Quadratmetern umfassen, welche durch die in A projectirten Molos geschieden und von dem äußeren Quai geschützt wären, der in der Richtung von Nordnordwest nach Südsüdost von dem Theresienlazareth ausgehend mit einer leichten Biegung vor dem Molo S. Carlo endigen würde, um dort das Kopfstück der zweiten Mündung zu bilden.

In den bezeichneten drei Bassins könnten gleichzeitig 25 große Schiffe ihre Operationen vom Bord zum Ufer durchführen, während wenigstens ebenso viele in der gleichen Zeit dieselben zwischen den ersteren bewerkstelligen könnten, wie dies in allen größeren See= und Handelsplätzen durchaus üblich ist.

Der zweite Theil aber, nämlich jener vom Molo San Carlo bis zur Sacchetta, würde 4 Bassins mit einer Gesammtfläche von 298,000 Quadratmetern umfassen, geschützt von dem äußeren Quai, der sich vom Molo San Carlo in der Richtung von Nordost nach Südwest bis zur Sacchetta erstrecken und nächst dem Leuchtthurm mit einer sanften Biegung endigen würde, um daselbst das Kopfstück der ersten Mündung zu bilden.

In diesen 4 Bassins könnten gleichzeitig und mit aller Bequemlichkeit noch andere 80 große Schiffe ihre Aus= und Einladungs=Operationen vornehmen, und zwar 40 direct vom Bord zum Ufer und ebenso viele zwischen denselben, so daß im Ganzen in allen diesen Bassins wenigstens 130 große Schiffe jede wünschenswerthe Bequemlichkeit für ihre Operationen fänden.

Zudem würde auf der Rhede noch mehr als genügender Raum für die abgerüsteten oder nicht handelsthätigen Schiffe übrig bleiben, so daß mit Rücksicht auf die Beschleunigung, womit die Aus= und Einladungs=Operationen zur Vollziehung gelangen würden, sowie auf den Schiffsverkehr unseres Hafens, auch den höchstgespannten Forderungen unserer Handelsmarine reichlich entsprochen werden wird. Durch diesen äußeren Quai und mittels der projectirten drei gedeckten Mündungen, einer beim Leuchtthurm, der zweiten vor dem Molo San Carlo und der dritten nächst dem Theresienlazareth würde nicht nur die Aus= und Einfahrt der Schiffe bei den meisten Windrichtungen und namentlich bei der vorherrschenden Bora erleichtert werden, sondern es würde auch der natürlichen Meeresströmung freier Lauf gelassen mittels des projectirten Durchstichs des Leuchtthurmarms, und auf solche Art die Verschlammung verhindert, um so mehr, wenn die projectirten

Molos nach dem Plan A mit Bogen, oder noch besser mit gußeisernen Säulen errichtet werden.

Durch die vorgeschlagene Bildung dieser geschlossenen Bassins würde auch der Verlust des Theresienbassins minder fühlbar, wenn derselbe eintreten sollte.

Die Commission glaubt, daß durch die von ihr vorgeschlagenen Maßregeln alle jene Uebelstände und Nachtheile beseitigt würden, die aus der Durchführung des Regierungsplanes unvermeidlich entspringen müssen, während andererseits der Zweck vollständig erreicht würde, die Operationen des Aus= und Einladens gleichzeitig zu erleichtern und zu sichern, dabei aber die Rhede unangetastet und unversehrt zu erhalten.

Um ferner der Kammer eine klarere Anschauung bezüglich dieses äußeren Quais zu verschaffen, beehrt sich die Commission derselben als Anhang zum Plane A das mitfolgende Project B vorzulegen, welches sie abgesondert zu entwerfen für gut fand, in der Ueberzeugung, daß jenes unter A nicht nur den gegenwärtigen Bedürfnissen mehr als genügend entspreche, sondern auch einem weit ausgedehnteren commerciellen und maritimen Verkehr. Sollten jedoch die projectirten Werke im Laufe der Zeit sich ungenügend erzeigen, so würde es leicht sein, den größeren Bedürfnissen mittels neuer Werke abzuhelfen, welche sich beim Campo Marzo in Verbindung mit dem inneren Hafen durchführen ließen. Ueberdies könnte auch im Falle eines außerordentlichen und durchaus nicht vorauszusehenden Verkehrs die innere Seite des äußeren Quais auf Plan B benützt werden.

In Hinblick auf die eben auseinandergesetzten Umstände beehrt sich die Commission folgende Anträge zu stellen:

1. Der Plan A möge als den Bedürfnissen des Handels, der Schiffahrt und den besonderen Verhältnissen Triest's entsprechender als der von der Regierung aufgestellte Plan befunden und daher der neue Hafen nach diesem und nicht nach dem Plane der Regierung gebaut werden.

2. Der Plan selbst soll daher der kais. Regierung zur Ausführung vorgeschlagen werden.

3. Diesem untergeordnet möge mit dem Plane A auch der Plan B vorgelegt werden, um den letzteren auszuführen, wenn der erstere nicht angenommen würde.

4. Daß die laut des erstern oder eventuell des letztern Planes vorzunehmenden Arbeiten in ihrem Gesammtumfange und mit Beschleunigung, nicht aber theilweise oder in Unterbrechungen ausgeführt werden, und zwar in folgender Ordnung:
- a. der Durchstich des Leuchtthurmarms, und mit diesem zugleich
- b. die Herstellung und Erbauung der Quais und Molos von der Eisenbahnstation angefangen und gegen die Sacchetta fortschreitend;
- c. die Ausbaggerung und Herstellung des Bassins der Sacchetta;
- d. das Legen der Geleise auf den Quais und den Molos, und schließlich
- e. die Herstellung des auswärtigen Quais, wenn er sich im Laufe der Zeit durch die gewonnene Erfahrung als nothwendig herausstellen sollte.

5. Das Präsidium möge beauftragt werden, im Wege der k. k. Statthalterei die beiden Pläne A und B mit dem vorliegenden Berichte dem Handelsministerium zur Genehmigung vorzulegen.

6. Das k. k. Handelsministerium möge gleichzeitig, für den Fall, als es die beiden Pläne A und B gutzuheißen sich nicht bewogen finden sollte, angegangen werden, hier eine gemischte Commission einzuberufen, welche aus den Delegirten des Ministeriums, aus jenen der Stadt und der Handelsvertretung, aus technischen Sachverständigen und durch die Handelskammer zu wählenden Schiffscapitänen zu bestehen hätte, um in freier und ungehemmter Weise die Pläne selbst, sowie das Project der Regierung zu prüfen und endgiltig den Plan für den neuen Triester Hafen festzustellen.

Die Commission schmeichelt sich, daß diese ihre Arbeit, welche aus ihrer innersten Ueberzeugung und aus dem lebhaftesten Wunsche hervorging, von unserer Stadt den mit voller Gewißheit vorauszusehenden Schaden abzuwenden, welcher aus dem Bau des Hafens nach dem Regierungsplane entspringen müßte, ein günstigeres Loos und eine bessere Aufnahme finden werde, als den Wünschen der anderen so zahlreichen Commissionen zu Theil wurde, welche vorhergingen, und ebenso freimüthig wie eifrig der kaiserlichen Regierung die Bedürfnisse unseres Hafens vorstellten.

Sollte jedoch gegen alle Erwartung das gewünschte Ergebniß nicht erreicht werden und man darauf bestehen wollen, Werke zur Durchführung zu bringen, die von der öffentlichen Meinung und von den gesetzlichen Vertretungen des Landes zurückgewiesen werden, so müßten sich diese auf den Wunsch beschränken, daß ihre traurigen und unbeachtet gebliebenen Vorhersagungen sich nicht erfüllen, und jede Verantwortlichkeit was immer für einer Art in diesem Betreffe abzulehnen.

Triest, am 23. Jänner 1869.

Ignaz Brüll. Johann Berlam. G. A. Gaddum. Karl Girardelli. Ing. Dr. L. Buzzi, Referent.

Am 12. Februar 1869 sprach sich die Kammer über diesen Bericht folgendermaßen aus:

Der Plan A (ohne Damm) entspreche allen Erfordernissen und sei deshalb der Regierung zur Annahme vorzuschlagen, mit der Bitte, daß, wenn dieselbe diesen Plan nicht ohne Weiteres zu genehmigen fände, eine gemischte Commission einberufen werden möchte, mit dem Auftrage, das Regierungsproject frei und unbeschränkt zu prüfen, um zur definitiven Feststellung des Planes für den Hafen von Triest zu gelangen.

In der Sitzung der Kammer vom 25. Mai 1869 wurde folgender Ministerial-Erlaß zur Berathung gebracht:

22285—1617.

In Erwiederung auf die durch eine Deputation des Stadtrathes und der Handelskammer von Triest bezüglich der dortigen Hafenfrage dem Herrn Minister-Präsidenten überreichte Denkschrift vom 5. December v. J. bin ich in der Lage, der Handels- und Gewerbekammer Nachstehendes zu eröffnen:

Das Bedürfniß nach einem geschlossenen Hafen in der Nähe der bestehenden Eisenbahnanlagen in Triest sowie nach Ausdehnung und Tieferlegung des dortigen Eisenbahnhofes, ebenso wie die zu diesem Zwecke unerläßliche Nothwendigkeit der Herstellung eines großen Schutzdammes, der Verschüttung des Lazareths und Eisenbahnbassins, der Vorrückung der Ufer

und der Einfügung großer Moli, ist von wiederholten Local=
commissionen und durch die übereinstimmenden Erklärungen
der zugezogenen technischen, nautischen und commerciellen Fach=
männer nachgewiesen worden.

Der in seiner Ausdehnung den Bedürfnissen der Ge=
genwart und der natürlichen Handelsentwicklung für die nächste
Zukunft als vollkommen genügend erkannte und eine spätere
Ergänzung zulassende Hafenbauplan, welcher die Strecke vom
Theresienlazarethe bis zum Molo del Sale umfaßt, wurde
nach wiederholten, unter Zuziehung der hervorragendsten tech=
nischen Capacitäten gepflogenen Erörterungen bereits mit Allh.
Entschließung vom 27. Juni 1865 genehmigt und in Folge
Allerh. Ermächtigungen vom 30. Juni 1866 und vom 9. April
1867 als Staatsbau der Südbahngesellschaft zur Ausführung
übertragen, welche bis zum 31. December 1873 beendet
sein muß.

Alle gegen diesen seit zwei Jahren in Ausführung be=
griffenen Hafenbau vorgebrachten Einwürfe und Bedenken sind
bei näherer Beleuchtung als ungegründet erkannt worden.

Die als solche allerdings vortreffliche Rhede Triest's
bietet für die Operationen des Ein= und Ausladens durchaus
nicht jene Bequemlichkeiten, welche verlangt werden müssen,
wenn der stets zunehmende Handel des Reiches nicht durch
den gegenwärtig mit jenen Operationen verbundenen unver=
hältnißmäßigen Aufwand an Zeit und Kosten in seiner Ent=
wicklung aufgehalten werden soll und welche nur in einem
geschlossenen Hafen gefunden werden können.

Die Herstellung eines solchen geschlossenen Hafens wurde
als der Kernpunct der ganzen Frage betrachtet, und zugleich
erkannt, daß es hiezu unbedingt eines äußeren Schutzdammes
bedürfe, ohne welchen selbst die Vorrückung der jetzigen Ufer=
mauern in größere Tiefen, die Verlängerung und Verbreiterung
der Ladungs=Moli eine technische Unmöglichkeit bliebe.

Die gegen die Lage und Richtung des Schutzdammes
erhobenen Bedenken sind nach den Urtheilen der erfahrensten
Techniker nicht begründet; derselbe wird die Gewinnung eines
ausgedehnten und sicheren Bassins ermöglichen, ohne die Be=
nützung der übrigen Theile der Rhede zu gefährden. Sollte
die Erfahrung die einzige vielleicht begründete Befürchtung be=
stätigen, daß der Rückprall der von der Seeseite kommenden

Bewegung den südlichen Theil des gegenwärtigen Hafens schädigt, so würde diesem Uebelstande durch angemessene Verlängerung des Schutzdammes vorgebeugt werden.

Das Bassin des Theresienlazarethes konnte dem beabsichtigten Zweck, abgesehen von seiner beschränkten Ausdehnung schon deshalb nicht genügen, weil die Ufer desselben 22 Fuß unter dem Bahnhofe liegen; überdies war durch die Nothwendigkeit, den Bahnhof zu erweitern und den dringendsten Verkehrsanforderungen gemäß umzugestalten, die Verschüttung des Lazareth-Bassins geboten.

Ganz unrichtig ist die Voraussetzung, daß die Südbahn durch die neue Hafenanlage in den Stand gesetzt werde, nicht nur die Verfrachtung zu Land und zur See, sondern auch die Magazinirung zu ihrem ausschließlichen Vortheile zu monopolisiren, der Südbahnhof erstreckt sich gegenwärtig bis fast an's Meer, die Südbahn ist selbst Eigenthümerin des kleinen zur Verschüttung bestimmten Eisenbahnbassins.

Durch die neue Anlage, welche die Gesellschaft lediglich als Bauunternehmerin für ausschließliche Rechnung des Staates auszuführen hat, wird nun die Südbahn vom Meere zurückgedrängt, indem alle außerhalb der bereits definitiv festgestellten künftigen, 520 Fuß vom Meere entfernten Bahnhofgrenzen ausgeführten, zum Hafenbaue gehörigen Terrains (d. i. die Uferstrecken und Moli) unmittelbar in das Eigenthum des Staates übergehen, dem diesfalls das ausschließliche Verfügungsrecht zusteht.

Zur Entkräftung der diesfalls vorgekommenen Bedenken wird in der Anlage Ein Exemplar des Uebereinkommens vom 13. April 1867, sowie gleichzeitig Ein Plan des in Ausführung stehenden Hafenbauprojectes mit dem Beifügen mitgetheilt, daß die innerhalb der rothen Grenzlinien jenes Planes gelegenen Grundflächen das alleinige Eigenthum der Südbahn bilden, während alle außerhalb jener Begrenzung gelegenen Uferstrecken und Moli in das ausschließliche Eigenthum des Staates gehören.

Es würde deshalb auch einer neuen Eisenbahn, welcher bei ihrer Einmündung in Triest zu Stationsbauten die ausgedehnte, durch Anschüttung zu gewinnende Uferstrecke jenseits des Lazareths gegen Barcola zur Verfügung steht, gerade durch die neue Hafenanlage mit ihren breiten Quais und

Moli ein Verkehrsraum geboten, welchen sie zu benützen vollkommen in der Lage sein wird.

Was die vom Standpuncte der öffentlichen Gesundheit gegen die Einmündung der Wildbäche Martesin und Klutsch in das neue Hafenbassin ausgesprochene Besorgniß betrifft, so ist die Central-Seebehörde bereits angewiesen worden, umfassende und gründliche commissionelle Verhandlungen im Einvernehmen mit der Gemeindevertretung zu pflegen.

Damit die Ausführung des neuen Hafens seinem Zwecke in möglichst vollkommener Weise entspreche und namentlich die für rasche und sichere Schiffsoperationen so wichtige Quaientwicklung die thunlichste Ausdehnung erhalten könne, wurden der Bauunternehmung folgende Abänderungen aufgetragen:

1. daß der nördlich vom Lazarethe Molo gelegene Theil des Hafendammes, sowie es schon das ursprüngliche Project vom Jahre 1862 andeutete, leicht nach Süden abgebogen werde;
2. daß der nördlichste Molo auf 93 Meter Breite reducirt und die beiden mittleren Moli so verstellt werden, um durch dieselben drei gleiche Bassins zu bilden, in welche seinerzeit drei schmälere Moli in der Weise eingebaut werden könnten, daß dadurch die projectirte Hafenanlage sieben Moli mit sechs Bassins umfassen würde, und
3. daß das Profil des Hafendammes in der Weise geändert werde, daß eine 6 Meter unter Niederwasser reichende Quai-Mauer an der inneren Seite die Böschung ersetzen und einen 12 Meter breiten Quai bilden soll, der in der Folge zur Ausführung von Handelsoperationen geeignet sein würde.

Weiteren, das Wesen des in Ausführung stehenden Hafenprojectes berührenden Aenderungen vermag die k. k. Regierung nicht zuzustimmen, weil es hiezu an jeder technisch begründeten Veranlassung fehlt, und die ämtliche rasche Ausführung der längst nothwendigen Verbesserung des dortigen Hafens ohne die größten Nachtheile für Triest und was ungleich schwerer wiegt, für die commerciellen Interessen des Reiches nicht länger verschoben werden darf.

Wien, am 9. Mai 1869. Pleuer.

An die Handels- und Gewerbekammer in Triest.

Die Kammer ernannte eine Commission, die vereint mit der vom Stadtrathe ernannten beauftragt wurde, den eben mitgetheilten Ministerialerlaß zu studiren und darüber Bericht und Anträge zu erstatten.

Dieser Bericht oder Entwurf eines Berichtes an das Ministerium, welchen die Commission der Kammer beantragte, und der von derselben in der Sitzung vom 5. Juli genehmigt wurde, lautet folgendermaßen:

„Ew. Excellenz!

Mit Erlaß vom 9. Mai d. J. Nr. 22285/1617 haben Ew. Excellenz die Güte gehabt, der ergebenst Unterzeichneten, in Erledigung des von einer eigenen, aus Abgeordneten der städtischen und der Handelsvertretung bestehenden Commission Sr. Exc. dem Herrn Ministerpräsidenten überreichten Memorials Erläuterungen über die Angelegenheit des Hafens von Triest zugehen zu lassen.

Indem die Unterzeichnete dieselben pflichtmäßig zur Kenntniß nimmt, bedauert sie ungemein, darin die kategorische Erklärung enthalten zu sehen, daß die Hafenfrage in einem mit den von der hiesigen Handelsvertretung stets abgegebenen Gutachten im Widerspruch stehenden Sinne definitiv erledigt ist.

Sie hält es nichtsdestoweniger für ihre Pflicht, auf den erwähnten ministeriellen Erlaß eine Erwiederung folgen zu lassen, nicht um müßige Betrachtungen über Geschehenes anzustellen, sondern um noch ein Mal, und zwar an der Hand des bezeichneten Erlasses selber, ihre Ansichten über diesen höchst wichtigen Gegenstand ins Klare zu stellen, indem sie es übrigens der Einsicht der betreffenden staatlichen Organe anheimstellt, den nachfolgenden Erwägungen jene Beachtung zu schenken, die sie passend finden.

Der Culminationspunct der Frage bestand immer darin, ob Triest eine offene Rhede bleiben oder in einen geschlossenen Hafen umgewandelt werden solle. Die hiesige Handels- und Gewerbekammer hat immer behauptet und behauptet noch, daß die offene Rhede vorzuziehen sei, aus all den vielfachen und triftigen Gründen, welche in den vorausgegangenen weitläufigen Acten niedergelegt sind, während Ew. Exc. sagen, daß die Errichtung eines geschlossenen Hafens als Kern der ganzen Frage betrachtet wurde, woraus die Nothwendigkeit des perhorrescirten Dammes folge. Und warum? Aus zwei im genannten Erlasse angeführten Gründen: erstens, weil die bequeme und billige Ein- und Ausladung der Schiffe **nur in einem geschlossenen Hafen bewerkstelligt werden kann**, und zweitens, weil die beantragte Hinausrückung der gegenwärtigen Quais, die Verlängerung und Erweiterung der Landungsmolos **ohne Damm eine technische Unmöglichkeit** wäre.

Gestatten Ew. Excellenz, daß die hiesige Handelsvertretung, als competentes Organ für die Handelsinteressen dieses Platzes, ebenso freimüthig wie ehrerbietig ihre widersprechende Ansicht bezüglich des ersten der beiden eben erwähnten Gründe äußere, und geradezu behaupte, wie schon aus den eigenen früheren Commissionselaboraten erhellt, welche seiner Zeit dem hohen k. k. Handelsministerium überreicht wurden, daß auch auf einer offenen Rhede, wie der unsrigen, mit zweckmäßiger Ausdehnung der Quais und Landungsstellen, sowie durch Schienengeleise längs der Quais, jede wünschenswerthe Ersparniß bei den Aus- und Einladungskosten, sowie jede erforderliche Erleichterung und Beschleunigung um so eher hätte erlangt werden können, als die bezüglichen Arbeiten mehrere Millionen weniger gekostet hätten und daher schon im Beginne eine große Ersparniß an Capital erzielt worden wäre, während dagegen jetzt nicht unbeträchtliche jährliche Interessen die Last erhöhen und die angestrebten künftigen Ersparnisse großentheils aufzehren.

Was aber den zweiten der angeführten Gründe betrifft, so ist nicht einzusehen, warum eine mäßige Hinausrückung der Quais, Molos u. s. w. ohne Hafendamm eine technische Unmöglichkeit sein sollte, da letztere doch täglich durch die bewerkstelligte Verlängerung des Molo S. Carlo und die Anschüttung der Ufer ohne irgend einen Nachtheil überwunden erscheint.

Die eben erwähnten Gründe zu Gunsten eines geschlossenen Hafens — und sie sind die einzigen, welche in einer so langen Reihe von Jahren durch die Güte Ew. Excellenz zur Kenntniß der Unterzeichneten gelangt sind — erscheinen daher durchaus nicht stichhaltig, da sie mit der Erfahrung und mit den positiven Thatsachen im Widerspruche stehen. Wie sehr stützen sich aber die Gegengründe, welche wider den Damm geltend gemacht werden, auf Wirklichkeiten der traurigsten Art! Ew. Excellenz selbst geben dieselben, wenigstens theilweise, in dem erwähnten Erlasse zu, und sehen — die von der hiesigen Handelskammer stets besorgte — Möglichkeit voraus, daß, wie Herr Pascal selbst nicht in Abrede stellt, der durch den Damm nicht geschützte Theil der Rhede von dem Anpralle der Wellen so stark zu leiden haben werde, daß vielleicht eine erhebliche Verlängerung des Dammes sich nothwendig erweisen könnte, zu welchem Zwecke weitere höchst beträchtliche Ausgaben im Betrage von mehreren Millionen gemacht werden müßten.

Wollen Ew. Excellenz den zweifelhaften Erfolg der Ergänzungsarbeiten, falls das praktische Ergebniß der ersten Bauten sich nicht entsprechend zeigen würde, in ernstliche Erwägung ziehen und überdies bedenken, daß die erforderlichen Geldmittel in diesem Zeitalter einer constitutionellen Regierung vom Reichsrathe bewilligt werden müßten, und daß, wenn dieser sich dazu nicht bewogen fände, Triest für immer dem Nachtheile eines zu Grunde gerichteten Hafens preisgegeben wäre, ohne Hoffnung auf Abhilfe. Da Ew. Excellenz sich auf die abgegebenen technischen Gutachten beziehen, so möge es der Unterzeichneten gestattet sein, auch die der Techniker so wie der Handelsschiffscapitäne in Erinnerung zu bringen, welche mit aller Wärme die aus dem projectirten Damm entspringenden Uebelstände und Gefahren schilderten, und damit die Bitte zu verbinden, daß auch diesen Gutachten, welche von erfahrenen, mit den Localverhältnissen unserer Rhede durch lange Uebung vertrauten Seemännern herrühren, das gehörige Gewicht beigelegt werde. Gebe der Himmel, daß ihre Besorgnisse sich als ungegründet erweisen!

Nachdem auf solche Art das Hinderniß des Dammes beseitigt, gehen alle anderen Fragen bezüglich der Verbesserung unseres Hafens einer leichten Lösung entgegen (und würden um so leichter gelöst, wenn unsere Regierung unsere wiederholten Gesuche betreffs der Erhaltung des Theresienlazareths in Berücksichtigung gezogen hätte) — da dem Grundsatze nach über die Nothwendigkeit, die Landungsplätze zu vermehren, die Handelsoperationen zu erleichtern, die betreffenden Spesen zu vermindern, das vollständigste Einverständniß herrscht, und zwar nicht blos im Hinblick auf die gegenwärtigen Verhältnisse, sondern auch auf den zu hoffenden künftigen Aufschwung des Handels, so wie nicht allein zum Besten Triests, sondern auch zum Vortheile der ganzen Monarchie, die ebenso wie Triest das größte Interesse hat, darüber zu wachen, daß ihr Haupthafen nicht unrettbar zu Grunde gerichtet werde.

Die gegenwärtige ehrerbietige Erwiederung kann nicht den Zweck haben, auf Einzelheiten in dieser Beziehung einzugehen, da die Unterzeichnete diesfällig nur auf ihre früheren Eingaben über diesen Gegenstand hinweisen kann — sie beschränkt sich daher darauf, hervorzuheben, daß die neuestens beantragte Vermehrung der Zahl der Molos von 4 auf 7, daher mit 6, statt mit 3 Bassins, eine übermäßige Verengerung der letzteren zur Folge haben muß, so daß die Schiffe, besonders aber die Dampfer, die immer mehr nicht nur an Zahl, sondern auch an Größe zunehmen, sich in ihren Bewegungen gehemmt finden und Zusammenstößen oder anderen Beschädigungen ausgesetzt sein werden. Ebenso kann die in Aussicht gestellte Möglichkeit, auf dem Damme Handelsoperationen zu bewerkstelligen, nur als ein frommer Wunsch betrachtet werden, da unsere klimatischen Verhältnisse unübersteigliche Hindernisse in den Weg stellen. Endlich nimmt die Unterzeichnete die Versicherungen Ew. Excellenz zu angenehmer Kenntniß, daß die Bewegung der Rudolphsbahn hier von Seite der Südbahn nicht im geringsten beeinträchtigt werden wird, so wie daß die der letzteren abgetretenen Gründe auf die innerhalb der auf dem mitgetheilten Plan gezogenen Linie bezeichneten beschränkt bleiben werden, wobei sich der Staat jederzeit die Verfügung über alle anderen zu Gunsten des Handels vorbehält, zur Hintanhaltung eines höchst verderblichen Monopols — welcher Grundsatz stets strengstens im Auge behalten werden sollte.

Mögen Ew. Excellenz diese Auseinandersetzungen einer Körperschaft zu Gute halten, welche um eines der wesentlichsten Interessen der Monarchie, mithin auch Triests ängstlich besorgt, jede wie immer geartete Verantwortlichkeit in diesem Betreffe ablehnt, und gleichzeitig an Ew. Excellenz die Bitte richtet, Vorstehendes in reifliche Erwägung zu ziehen, und, wenn es noch möglich, den schweren Schlag, von dem sich unsere Rhede bedroht sieht, abzuwenden.

Genehmigen Ew. Excellenz den Ausdruck der Ehrerbietung u. s. w.

Die Handels- und Gewerbekammer von Triest."

Im October 1871 delegirte die Kammer, indem sie die bereits früher erhobenen Verwahrungen gegen die Hafenarbeiten aufrecht erhielt, nichtsdestoweniger ihre Vertreter zu Conferenzen, welche von der Regierung in Triest einberufen wurden, um über die Art und Weise zu berathen, wie der nöthige Raum für die Bewegung der Schiffe während der Durchführung der Hafenarbeiten gesichert werden könne.

Das Operat der Delegirten, Herren J. M. Tarabocchia und B. Verona, im Schoße der Commission, welches sich in der Verwahrung gegen die Arbeiten im Allgemeinen, in einem Gutachten über die geeigneten Maßregeln, um Stockungen vorzubeugen und in dem Rathe zusammenfaßt, zwischen den Molos S. Carlo und Giuseppino einen neuen Molo zu bauen; dieses Operat fand von Seite der Kammer in ihrer Sitzung vom 17. November 1871 volle Genehmigung und entsprechende Durchführung.

Im April 1872 stellten die Herren J. M. Teuschl, C. J. Ofenheimer und B. Verona an die Kammer das dringende Gesuch, sie möge sich bemühen, daß der Hafenbauunternehmung nicht gestattet werde, irgend welche Arbeit zwischen dem Salz- und dem Klutschmolo, oder im Eisenbahnbassin vorzunehmen, da der gute Ausgang des ganzen Werkes durchaus nicht verbürgt sei, und man nicht zugeben könne, daß auch die Meeresstrecken zum Nachtheile der freien Bewegung im Hafen in Anspruch genommen werden.

Dieses Gesuch wurde von der Börsedeputation mit einem eigenen Bericht an das Handelsministerium geleitet und auch der Fürsprache der k. k. Seebehörde empfohlen.

Am 16. Mai kam der Börsedeputation von der k. k. Seebehörde folgende Mittheilung zu:

Z. 4494.

„Die Hafenbauleitung der Südbahngesellschaft beabsichtigt zur Fortsetzung der Arbeiten für den hiesigen neuen

Hafen Baggerungen längs des III. Quais und des IV. Molo's der neuen Hafenanlage vorzunehmen, und ist um die Beseitigung eines in jene Fläche fallenden hölzernen Anbindpfahlwerkes eingeschritten.

Da ungeachtet des baldigen Ablaufes des contractlichen Termins zur Vollendung des neuen Triester Hafens noch kein Theil desselben so weit hergestellt ist, um als Ersatz für die derzeit noch bestehenden, demnächst aber in den neuen Hafenbaurayon einzubeziehenden alten Hafenbassins in dem Falle dienen zu können, wenn der Schiffsverkehr in denselben durch die erwähnten Baggerungen behindert werden sollte und in dieser Beziehung auch bereits Besorgnisse zum Ausdrucke gekommen sind; da ferner über den Umfang dieser Baggerungen und der dann selbverständlichen Anschüttungen, sowie über die Art und Weise der Ausführung derselben keine Angaben vorliegen, so hat Seine Excellenz der Herr Handelsminister über die demselben vorgelegte Eingabe der Hafenbauleitung erklärt, gegenwärtig noch nicht in der Lage zu sein, die von der Bauleitung angesuchte Bewilligung zu ertheilen.

In der Absicht jedoch, das Fortschreiten der Hafenbauten nach Möglichkeit zu fördern, und um jede Beschränkung derselben zu vermeiden, welche nicht durch die unerläßliche Rücksicht für den Schiffahrtsverkehr unbedingt geboten ist, hat Se. Exc. der Herr Handelsminister den Herrn Oberbaurath Verida beauftragt, sich nach Triest zu begeben, um die Frage, ob und allenfalls unter welchen Bedingungen jene Arbeiten ohne Störung der Schiffahrtsbewegung zulässig erscheinen, mit der k. k. Seebehörde, der Hafenbauleitung und unter Zuziehung von Experten einer näheren Erörterung zu unterziehen und das bezügliche Ergebniß vorzulegen.

Da nun Herr Oberbaurath Verida eingetroffen ist, wird die commissionelle Verhandlung auf den 21. l. M. um 10 Uhr V. M. anberaumt und die Ansehnliche Börsedeputation hiemit eingeladen, zu derselben zwei Experte in Seeangelegenheiten abordnen zu wollen. Die Commission wird im Gebäude der Seebehörde abgehalten werden und wird nur der gefälligen Bekanntgabe der Delegirten entgegengesehen.

Triest, 15. Mai 1872.   Der Präsident
Alber.

An die Ansehnliche Börsedeputation in Triest."

Der Commissionsverhandlung, welcher der obige Erlaß erwähnt, wohnten als Abgeordneten der Börsedeputation im Dringlichkeitswege die Herren J. Peſſi und B. Verona bei, mit Bezug auf deren Bericht die Kammer unterm 28. Mai 1872 folgenden Bericht an das k. k. Handelsministerium richtete:

„Mit Bericht vom 22. April d. J. N. 1211 wandte sich die Unterzeichnete an Ein h. k. k. Ministerium mit der Bitte, die unbedingte Nothwendigkeit, die freie Bewegung der Schiffe und der Handelsoperationen im hiesigen Hafen zu bewahren in ernste Erwägung zu ziehen und zu verhüten, daß die Hafenarbeiten dieselben verhindern, eine Angelegenheit, die um so wichtiger ist, als eine große Zahl von Schiffen namentlich für den Getreideverkehr erwartet werden. Die Unterzeichnete hat Grund zu glauben, daß Ein h. k. k. Ministerium nicht gezögert hat in diesem Betreffe das Erforderliche anzuordnen und beeilt sich dafür ihren besten Dank darzubringen. Sie schließt dies aus den Conferenzen, welche bei der k. k. Seebehörde über diesen Gegenstand stattfanden und denen ein Abgeordneter Eines h. k. k. Ministeriums und zwei maritime Sachverständige (Capitän B. Verona und J. Peſſi) als Abgeordnete der Unterzeichneten beiwohnten. Zur Unterstützung nun des erwähnten Berichtes und einem von der hiesigen Handels- und Gewerbekammer in der gestern Abend abgehaltenen Sitzung gefaßten Beschluß entsprechend, erlaubt sich die Unterzeichnete Einem h. k. k. Ministerium dringend an's Herz zu legen, im Einklange mit der von den erwähnten zwei Seeleuten in der fraglichen Commissionsverhandlung bei der Seebehörde ausgesprochenen Ansicht niemals zu gestatten, daß weder Ausbaggerungen noch Anschüttungen, noch andere Hafenarbeiten irgend einer Art vorgenommen werden, welche die freie Bewegung der Schiffe und der Handelsoperationen im Hafen verhindern könnten, da sich statt des Baſſins, in dem man solche Arbeiten beabsichtigt, kein anderes zur Verfügung stellen ließe, welches geeignet wäre, die in Rede stehende freie Bewegung ohne Beeinträchtigung des Handels und der Marine zu garantiren."

Im Juni 1872 lud der Stadtrath die Handelsvertretung ein, sich ihm bei den Schritten anzuschließen, die er im Petitionswege beim Reichsrathe gethan, um zu erwirken, daß eine parlamentarische Enquete über die Hafenarbeiten veranstaltet werde, und die Kammer wandte sich, dieser Einladung nachkommend, mit einer entsprechenden Petition an das Abgeordnetenhaus und an das Herrenhaus, wovon sie auch Se. Excellenz den Handelsminister in Kenntniß setzte.

Bekanntlich empfahl auf Antrag des Petitionscomité's der Reichsrath dem Handelsministerium die Petitionen des Stadtraths und der Handelskammer von Triest zur genauesten Prüfung und entsprechenden Würdigung mit der Einladung, die Interessen von Triest zu wahren und die in der Petition auseinandergesetzten Bitten ohne Aufschub in Berücksichtigung zu ziehen.

Im Juli wandte sich der Präsident, Ritter Salomon von Parente, im Präsidialwege an S. Excellenz den Herrn Handelsminister, um zu erfahren, ob und was betreffs Einstellung der Arbeiten angeordnet worden sei.

Im gleichen Monate theilte die Seebehörde Folgendes mit, welches auch als Bescheid auf das oberwähnte Gesuch dienen sollte:

„Mit Bezug auf die von Einer löblichen Kammer in den Zuschriften vom 22. April, 28. Mai und 7. Juni dem h. k. k. Ministerium gemachten Vorstellungen, sowie auf die unterm 7. Juni d. J. an das h. Herrenhaus gerichtete Petition beehrt man sich der löblichen Handelskammer in Folge eines Erlasses Sr. Excellenz des Herrn Handelsministers vom 4. Juli d. J. mitzutheilen, daß, um die Interessen der Schiffahrt mit den gebührenden Rücksichten auf die Arbeiten für den neuen Hafen, welche ohne Hinderniß fortgesetzt zu sehen wünschenswerth ist, zu vereinbaren, sowie auch um die einen wie die anderen in gleichem Grade zu wahren, auf Grund von Verhandlungen mit den Vertretern der Südbahngesellschaft, der Unternehmerin der erwähnten Arbeiten die Bedingungen festgestellt wurden, unter denen die Arbeiten im dritten Bassin des Hafens selber fortdauern könnten. Diese Bedingungen, deren Zweck darin besteht, die Fortsetzung der Arbeiten zu ermöglichen, ohne die Bewegung und Verankerung der Schiffe im Bassin zwischen dem Klutschmolo und dem Salzmolo, sowie im Eisenbahnbassin zu hemmen, sind folgende: Die Südbahngesellschaft, als Unternehmerin der Arbeiten, anerkennt vollkommen die dringende Nothwendigkeit, daß das erste Bassin

*

des neuen Hafens baldmöglichst den Zwecken der Schiffahrt übergeben werde, und verpflichtet sich, die noch fehlenden Arbeiten, namentlich die Ausbaggerungen im Innern des Bassins binnen kürzester Frist bewerkstelligen zu lassen, und zwar damit das genannte Bassin übergeben und benützt werden könne, sei es auch nur im provisorischen Zustande. Die Anschüttung am Molo III darf sich nur bis zu der Linie erstrecken, die in der Conferenz commissionell festgestellt wurde, welche am 15. Juni dieses Jahres hier stattfand, um die Einfahrt des Eisenbahnbassins frei zu erhalten. Die im dritten Bassin durchzuführenden Arbeiten werden mit dem dritten Quai anfangen und mit dem IV. Molo schließen. Die Ausführung dieser Arbeiten darf für jetzt nur den unter Wasser befindlichen Theil umfassen und dieselben müssen sich daher auf die Ausbaggerung einer ungefähr 35 Meter langen Cunette beschränken, welche bis auf 12 Meter unter dem tiefsten Puncte der Ebbe reichen soll, sowie auf die Anschüttung dieser Strecke mittels Steinwurfs, dessen oberster Theil jedoch keine größere Höhe als von 8 Metern unter dem tiefsten Puncte der Ebbe erreichen darf. Sollte durch diese Arbeiten und namentlich durch den Steinwurf die Wassertiefe vermindert, namentlich aber eine Erhebung des Schlammgrundes bewirkt werden, so muß die Unternehmung die ursprüngliche Wassertiefe unverzüglich herstellen. Um die Ankerbojen zu ersetzen, die weggenommen werden müßten, um diese Arbeiten durchzuführen, weil sie entweder innerhalb der Linie der auszubaggernden Strecke liegen, oder weil sie in Folge der Ausbaggerungen und trotz aller von der Unternehmung getroffenen Vorsichtsmaßregeln thatsächlich in Gefahr kämen, oder ganz oder theilweise unbenützbar würden, wird die Unternehmung rechtzeitig eine solche Anzahl entsprechender Bojen anbringen, daß während der Arbeiten immer so viele Schiffe verankert werden können, wie dies gegenwärtig der Fall ist. Die Durchführung der Arbeiten findet unter der Aufsicht und Dazwischenkunft der Beamten der Seebehörde statt, die, falls die Unternehmung sich nicht an die oben erwähnten Anordnungen hält, befugt und verpflichtet sind, die Fortsetzung der Arbeiten sogleich einzustellen."

Im August 1872 richteten zahlreiche Kaufleute, Rheder, Grundbesitzer, Ingenieure und Handelscapitäne an die Kammer ein dringendes Gesuch um Ernennung einer Commission von Technikern, Nautikern u. s. w. zu dem Zwecke, eine letzte an die höheren Behörden zu richtende Vorstellung abzufassen und zu beantragen, um eine Abänderung der projectirten Arbeiten wenigstens in jenem Theile zu erwirken, dessen Durchführung noch übrig ist.

Die Kammer ernannte, dem Gesuche entsprechend, in der Sitzung vom 6. September eine besondere Commission zur Prüfung dieses Antrages und directen Berichterstattung an die Kammer über das Ergebniß dieser Prüfung.

Die Commission legte der Kammer am 5. October 1872 nachstehenden Bericht über ihre Wirksamkeit vor:

„Löbliche Handels= und Gewerbekammer!

In Erfüllung des ihr in der Sitzung der l. Kammer vom 6. d. M. gewordenen Auftrages versammelte sich die unterzeichnete Commission am 9. d. M. unter dem Vorsitze des Herrn Ritter A. Carcassonne und beschloß, nach einer vorläufigen allgemeinen Besprechung sowohl des Gegenstandes, d. i jener Arbeiten, die zwischen dem Molo Klutsch und dem Molo del Sale ausgeführt werden sollen, als auch der für die erschöpfende Behandlung der wichtigen Aufgabe zweckmäßigsten Vorgangsweise, von dem ihr durch die l. Kammer verliehenen Rechte der Zuziehung weiterer Mitglieder Gebrauch zu machen und die Herren Schiffscapitäne Millinovich und Remedelli, sowie zwei vom hiesigen Gewerbevereine (Società d'Arti e d'Industria) zu wählende Ingenieure behufs Verstärkung der Commission einzuladen. Von dem Wunsche übrigens geleitet, im Laufe der Verhandlungen auch das geschätzte Gutachten des k. k. Ingenieurs und Hafenbau=Inspectors, sowie des Hafenbauleiters selbst kennen zu lernen, richtete die Commission durch die gefällige Vermittlung des verehrlichen Kammer=Präsidiums ein bezügliches Ansuchen an die k. k. Seebehörde.

Während die genannten geehrten Herren Capitäne sowie die Società d'Arti e d'Industria und für dieselbe ihre Delegirten, die Herren Ingenieure Berlam und Dr. Vicentini, der Einladung mit jener Bereitwilligkeit Folge leisteten, welche die Wahrheitsliebe und die uneigennützige und warme Hingabe an das Vaterland zur Richtschnur nimmt, sah die Commission das erwähnte an die k. k. Seebehörde gerichtete und von derselben der Entscheidung des k. k. Handelsministeriums vorgelegte Ansuchen zurückgewiesen.

Wenn auch diese Weigerung von Seite des Ministeriums ganz unerwartet und schmerzlich überraschend kam, so konnte sie doch die Arbeit der Commission weder aufschieben noch verzögern, welche, geleitet einerseits von Rücksichten der Convenienz gegen die Betheiligten und andererseits von dem Wunsche beseelt, die Ansichten in contradictorischer Weise auszutauschen und zu klären, zwar die in Rede stehende Einladung für angerathen erachtet hatte, sich aber dadurch, trotz der Abweisung, nicht veranlaßt fühlen konnte, ihr Operat zurückzuhalten, zu dessen glücklicher und gewissenhafter Vollendung sie sich jener Kenntnisse und Erfahrungen bedienen zu können bewußt war, welche ihr in den eigenen Mitgliedern zur Verfügung standen, die aufmerksame und vorurtheilsfreie Beobachter jener Arbeiten sind, welche die Stadt ringsum gegen die eigenen Wünsche entstehen und fortschreiten sieht.

Diese Ueberzeugung verringerte übrigens nicht, wie schon erwähnt, den peinlichen Eindruck, welchen jene Abweisung hervorrief und der hauptsächlich durch die zur Begründung derselben angeführten Erwägungen verursacht wurde, da die Unterzeichnete denselben keinen meritorischen Werth beimessen kann; deshalb vermag die Commission, ohne der Kundgebung, zu welcher sich die l. Kammer durch obige Begründung veranlaßt finden könnte, vorgreifen zu wollen, nicht umhin, zur Rechtfertigung der von ihr ausgegangenen Einladung anzuführen, daß die Hafenarbeiten, wenn sie auch auf einem a. h. sanctionirten Gesetze beruhen, dennoch nicht für unantastbar gelten können, wie dieselben auch in der That nicht dafür gehalten wurden — da doch das k. k. Ministerium selbst vor wenigen Monaten deren Suspension angeordnet hatte, und daß dieselben um so mehr sogar Modificationen und Reformen unterliegen können, welche von der praktischen Erfahrung angerathen und von der Vaterlandsliebe und der Kenntniß der Localverhältnisse der Stadt geboten werden, als der allerhöchste Wille, welcher sich jederzeit den Geschicken der Stadt Triest äußerst günstig gestimmt erwies, dagegen sicherlich keine Einwendung erheben dürfte und da doch im Allgemeinen Gesetze weder hier noch anderwärts für unveränderlich erklärt werden und zweckmäßige Abänderungen, ungeachtet sie von allen legislativen Factoren sanctionirt sind, nicht von sich weisen können.

Dies Alles fällt aber schwerer in die Wagschale, als jene Ministerialerlässe, durch welche die Zweckmäßigkeit der Arbeiten geregelt sein soll, und für welche sicherlich nicht eine dogmatische Unfehlbarkeit in Anspruch genommen werden kann, so daß sie daher nach Maßgabe der wahrhaften Bedürfnisse einer Abänderung fähig erscheinen.

Besser als die unterzeichnete Commission wird die verehrliche Kammer, deren Delegirte bekanntlich stets den behördlichen Berathungen in der Hafenfrage beiwohnten, die Tragweite der vom Ministerium gemachten zweiten Einwendung zu würdigen wissen, wonach die Kammer sich jederzeit geweigert habe, sich an den die Hafenbauten betreffenden Berathungen zu betheiligen.

Nachdem diese Erwägungen, welche zur Rechtfertigung des eigenen Operates gegenüber der behaupteten Unabänderlichkeit der Arbeiten unerläßlich schienen, vorausgeschickt wurden, gelangte die Commission nach erschöpfender und reiflicher Prüfung, gestützt auf die gewissenhaftesten Erhebungen an Ort und Stelle zu folgenden

Schlußfolgerungen.

Die Wichtigkeit der beim neuen Hafen in Ausführung befindlichen Arbeiten und der große Einfluß derselben auf die Zukunft unseres Handels wurden zur Genüge durch Alles dargethan, was hierüber bis jetzt geschrieben und geplant, und was verausgabt worden ist. Es besteht daher wohl ein inniger Zusammenhang zwischen den Hafenarbeiten und unserer Zukunft.

In Hinblick auf diese innige Wechselwirkung zwischen Hafen und Stadt hat Jedermann, welcher das Vaterland liebt, und dessen eigene Interessen damit verbunden sind, die Pflicht, die erwähnten Bauten im Auge zu behalten, weil dieselben, falls sie mißlingen, die Existenz dieses Emporiums in Frage stellen oder zum mindesten unersetzlichen Schaden stiften können, der nicht wenig die künftige Blüthe des Landes beeinflußen könnte.

Da man aber von allen Seiten in Bezug auf diese neuen Wasserbauten von großartigen Verschiebungen der Ufer, von unberechenbaren Senkungen, von außerordentlichen Bewegungen, von Erhebungen des Meeresgrundes, von einem unsicheren und unbestimmten Bausysteme hört, so muß sich die Aufmerksamkeit neuerdings einem so wichtigen Gegenstande zuwenden, um unverholen die eigene Ansicht der Oeffentlichkeit und den Behörden darzulegen.

Der Bedeutung dieser Umstände und nicht einem Geiste systematischer Opposition, wie man ihn öfter böswillig unterschieben will, ist die Vorstellung zuzuschreiben, welche von vielen ehrenwerthen Bürgern über den Gegenstand gemacht wurde und auf deren Grund die ansehnliche Handelskammer es für zweckmäßig erachtete, die unterzeichnete maritim-technisch-commercielle Commission zur Prüfung und Berichterstattung einzusetzen.

Ihr wurde die specielle Aufgabe zu Theil, eingehend die Folgen der Arbeiten und besonders die Wirkungen der umfassenden Anschüttung zu studiren, welche von der Spitze des Molo Klutsch bis zur Spitze des Molo del Sale projectirt ist, einschließlich des Molo IV, der von letzterem Molo quer durch das Bassin des Kanales bis nahezu zur Stirnseite des Molo San Carlo gerichtet werden soll.

Um diesem Auftrage zu entsprechen, war es erforderlich, die augenblickliche Sachlage zu untersuchen, worüber sich Folgendes ergab:

1. Der Steinwurf des Molo III befindet sich in Arbeit und ist noch nicht über Wasser gekommen;

2. Eine mit Fähnchen bezeichnete Linie in fast diagonaler Richtung quer durch den Molo III, von dessen Seite bis zur Einfahrt in die Darsena, welche die Grenzlinie zu sein scheint, um vorläufig die Verschließung der Einfahrt in jenes Becken hintanzuhalten;

3. Weißbemalte Pfähle, welche die Richtung der Riva zwischen Molo III und IV bezeichnen, von der Spitze des Molo Klutsch bis zu jener des Molo del Sale.

4. Im Beginne der Arbeit die Grundanschüttung jenes Rivatheiles zwischen Molo III und IV;

5. Ausgrabung des Grundes mittels Dampfbagger, längs der Ufermauern des Molo IV;

6. Im Allgemeinen kein Bauwerk in der Weise fortgeschritten, daß dessen baldige Uebergabe an den Handel zu hoffen steht;

7. Am Molo I zeigten sich die größten Senkungen und Verschiebungen, an der inneren Seite mehr als an der Stirnseite;

8. Riva und Molo II zeigten auch Bewegungen, bisher jedoch von geringer Bedeutung;

9. Die Wassertiefe in der Mitte der nördlichen Einfahrt bei steigender Fluth ergab sich mit 33' beim Molo I, auf 15—20' von der Riva entfernt; an der Spitze fanden sich 21', an der inneren Seite 20'.

Beim Molo II, in derselben Entfernung von der Riva II, fanden sich an der Spitze 17', an der Seite gegen die Stadt 20' 17' 19' von der Stirnseite bis zur Wurzel;

10. Der Raum zwischen dem noch im Project befindlichen Molo IV und dem Molo San Carlo, sowie der Raum zwischen den übrigen Moli und dem Schutzdamme (Diga) im Allgemeinen scheint für die wünschenswerthe freie und leichte Bewegung der Schiffe zu enge.

Aus Vorstehendem geht klar hervor, daß die Hafenarbeiten in ihrem ganzen Umfange ausgeführt werden sollen, wie dieselben in dem bekannten von der Regierung angenommenen Projecte vorgeschlagen und in Betracht gezogen sind. Uebrigens ist ein Theil der Arbeiten nicht so sehr fortgeschritten, um nicht eine Modification zuzulassen und glücklicherweise sind die erübrigenden Arbeiten die oben bezeichneten der Stadt näher liegenden, vom Molo III herwärts, welche in diesen Schlußfolgerungen insbesondere in Betracht gezogen sind.

In der That sind diese letzteren Arbeiten kaum begonnen, da in der Gegend der Riva an der Wurzel des Molo IV 34' Wasser vorhanden sind und man erst mit der Baggerung des Grundes für den Molo IV anfängt.

Nach genauer Besichtigung aller dieser Arbeiten an Ort und Stelle und nach reiflicher Besprechung des Gegenstandes am Sitzungstische, muß man, in Berücksichtigung aller thatsächlichen Verhältnisse im Allgemeinen bemerken, daß gerade die eben begonnenen Arbeiten vom Molo III herwärts unnütz und für den übrigen Hafen und für die Stadt nachtheilig sind. Für den Handel ist die umfangreiche Anschüttung des schönen Beckens zwischen Molo Klutsch und Molo Sale schädlich, während die stattliche Schaar von Handelsschiffen, welche dasselbe beständig aufnimmt, einen unzweifelhaften Beweis von dem Vortheil und dem Nutzen gewährt, den wir daraus ziehen.

Ein derart eingeschnittenes Becken wird jederzeit vorgezogen, weil es die Schiffe besser gegen den Landwind sichert, welcher in Folge der Neigung des Berges in jener Position um so stärker ist, je weiter derselbe vom Lande ab weht. Unnütz sind auch die beabsichtigten Arbeiten vom Molo III herwärts gegen die Stadt, weil sie zu einer Zeit, wo die Schiffe ein größeres Bedürfniß darnach haben, uns eine bedeutende Meeresfläche entziehen, ohne uns dafür eine größere Entwicklung der Anlande-Ufer zu gewähren.

Im gegenwärtigen Augenblicke, in welchem sich die Handelsthätigkeit besonders in dem Becken zwischen Molo Klutsch und Molo San Carlo zusehends entwickelt und dieser Raum von den Seeleuten mit Vorliebe gewählt wird, weil sie dort noch die Möglichkeit einer freien und raschen Bewegung und gute Vertäuung finden, würde sich die ausgedehnte Anschüttung im höchsten Grade nachtheilig erweisen.

Da ferner der große Handel längs des Mittelmeeres theils durch den Durchstich des Isthmus, theils durch die festgesetzten Eisenbahnbauten seine wichtige Bedeutung wieder zu gewinnen verspricht, so drängt es uns, ehestens einen bequemen und für die Bewegung großer Schiffe geeigneten Hafen zu erlangen.

Mit Hinblick auf die zu diesem Behufe hergestellten Arbeiten und die dargelegten allgemeinen Bemerkungen ist es das entschiedene Gutachten der Unterzeichneten, daß es rathsam sei, das in Ausführung begriffene Project in seinem schlechtesten Theile, soweit derselbe noch zur Herstellung erübrigt, vom Molo III herwärts zu modificiren.

Sie schlagen daher vor:

1. Die frontale Riva des Bassins zwischen Molo III und IV in dem möglichst geringen Abstande von der gegenwärtigen Riva herzustellen.

In keinem Falle sollte dieser Abstand größer als 80 Meter sein, gemessen von der Grenze der Südbahn an das Meer, ein Raum, welcher für alle nöthigen Verbindungen zwischen dem neuen Hafen und der Stadt mehr als genügt, und den man sehr ungern hergeben würde, da er 40 Schiffe aufnehmen kann, ungerechnet jene der Küstenfahrt. Um so weit als nur thunlich dieses so schätzbare Becken beibehalten zu können, wäre es sogar wünschenswerth, in jenem Winkel die Grenze der Station zurückzuziehen, um die in Rede stehenden Ufer verhältnißmäßig mehr gegen Land rücken zu können, wie aus Skizze I ersichtlich. (Dem Berichte lagen 2 Planskizzen bei.)

Und nur in dem Falle, als das Zurückschieben der Südbahnstation nicht möglich sein sollte, könnte man sich der auf Skizze II ersichtlichen Combination anbequemen.

Durch eine derartige Beschränkung der Anschüttung, wenn man zugleich Sorge trägt, daß an den Ufern wenigstens 22′ Wassertiefe erhalten bleiben, würde das Bassin III zwischen Molo III und Molo Sale räumlich genug, und sowohl der Form, als der Ausdehnung und Tiefe mehr entsprechend für die Manöver und Bewegungen der Schiffe sein.

Der begonnene und in Ausführung begriffene Steinwurf, auf seine gegenwärtigen Grenzen beschränkt, kann kein Hinderniß darbieten, da derselbe behilflich sein wird, die an jener Stelle ganz besonders, und zwar in Folge der jahrhundertlangen Ablagerung des Wildbaches angehäufte Schlammmasse zu unterstützen, und dadurch die Ufer näher am Lande zu befestigen. Es steht übrigens auch zu fürchten, daß die unbedachte Fortsetzung desselben Steinwurfes uns die nöthige Wassertiefe verlieren machen könnte.

2. **An Stelle des Molos IV einen anderen Molo von angemesseneren Größenverhältnissen und zwar nur von 60 Meter Breite und 130 Meter Länge zu setzen**, in einer solchen Direction, daß die Einfahrt in das Bassin IV gegen den Molo San Carlo zu möglichst weit erhalten bliebe.

Hiedurch würde dieses Becken, welches nach den projectirten Maßregeln auf eine Einfahrt von nur 100 Meter reducirt würde, Dimensionen erhalten, welche der Erleichterung der Einfahrt, des Platzwechsels und der Bewegung der

Schiffe besser entsprächen. Es sei auch bemerkt, daß die Beschränkung des Einfahrtsraumes ganz unzulässig ist, da letztere durch die einfache Vertäuung mehrerer Schiffe an den Enden der beiden Molo äußerst schwierig für die Bewegung der Schiffe gemacht würde.

3. In der Folge sollte die vorerwähnte Riva in einer ununterbrochenen Linie längs des Bassins des Kanales von der Wurzel des Molo Sale bis zu jener des Molo San Carlo verlängert werden, um die regelmäßige Bewegung der Waaren längst der Landungs-Quais zu erleichtern.

Durch die beiden vorausgeschickten hauptsächlichen und durch diesen dritten untergeordneten Vorschlag zur Abänderung des Projectes würde offenbar eine sehr bedeutende Summe erspart, man erhielte eine größere Wasserfläche, man würde für die Handelsbewegung der Schiffe, sowie der Waaren längst der Landungsufer größere Leichtigkeit gewinnen, wovon sich Jedermann durch eine einfache Besichtigung der beigeschlossenen Pläne überzeugen kann.

Sollte aber sich für den Handel ein größerer Raum an den Quais als nothwendig darstellen, so könnten mit den durch die vorgeschlagenen Arbeitsverminderungen ersparten Summen die noch verfügbaren Grundflächen längs der Via della Posta erworben werden. Und in jedem Falle könnte man mit dem gesparten Betrage die Fortsetzung der so nothwendigen neuen Quais vom Molo Sale zum Molo San Carlo bewerkstelligen.

Aber auch an diese derart modificirten Bauten sollte man jetzt nur Hand anlegen mit Arbeiten, welche keinerlei Zufälligkeiten unterliegen.

Vielmehr ist es zweckmäßig abzuwarten, bis eines der andern bereits in den Grundzügen hergestellten Bassins des neuen Hafens dem Handel übergeben worden ist.

Hiedurch würde man jede mögliche Verlegenheit vermeiden, die durch den Mangel an erforderlichem Raum für die Schiffe entstehen könnte.

Und ein solcher Mangel ist nicht unmöglich, wenn man Folgendes bedenkt:

Es scheint, daß bei Ausführung der Arbeiten das Terrain des Grundes für dieselben nicht genügend beachtet wurde und daß man in einer schwankenden Weise vorgeht, indem man von Zeit zu Zeit das System wechselt, nach Art Jenes, welcher Erfahrungen sammelt oder Versuche anstellt.

Dies ist die hauptsächlichste Veranlassung der vorgekommenen Senkungen, Verschiebungen und Einstürze der Rivas, sowie der entsprechenden Hebung des unterseeischen Grundes. Um theilweise diesen Uebelständen abzuhelfen, nimmt man in mehr oder minder bedeutendem Umfange die Abtragung und Reconstruction der Blockmauern vor, wobei man aber fortwährend von den ursprünglich fixirten Profillinien abweichen muß und derart die Bassins und die Wasserräume immer mehr verringert.

Und noch heute weiß man nicht, ob nicht weitere Bewegungen zu weiteren Reductionen und Verschiebungen der ursprünglich fixirten Profillinien nöthigen werden. Andererseits ist es ebenfalls sehr wahrscheinlich, daß auch die Last des Oberbaues der Moli und Quais einige Veränderungen hervorbringen wird. Wenn man nun trotz dieser Unsicherheit und ohne eine vorangegangene ernstliche Erwägung der Folgen, dennoch mit den Arbeiten vom Molo III herwärts weiterschreiten würde und dies auf einem viel schlechteren Grunde in Folge der großen Schlammengen des Wildbaches Klutsch, in welchen die Schlächterei-Abfälle und ein großer Theil des Unraths der städtischen Kanäle abgelagert werden, so kann sich zweifelsohne neuerdings der Fall ereignen, daß man durch weitere Verschiebungen Meeresfläche und zwar in einer Weise verlieren würde, daß der erübrigende Raum gang ungenügend für die Bedürfnisse der stets steigenden Handelsbewegung sein müßte.

Jeder Triester muß wegen dieser unantastbaren Betrachtungen bei jedem Steine zittern, der versenkt wird, bevor nicht die absolute Sicherheit über die Vollendung der ersten beiden Bassins gewonnen ist.

Jeder Triester muß sprechen und handeln, um die Anwendung aller möglichen Vorsichtsmaßregeln zu erreichen — ja muß sogar auf die Einstellung dieser letzteren Arbeiten bringen, bis nicht, wie oben erwähnt, sämmtliche Bauten wenigstens eines der zwei neuen Bassins mit voller Garantie des Erfolges hergestellt und dem Verkehre übergeben sein werden.

Die unerwartete ministerielle Anordnung, die projectirten Arbeiten vom Molo III gegen die Stadt zu mit Eifer fortzusetzen, bevor noch andere entsprechende Strecken der Marine zur Verfügung gestellt sind, ist daher sehr zu beklagen; eine Anordnung, welche, wie man sieht, sehr verhängnißvolle Folgen veranlassen kann, nicht allein für dieses Emporium, sondern auch für den Staat, der es regiert.

Endlich kommt außer den vorhergehenden, noch eine Reihe von Erwägungen anderer Art, doch nicht von geringerer Wichtigkeit in sachgemäßer Weise zur Unterstützung der gegenwärtigen Vorschläge.

Mit den sub I und II angeregten Modificationen wird zweifellos eine größere Wasserfläche in den Bassins, sowie eine größere Breite der Einfahrt in jenes beim Molo San Carlo gewonnen. Diese Bassins sammeln heute und werden noch für lange Zeit durch die öffentlichen Kanäle und den Wildbach den Unrath der Senkgruben des größeren Theiles der Stadt ansammeln, der am Grund in Fäulniß geräth und Gase verbreitet, welche die Atmosphäre verpesten.

Zur Heilung dieses Uebels dienen die Fluth und die Strömungen, welche durch die Bewegung des Wassers diesen verpestenden Unrath hinaus in den Golf treiben und dieselben derart unschädlich machen.

In Folge der bereits vollendeten Werke nun und in Folge der projectirten Verengerung der letzten zwei Bassins beim Molo S. Carlo wird die in Rede stehende Bewegung des Seewassers bedeutend aufgehalten, so daß hiedurch ein nicht geringer Schaden für den Gesundheitszustand der Stadt entstehen kann.

Durch die angeregten Modificationen und insbesondere durch die Verkürzung des Molos IV dagegen wird der heilsame Einfluß von Fluth und Strömung bedeutend gefördert und es werden die Verhältnisse der öffentlichen Gesundheit des Landes daher gebessert.

Zum Schlusse finden daher aus den dargelegten Gründen die Unterzeichneten Folgendes vorzuschlagen:

1. die Riva zwischen Molo III und IV näher an's Land zu rücken;

2. den Molo IV auf kleinere Dimensionen zu beschränken, und ihm eine zweckmäßigere Richtung zu geben.

Das aber schlagen sie vor in der alleinigen Ueberzeugung, hiedurch für die Interessen von Stadt und Staat, für die künftige Blüthe des Landes und seines Handels mitzuwirken.

Sie setzen in die eifrige Fürsorge der ansehnlichen Kammer das Vertrauen, daß sie, wie dieselbe die Initiative ergriffen hat, so auch an der Hand dieses Elaborates mit thunlichster Eile sich verwenden werde, um die höheren Behörden zu überzeugen und von denselben die gewünschten Modificationen an den noch erübrigenden Arbeiten zu erlangen.

Triest, 26. September 1872.

Achille Carcassonne — J. Berlam — D. A. Economo — F. B. Florio — Dr. Eug. Geiringer — S. Milinović — G. Pessi — P. Remedelli — J. Righetti (Berichterstatter) — V. Matt. Schivitz, Ing. — J. Sforzi — Ed. Strudthoff — J. M. Teuschl — C. D. Topali — B. Verona — Ing. Dr. Vicentini (techn. Consul) — Eduard Bujatti (Prot.)

Dieser Bericht wurde von der Kammer sammt allen daran geknüpften Anträgen genehmigt und dem k. k. Handelsministerium mit dem dringendsten Gesuche vorgelegt, die darin auseinander gesetzten Thatsachen in ernste und unverweilte Erwägung zu ziehen und mit aller Beschleunigung die geeigneten Maßregeln zu treffen, um den in diesem Bericht enthaltenen Wünschen und Anträgen zu Gunsten der Interessen von Triest Verwirklichung zu sichern. Auch der Herr Statthalter, Freiherr von Ceschy, wurde angelegentlich gebeten dem Berichte seine einflußreiche Unterstützung angedeihen zu lassen. Sowohl der Bericht als der von der Commission ausgearbeitete Plan wurden dem Herrn Podestà mitgetheilt, der darum ersucht hatte.

Eine amtliche Erledigung fanden bisher diese letzten von der Handelskammer an das k. k. Handelsministerium gerichteten Gesuche nicht; da es jedoch notorisch ist, daß vor Kurzem hier eine Regierungscommission tagte, die im Auftrage Sr. Excellenz des Ministers, in Hafenbau-Angelegenheiten einberufen wurde, und da man ferner weiß, das dieser Commission der Bericht und die Anträge der Kammer ebenfalls vorgelegt wurden, welche letztere den Beifall der Regierungscommission erhielten, deren Beschluß der Annahme des von der Kammer für die Abänderung des Projectes der Arbeiten vorgelegten Typus II günstig lautete, — da dies Alles bekannt ist, so möge es gestattet sein, den gegenwärtigen Bericht mit den Worten zu schließen, welche Herr Salomon Ritter von Parente in der Kammersitzung vom 30. December v. J. äußerte, „daß nämlich, was in unserem Hafen bereits geschehen, natürlicherweise nicht ungeschehen gemacht werden könne, es seien deßhalb die Absichten jetzt darauf gerichtet, weiteren Uebeln vorzubeugen und in diesem Betreffe freue es ihn zu gewahren, daß die Frage eine bessere Wendung nehme, indem die Anträge der Kammer, welche in dem mit dem Typus II vorgelegten Projecte für die Arbeiten zusammengefaßt sind, von der Regierungs-Commission günstig aufgenommen worden seien. Diese seine Hoffnung werde auch durch die Abreise des Herrn Präsidenten der Seebehörde nach Wien bekräftigt, welche, wie er gern glaube, mit den Commissionsanträgen in einigem Zusammenhang stehe."

Bujatti, Rathsprotokollist.

Auf Anordnung des Herrn Präsidenten läßt man hier einige Auszüge aus den Sitzungsprotokollen der Kammer folgen, welche sich auf die oben erwähnten Verhandlungen beziehen.

Sitzung der Handels- und Gewerbekammer
am 22. December 1862.

Nach Genehmigung des Protokolls der letzten Sitzung wurde zur Verhandlung über die Frage der Verbesserung und Erweiterung des hiesigen Hafens geschritten, auf Grundlage des Berichtes, welchen die in der Sitzung vom 29. August eingesetzte, aus Herrn G. Bazzoni als Vorsitzendem und den Herren Ch. Opuich, H. Padovan, A. Porenta, A. Ralli, J. Sforzi und C. M. Stalitz bestehende Commission erstattet hat und dessen wesentlicher Inhalt in folgenden Schlußsätzen zusammengefaßt ist:

„Nachdem die Commission die verschiedenen Projecte für die Verbesserung des Hafens geprüft und die Vorzüge jedes einzelnen hervorgehoben, wurde die mögliche Vereinigung dieser Vorzüge in jenem Projecte, welches zur Annahme gelangen soll, durchzuführen gesucht, so daß die Commission allen ohne Ausnahme die verdienten Lobsprüche dafür spendet, daß dieselben zum Entwurf eines Werkes beitrugen, welches auf die Wohlfahrt unseres Gemeinwesens abzielt.

Das von uns empfohlene Project besteht in folgenden Hauptpuncten:

1. In der Erhaltung des Beckens des neuen Lazareths und der anstoßenden Magazine zu Gunsten des Handels und der Industrie, zu welchem Behufe die k. k. Regierung um die Abtretung desselben zu immerwährender unentgeltlicher

Benutzung zu ersuchen ist. Herr Ingenieur Sforzi ist mit diesem Puncte nicht einverstanden und bezieht sich auf sein Separatvotum.

2. In der Ausbesserung der Quais in diesem Becken und der anstoßenden Magazine mit den erforderlichen Zubauten und Erhöhungen.

3. In der Erweiterung der Quais mittelst Aufschüttungen längs der ganzen Ausdehnung der Rhede, d. h. vom Eisenbahnbassin bis zum Molo Giuseppino, so daß die Ufer für Schiffe von 18 -- 20 Fuß Tiefgang zugänglich gemacht und hinreichender Raum zur Erbauung von Magazinen für Waaren, Getreide u. s. w. geschafft, zugleich aber auch die freie Bewegung der Eisenbahnwaggons und der Frachtwagen, sowie die ungehinderte Aus- und Einladung der Waaren gesichert werden. Dann vom Molo Giuseppino weiter würde sich die Uferlinie mit geringerer Wassertiefe fortsetzen, je nach der Beschaffenheit des Meeresbodens, da weder die Austiefung des Grundes, noch die Aufschüttung eines großen Theiles der Sacchetta zur Austiefung der Ufer vom ökonomischen Standpuncte zweckmäßig ist. Die Benützung aller zum Aus- und Einladen der Schiffe von was immer für einer Flagge bestimmten Uferstrecken und Molos an allen jenen Puncten, wo nicht bereits gesetzlich erworbene Rechte bestehen, muß allgemein freistehen, ohne weder einzelnen Individuen, noch Gesellschaften besondere Vorzüge einzuräumen.

4. In der Erbauung einer Dampf- oder Pferdeeisenbahn von einem in der Nähe des neuen Lazareths für den Handel und den Betrieb am bequemsten gelegenen Puncte bis zur äußersten Spitze der Sacchetta zum Behufe der unmittelbaren Aus- und Einladung der Waaren längs der ganzen Linie.

5. In der Erweiterung und Verlängerung jener Molos, welche den Schiffen zum Zwecke des Aus- und Einladens keine leichte Annäherung gestatten, bei welchen Bauten, so weit die topographische Lage dies gestattet, die Richtung des vorherrschenden Windes als maßgebend anzunehmen ist.

6. In der Verlängerung der die ganze Rhede umfassenden Eisenbahn bis in die Nähe der Bucht von Muggia, und in der Eröffnung eines schiffbaren Kanals, der von der äußersten Spitze der Riva Grumula an sich ungefähr in der Richtung gegen S. $\frac{1}{4}$ S. W. erstrecken und etwa die dop-

pelte Länge unseres großen Kanals haben sollte und vielen Schiffen eine gute Unterkunft gewähren würde, indem er die Möglichkeit des Einlaufens mit Bora darböte, so wie mittels Ausgrabungen ausgedehnte Gründe für Depots von Holz und anderen Artikeln verfügbar machte, falls in der Nähe der Station an geeigneten Plätzen zu diesem Behufe Mangel wäre. Auch könnte das durch die Ausgrabungen gewonnene Material zu der oben erwähnten Anschüttung der Ufer dienen.

Die Mehrheit der Commission ist jedoch der Ansicht, daß die unter 6. bezeichneten Arbeiten für zukünftige Zeiten aufgespart werden sollen, wenn nämlich der Handel jene Entwicklung erreicht haben wird, die eine so umfassende Erweiterung des Hafens nothwendig machen könnte, während für jetzt und wahrscheinlich noch für eine lange Reihe von Jahren die unter 1—5 angegebenen Verbesserungen mehr als genügen würden. Diese Abtheilung der Arbeiten in zwei verschiedene Zeiträume würde die Durchführung des Projects auch in finanzieller Hinsicht erleichtern."

Dieser hochwichtige Gegenstand führte zu einer lebhaften Erörterung, an der sich die Herren Bauer, Bazzoni, Cambiagio, Escher, Girardelli, Edler v. Parente, Radich, Rieter, Stalitz und Wessely betheiligten. Herr M. Radich bezog sich auf die gutächtlichen Aeußerungen, welche Seeleute schon vor ungefähr zwanzig Jahren abgegeben, als Se. Maj. der Kaiser Ferdinand sich in Triest befand und aus Anlaß eines heftigen Sturmwetters im Hafen sich geneigt zeigte, in demselben Sicherheitsbauten vornehmen zu lassen. In Folge dessen war auch damals der Plan aufgetaucht, diese Sicherung mittels eines Dammes zu bewerkstelligen; allein die praktischen Seeleute riethen davon ab, da ein solcher Damm die Sicherheit unserer Rhede leicht eher noch mehr gefährden als erhöhen könnte. Ferner hob Herr Radich hervor, daß solche Unwetter in unserm Hafen sehr selten vorkommen, und daß auch bei dem erwähnten, ungewöhnlich starken, den Schiffen auf unserer Rhede, namentlich den kleineren Barken, kein erheblicher Schaden zugefügt wurde. Endlich schloß sich Herr Radich ganz dem Gutachten der Commission betreffs der erschwerten Ein- und Ausfahrt der Schiffe an, sobald einmal der Hafen durch einen Damm geschlossen wäre. Herr Stalitz

*

sprach zu Gunsten des Freihafens und betonte die Nothwendigkeit, denselben zu erhalten, indem er die Lebensbedingung für unsern Handel bilde, weßhalb jedes Project abzulehnen sei, das einen Keim in sich trüge, der im Laufe der Zeit die volle Freiheit unserer Handelsbewegung beeinträchtigen könnte. Die HH. Edmund Bauer und Sal. Edler v. Parente beseitigten jeden Zweifel in dieser Beziehung, und indem letzterer einen Blick auf die Zukunft unseres Handels warf, konnte er nicht zur Ueberzeugung gelangen, daß Triest bestimmt sei, in der Folge ein großer Stapelplatz für Getreide zu werden. Diesem Ergebnisse ständen die erleichterten Eisenbahncommunicationen im Wege, mittels deren das Getreide bei jedem eintretenden Bedarfe von den Productionsorten nach den Absatzplätzen befördert werden könne, wobei Odessa nur deshalb eine Ausnahme bilde, weil dort die Getreidevorräthe wegen der langsamen und schwierigen Transportverbindungen mit dem Innern aufgehäuft werden müssen. Herr v. Parente klagte auch über die drückenden Steuern und machte die Möglichkeit eines Aufschwunges unseres Handels von der Verringerung oder angemessenen Regulirung derselben abhängig.

Herr H. Rieter setzte die Art und Weise auseinander, wie sein Project eines Hafenkanals entstanden sei, und spendete der gefälligen Mitwirkung des Herrn Bassi und des Ingenieurs Herrn Dr. Buzzi warme Lobsprüche. Hierauf stellte er zur Unterstützung dieses seines Projectes mehrere Fragen und beantragte schließlich eine Danksagung an die Regierung für das Interesse, welches dieselbe in der wichtigen Angelegenheit der Hafenverbesserung an den Tag gelegt — welchem Antrag die Kammer beistimmte.

Hr. C. Cambiagio war der Ansicht, daß es nicht passend sei, alle Projecte ohne Unterschied in Wien vorzulegen, sondern schlug vor, eines auszuwählen, welches nach reiflicher Prüfung mit Zuziehung technischer Notabilitäten sich als das beste darstellen würde, und dieses bei dem competenten Ministerium zu befürworten, um auf solche Art das eigene Urtheil und den eigenen Wunsch in einer Angelegenheit, welche den hiesigen Platz so direct und so vorwiegend angeht, thatsächlich zur Geltung zu bringen. Dagegen machten die HH. Girardelli und Escher bemerklich, es sei vielmehr durch Klugheit geboten, alle Projecte nach Wien gelangen zu lassen, da der Gegenstand die Interessen der ganzen Monarchie betreffe, und Herr Wessely hob hervor, daß dem Ministerium eine pecuniäre Mitwirkung bei den weiteren Untersuchungen eben deshalb angeboten werde, damit die Regierung seiner Zeit auch die Stimme der Kammer höre, bevor irgend ein Project die definitive Genehmigung erhalte.

Herr G. Bazzoni bezog sich auf den von der Commission ausgearbeiteten Entwurf, der sowohl die Bedürfnisse, welche unser Handel gegenwärtig und für eine lange Reihe von Jahren hin habe, ins Auge fasse, als auch jene einer weiter entfernteren Zukunft, wenn nämlich der Verkehr eine riesenhaft anwachsende Ausdehnung gewonnen, in welchem Falle dann ein Kanal zu eröffnen wäre, der den jetzigen Hafen mit der Bai von Muggia in Verbindung brächte, wie eben die Commission vorschlägt, um auf solche Art auch den kühnsten Erwartungen gerecht zu werden. Herr Bazzoni befürwortete ebenfalls die Nothwendigkeit, das Bassin des Theresien-Lazareths zu erhalten und Handelszwecken zu widmen, da es sehr geräumig sei und amtlichen Ausweisen zufolge sich schon 60 Schiffe auf einmal in demselben befanden, so daß, nach Vornahme der erforderlichen Austiefungen und Reparirungen, ungefähr 20 Schiffe daselbst gleichzeitig aus- und einladen könnten, wie dies durch eine eigens eingesetzte Subcommission erhoben wurde.

Nach diesen erschöpfenden Erörterungen beschloß die Kammer, in Erwägung der Schwierigkeit, sich in technischer Hinsicht auszusprechen: 1. den Bericht der Commission sammt allen Beilagen dem k. k. Ministerium für Handel und Volkswirthschaft vorzulegen; 2. das genannte Ministerium zu ersuchen, von Allem, was in diesem Berichte den commerciellen Theil betrifft, geneigte Kenntniß zu nehmen; 3. dem Ministerium die dringende Nothwendigkeit auseinanderzusetzen, daß jene Verbesserungen und Erweiterungen an unserem Hafen, welche schließlich als die zweckmäßigsten anerkannt werden, wirklich ins Leben gerufen werden; 4. sich in technischer Beziehung eines näheren Eingehens zu enthalten, da dieser Gegenstand besondere Fachkenntnisse erfordert, dafür aber 5. hervorzuheben, daß es nicht nur im Interesse Triest's, sondern auch in jenem der ganzen Monarchie höchst wünschenswerth wäre, daß außer den technischen Celebritäten, die sich bis jetzt mit der vorliegenden Angelegenheit beschäftigt, auch noch andere ausgezeichnete Ingenieure von erprobter Tüchtigkeit und europäischem Rufe besonders im Fache des Wasserbaues zu Rathe gezogen würden — wozu, wie man anzunehmen Grund hat, die Regierung selber geneigt scheint —, welche Techniker jedoch bei ihren Erhebungen namentlich dem von der Kammer schon bei früheren Anlässen ausgesprochenen lebhaften Wunsch, das Bassin des Theresienlazareths mit den erforderlichen Ausbesserungen für Handelszwecke zu erhalten, die thunlichste Berücksichtigung gewähren sollten. Durch diese erneuerte Prüfung soll Irrthümern, die leicht die verderblichsten, nie wieder gut zu machenden Folgen haben könnten, vorgebeugt und die Möglichkeit dargeboten werden, nach reiflicher Erwägung jenen Beschluß zu fassen und zur Verwirklichung zu bringen, der sich kraft des maßgebenden Ausspruches der technischen Notabilitäten und im Einklange mit der Ansicht der Handelskörperschaften und der erfahrenen Seeleute, sowie schließlich auch vom finanziellen Standpuncte als der geeignetste erweisen würde, um den dauernden Aufschwung unseres Emporiums zu dessen eigenem Wohle und zum Besten der ganzen Monarchie zu begründen. Ferner wurde 6. beschlossen, zu dem hier bezeichneten Zwecke einen angemessenen Geldbeitrag von Seite der Kammer anzubieten, über den später eine Vereinbarung zu treffen wäre, um die in Aussicht genommenen Studien zu erleichtern und besser in der Lage zu sein, bei den weiteren Verhandlungen über diesen für uns eine Lebensfrage bildenden Gegenstand den gebührenden Einfluß auszuüben, um sich dabei eine berathende Stimme zu sichern. Endlich wurde 7., nachdem Allen, die sich mit der fraglichen Angelegenheit beschäftigt, eine öffentliche Danksagung ausgesprochen worden, der Commission, welche sich der schwierigen Aufgabe mit so großem Eifer gewidmet, noch besondere Anerkennung ausgedrückt.

Auszug aus dem Sitzungsprotokolle

der Handels- und Gewerbekammer vom 31. März 1863.

———

Im Hinblicke auf die commissionellen Berathungen über die hiesige Hafenfrage, welche bei der k. k. Central-Seebehörde abgehalten werden, richtete die Börsedeputation an das k. k. Handelsministerium die Bitte, der Handelskammer bei denselben eine aus einem oder aus mehreren, aus ihrer Mitte gewählten Abgeordneten bestehende amtliche Vertretung zu gewähren, jedoch unbeschadet des von der Kammer unterm 9. Januar d. J. gestellten Ansuchens, daß die Staatsverwaltung, bevor sie zur Durchführung irgend eines Projectes schreite, die Handels- und Gewerbekammer über die Zweckmäßigkeit der Annahme desjenigen zu Rathe ziehe, dem in Folge der erneuerten Verhandlungen der Vorzug zuerkannt werde.

Mit Bezug auf die oben erwähnten commissionellen Berathungen über die Verbesserung unseres Hafens sprach Hr. Raphael Costantini sein Bedauern aus, daß die Kammer nicht eingeladen worden, sich dabei durch von ihr selbst aus ihrer Mitte gewählte Abgeordnete amtlich vertreten zu lassen, indem es doch eine Lebensfrage für unsern Handel gelte. Damit verband er den Antrag, daß die Kammer selbst ihr Bedauern über diesen Vorgang ausdrücke und ins Protokoll eintragen lasse. Hierauf ließ der Präsident die vom Vicepräsidenten der Central-Seebehörde an ihn gerichteten Einladungen so wie seine Antwortsschreiben vorlesen, aus denen die Gründe ersichtlich sind, weßhalb er diese Einladungen nicht annehmen konnte, ohne die gegenwärtig vollkommen geregelte Stellung der Kammer zu compromittiren. Er machte überdies bemerklich, daß auch die andern der Commission angehörenden Herren Kaufleute, welche zugleich Kammermitglieder, ihren Platz daselbst nicht als Abgeordnete der Handelsvertretung einnehmen, von welcher sie kein Mandat besitzen, sondern nur als Privatpersonen, und hob schließlich hervor, er habe den genannten Herrn Vicepräsidenten bereits mündlich darauf aufmerksam gemacht, daß die Kammer keineswegs, wie er zu glauben scheine, einen eigenen Hafenplan vorgelegt, was die Ausschließung der Kammer von den Commissionsberathungen vielleicht veranlaßt, sondern blos verschiedene ihr überreichte Projecte sammt dem betreffenden Gutachten der von ihr eingesetzten Commission an das Ministerium befördert habe. Herr Joseph Morpurgo glaubte, der Umstand, daß die Kammer nicht eingeladen worden, dürfe kein Bedenken erregen, indem man ja annehmen müsse, dieselbe werde dazu berufen werden, sich, ihrem Ansuchen gemäß, vertreten zu lassen und ihr Gutachten abzugeben, sobald die technischen Berathungen geschlossen sein werden, um ihre Ansichten vom Standpuncte des commerciellen Interesses geltend zu machen. Nach längeren Erörterungen, an denen sich noch die HH. Escher, Wesselly und Radich betheiligten, ertheilte die Kammer mit großer Mehrheit dem umsichtigen Verfahren ihres Präsidenten ihre Billigung und beschloß, den von Herrn Costantini beantragten Ausdruck ihres Bedauerns ins Protokoll eintragen zu lassen.

Auszug aus dem Sitzungsprotokolle

der Triester Handels- und Gewerbekammer vom
4. März 1864.

Da der Börsedeputation aus glaubwürdiger Quelle die Nachricht zugekommen war, die Staatsverwaltung beabsichtige, dem Reichsrath ein Project zur Verbesserung und Erweiterung unseres Hafens vorzulegen, so hat sich dieselbe deshalb an das Ministerium für Handel und Volkswirthschaft gewendet und sich dabei auf ein früheres Gesuch bezogen, dessen Inhalt sie in dem Sinne erneuerte, daß, bevor irgend ein solches Project zur Verwirklichung gelange, die hiesige Handels- und Gewerbekammer einvernommen werde, damit sie in die Lage komme, sich über die Zweckmäßigkeit desselben vom commerciellen Standpuncte auszusprechen.

Auszug aus dem Sitzungsprotokolle

der Triester Handels= und Gewerbekammer vom
10. März 1865.

Nach Erledigung der Programmsgegenstände lenkte Herr H. Rieter die Aufmerksamkeit der Kammer auf eine von ungefähr 700 Personen unterzeichnete Eingabe betreffs unseres Hafens, welche dieser Tage hier im Umlaufe war, um Sr. Majestät unterbreitet zu werden, und brachte in Erinnerung, daß die Kammer seiner Zeit an das Ministerium das Ansuchen gerichtet habe, daß über diesen Gegenstand nichts entschieden werde, ohne vorher das Gutachten derselben zu vernehmen. Der Präsident machte dagegen bemerklich, daß die Privatpersonen thun können, was sie wollen, ohne daß sich die Kammer einzumischen habe, und fügte bei, er habe während seines Aufenthalts in Wien in Erfahrung gebracht, daß die Hafenangelegenheit in den Geschäftskreis des Marineministeriums übergegangen sei und die bezüglichen Ausgaben erst mit dem Budget für 1866 den Berathungen des Reichsrathes unterzogen werden sollen. Er kenne in der That den Inhalt der erwähnten Eingabe nicht, vermuthe aber, daß man blos den Beginn von Arbeiten erbitte, um Arbeitern Beschäftigung zu geben. Uebrigens habe die Kammer schon bei verschiedenen Anlässen das Gesuch an das Ministerium, mit Bezug auf den Hafenbau einvernommen zu werden, ausdrücklich wiederholt und auf beschleunigte Erledigung gedrungen. Herr S. Edler v. Parente vertraut der Einsicht der Regierung, die im

Hinblicke auf die zahlreichen Hafenprojecte für diesen Zweck gewiß nicht so leicht Millionen verwenden werde, und weist auf die seiner Zeit im Auftrage der Kammer veröffentlichte Schrift über diesen Gegenstand hin. Herr R Costantini ist mit Herrn Rieter einverstanden, und beantragt, man möge, wo es sich um einen Gegenstand von solcher Wichtigkeit handle, der bezeichneten Eingabe gegenüber nicht unthätig bleiben, um so weniger, als dieselbe die Vertreter des Reiches vielleicht in Irrthum führen könnte, sondern das Gesuch, über diese Angelegenheit einvernommen zu werden, nochmals erneuern. Der Präsident bemerkte schließlich, er werde darüber mit dem Herrn Börsedeputirten H. Escher Rücksprache nehmen, der im Begriffe stehe, nach Wien abzureisen, und ihn bitten, Erkundigungen über den gegenwärtigen Stand der Dinge einzuziehen, worauf erforderlichen Falls neue Schritte gethan werden könnten.

Auszug aus dem Sitzungsprotokolle

der Triester Handels- und Gewerbekammer vom 13. October 1865.

———

Bericht der Abgeordneten bei der Statthalterei-Commission in Angelegenheiten der hiesigen Eisenbahnstation, HH. G. A. Gaddum und C. Girardelli.

In der außerordentlichen Sitzung vom 19. Aug. d. J. beschloß die Kammer, die Herren G. A. Gaddum und C. Girardelli zu ersuchen, ihr Mandat wieder zu übernehmen und den weiteren Commissionssitzungen bei der k. k. Statthalterei in Angelegenheiten der Eisenbahnstation beizuwohnen, jedoch ohne Beeinträchtigung jener Schritte, welche die Kammer selbst bezüglich des Hafenprojectes und des Lazareths, die von den Commissionsberathungen ausgeschlossen sind, zu unternehmen für gut finden werde.

In Folge dessen wohnten die genannten Herren Abgeordneten einer weiteren Statthalterei-Commissionssitzung bei und erstatteten folgenden Bericht:

„Löbliche Börsedeputation! Dem uns mit Erlaß vom 19. August d. J. Nr. 2755 ertheilten Mandate entsprechend, machen wir es uns zur Pflicht, Einer l. Börsedeputation mit gegenwärtigem Berichte den Verlauf der zweiten und beziehungsweise letzten Commissionssitzung zur Kenntniß zu bringen, welche am 21. d. M. bei der hochl. k. k. Statthalterei unter dem Vorsitze des k. k. Statthaltereirathes Alfons von

Klinkowström, in Angelegenheiten der Eisenbahnstation abgehalten worden ist.

Zur Grundlage des Ganges der Berathungen wurde die Beschreibung genommen, als den Inhalt der Hauptanordnungen des von der k. k. priv. Südbahngesellschaft entworfenen und vorgeschlagenen Planes zusammenfassend. Da der Zweck der Sitzung darin bestand, das Gutachten und die Wünsche der verschiedenen Körperschaften und Behörden über das neue Stationsproject im Allgemeinen zu vernehmen, so erklärte der Herr Vorsitzende, er werde nebst den mündlichen Bemerkungen auch die schriftlichen Gutachten und Wünsche annehmen, um sie dem Sitzungsprotokolle beifügen zu lassen.

Die k. k. Militärbehörde, die Stadtvertretung, die k. k. Polizeidirection, die k. k. Finanzdirection und die Vertreter der Feuerversicherungsgesellschaften legten, so weit der Gegenstand ihr specielles Interesse in Anspruch nahm, theils mündliche theils schriftliche Wünsche vor. Und hier erlauben wir uns zu erwähnen, daß jene der Stadtvertretung von löblichen Tendenzen ausgingen und den Zweck hatten, die Interessen der Stadt zu wahren und zu fördern, mithin auch mit den Interessen unseres Handelsstandes zusammenfielen.

Wir Unterzeichnete haben ebenfalls, nachdem wir die Erklärung vorausgeschickt, jene Schritte, welche die Handelskammer selbst später betreffs des Hafenprojectes und des Theresienlazareths zu unternehmen für gut finden würde, nicht zu beeinträchtigen, die Gutachten und Wünsche schriftlich zu Protokoll gegeben, die uns theils von ehrenwerthen Mitgliedern der Kammer mitgetheilt wurden, theils nach eigenem besten Wissen und Gewissen zweckentsprechend erschienen, und von denen wir uns unter a. eine Abschrift beizulegen erlauben.

Die Grenze der neuen Station, das Niveau der Lage der neuen Gebäude und die Vertheilung für den künftigen Betrieb sind von der Commission genehmigt worden, obschon der Vorsitzende darüber keine Abstimmung vornehmen ließ. Letzterer erklärte auch, die Regierung werde die bei diesem Anlasse kundgegebenen Wünsche unterstützen.

Der technische Vertreter der Südbahngesellschaft erklärte, dieselbe werde das Möglichste thun, um den Handelsverkehr zu erleichtern, und fügte bei, das vorgelegte Project könne in seinen Einzelheiten noch Aenderungen erleiden, welche, so weit es möglich, die Verwirklichung der verschiedenen Wünsche gestatten.

Indem wir hiermit dem uns ertheilten Auftrage entsprochen und, so weit es in unseren Kräften stand, die Interessen des Handelsstandes gewahrt zu haben glauben, zeichnen wir uns ergebenst

Triest, 22. August 1865.

C. Girardelli. G. A. Gadbum."

Unbeschadet aller Schritte, welche sich die löbliche Handelskammer in Bezug auf die projectirten Hafenbauten vorbehält, bringen die unterzeichneten Abgeordneten, mit Rücksicht auf die Stationserweiterung folgende Betrachtungen und Wünsche zu Kenntniß.

Es möge das hohe Aerar bei dem schwebenden Tractate wegen Auflösung des St. Theresien-Lazareths nicht nur den dafür zu lösenden Preis berücksichtigen, sondern auch die Gelegenheit nicht unbenützt vorübergehen lassen, ohne die nöthigen Schritte einzuleiten, damit für den möglichen Fall der Einmündung irgend einer Zweigbahn in die Südbahn für erstere, auf der Strecke zwischen Triest und dem Einmündungsplatze niedrige Maximal-Frachtsätze gesichert würden, auf daß dem neuen Unternehmen nicht von vorneherein jede Lebensfähigkeit abgesprochen werden müßte.

Dieser Wunsch betrifft namentlich die projectirte Rudolfs-Bahn.

Die Höhe der Meilengelder auf der Südbahn ist schon zu oft Gegenstand eingehender Besprechungen gewesen, als daß wir dieselbe wiederholt zu beleuchten brauchten.

Nur soviel wollen wir beifügen, daß durch die projectirte Nivellirung des Triester Bahnhofes nothwendig eine Ermäßigung der Regiespesen eintreten wird und diese dem hiesigen Handel umsomehr zu Gute kommen sollte, als es im Interesse der Bahnverwaltung selbst liegen muß, das ungünstige Verhältniß zwischen Ein- und Ausfuhr auf eine rationelle Basis zurückzuführen.

In den letzten Jahren erreichte die Zufuhr aus dem Inlande in runden Zahlen 7 Millionen Centner, während die Bahn in entgegengesetzter Richtung etwa nur 1,800,000 Centner verfrachtete.

Nahe an drei Viertel der Waggons mußten daher leer an ihre Stationen zurückgebracht werden, ein Uebelstand, dem durch niedrigere Frachten wenigstens theilweise abzuhelfen wäre.

Ueberhaupt sind ermäßigte Frachtsätze unumgänglich nothwendig, um das von Triest verlorene Terrain im Importhandel wieder zu gewinnen; durch Hebung des Letzteren wird aber auch gleichzeitig, zu Nutz und Frommen des Exportgeschäftes, für dasselbe eine größere Tonnen-Anzahl disponibel.

Diese Thatsachen, vereiniget mit dem allbekannten Umstande, daß die Tarife der Südbahn vor einem Decennium entworfen und den damaligen Verhältnissen und der ursprünglichen Capitalsanlage angepaßt waren, welche Factoren heute wesentlich verändert sind, veranlassen uns, im Interesse des allgemeinen Handels zu dem berechtigten Wunsche, daß die hohe Regierung bei diesem Anlasse dahin wirken möge, die Südbahn-Gesellschaft zu ermäßigten Frachtsätzen anzuhalten.

Da der projectirte Hafenbau als ein für das ganze Reich gemeinnütziges Werk betrachtet werden muß, so darf selbstverständlich für diese Auslage den hiesigen Handel keine neue Belastung irgend welcher Art treffen. Außerdem müßte vorgesorgt werden, daß während der Constructionsperiode die Bahnverwaltung verpflichtet werde, dafür zu sorgen, daß der Handel weder durch Verzögerung, noch durch Extra-Spesen ins Mitleid gezogen werde.

Die Berathungen über den Bahnhof sind vorerst allgemeiner Natur, ohne daß genaue Details vorliegen. Wir sprechen den Wunsch aus, daß uns seiner Zeit auch die detaillirten Pläne zur Begutachtung vorgelegt werden mögen und erlauben uns einstweilen nur die Bemerkung, daß:

1) für eine ausreichende Personenhalle gesorgt werden und dabei namentlich nicht übersehen werden möge, daß Triest in Folge der zollamtlichen Manipulationen dafür einen größeren Raum benöthigt als andere gleichwichtige Städte;

2) daß dahin gewirkt werden möge, die freie Lagerzeit für Hölzer möglichst auszudehnen oder den Lagerzins zu ermäßigen. Da derselbe an und für sich ein armer Artikel und

daher nicht fähig, große Spesen zu tragen, liefe Triest Gefahr, ihn wieder ganz zu verlieren, wenn die Fiumaner Eisenbahn größere Facilitationen bieten würde.

3) In Berücksichtigung der Möglichkeit, daß die Ausfuhr der inländischen Kohle in nächster Zeit größere Dimensionen annehmen werde, finden wir es wünschenswerth, für deren Unterkunft und Verschiffung geeignete Vorrichtungen zu treffen, und dies umsomehr, als der vorliegende Haupt-Dispositionsplan derselben nicht erwähnt, während der jetzige Bahnhof dieselben besitzt. Endlich

4) wäre es noch zur Erleichterung von Handel und Schiffahrt gerathen, dem hiesigen Herrn Stationschef freiere Hand zu erwirken, um etwaige Differenzen zwischen der Bahn und den Parteien prompt beilegen zu können.

Triest, 21. August 1865.

Die Handelskammer-Abgeordneten:

Carl Girardelli m. p.   G. A. Gaddum m. p.

Da der bezeichnete Auftrag von der Kammer ausging, so beschränkt sich die Börsedeputation darauf, den vorstehenden Bericht derselben zur Kenntniß zu bringen und zur Erwägung vorzulegen.

Herr G. A. Gaddum erhielt das Wort und ersuchte die Kammer, die Leistung ihrer Abgeordneten nicht allzu strenge zu beurtheilen, sondern die ungemein kurze Zeit (kaum mehr als 24 Stunden) zu berücksichtigen, innerhalb deren die betreffenden Verhandlungen abgehalten und zu Ende geführt wurden. Er bat dann den Herrn Präsidenten, eine ausdrückliche Abstimmung der Kammer über die Frage zu veranlassen, ob die Abgeordneten im Schooße der Commission sich innerhalb der Grenzen ihrer Befugnisse gehalten, indem er erklärte, er finde sich zu dieser Bitte durch ein beklagenswerthes Vorkommniß bei den Statthalterei-Commissionssitzungen bewogen, in welchen Herr C. Girardelli, der gemeinschaftlich mit ihm zum Vertreter der Kammer erwählt worden und der Sitzung, worin die Kammer ihre Abgeordneten ernannte, nicht beigewohnt hatte, dem Stellvertreter des Präsidenten die empfangene Einladung oder das erhaltene Mandat vorlegte, welches den genauen Beschluß der Kammer, mithin auch den von letzterer

angenommenen Vorbehalt enthielt. Diesem Verfahren wollte
Herr Joseph Morpurgo einen Protest entgegensetzen, indem er
den Abgeordneten der Kammer das Recht bestritt, den erwähnten Vorbehalt kundzugeben, und auf solche Art den Erklärungen des Herrn C. Girardelli ein förmliches Dementi
gab. Da dieser Vorfall für die beiden Abgeordneten nur ein
höchst unangenehmer sein konnte, indem dieselben das volle
Recht hatten, keine öffentliche Rüge zu erwarten, so halte er
sich jetzt für befugt, eine competente öffentliche Entscheidung
über diesen Zwischenfall zu verlangen, und da nach seiner
Meinung ein einzelnes Kammermitglied, das keineswegs im
Auftrage der Kammer einer Versammlung beigewohnt, nicht
das Recht habe, an Dem, was die gesetzlichen Vertreter der
Kammer zu sagen oder zu thun angemessen finden, eine Aenderung oder Einschränkung vorzunehmen, so bestehe er, der
Redner, darauf, daß die Kammer in dieser Angelegenheit
einen Beschluß fasse. Der Herr Präsident bemerkte, er halte
es für seine Pflicht, zu constatiren, daß die Kammer bei der
Abordnung ihrer Vertreter zu den Statthaltereicommissions-
sitzungen den Vorschlag, die Erklärung, daß die Kammer sich
weitere Schritte in dieser Angelegenheit in Wien vorbehalte,
für die Abgeordneten obligatorisch zu machen, verworfen habe;
dies schließe jedoch die Zulässigkeit des von Herrn Gaddum
gestellten Verlangens nicht aus, welches sich ja nicht auf die
Verpflichtung, sondern auf das Recht der Abgeordneten be-
ziehe, jenen Vorbehalt zu erwähnen oder nicht. Der Präsident erkannte ferner auch an, daß die HH. Gaddum und
Girardelli die einzigen legalen Vertreter der Kammer in den
bezeichneten Sitzungen gewesen.

Herr Tanzi äußerte, daß man, auch abgesehen von
einem besonderen Auftrage, keinen Augenblick an dem vollständigen Rechte der Abgeordneten zweifeln könne, den fraglichen Vorbehalt zu erwähnen, der einen Theil des bezüglichen
Kammerbeschlusses bildete und von dem die Abgeordneten
in der an sie gerichteten Einladung pflichtgemäß unterrichtet
worden.

Herr S. Edler von Parente sagte, Herr Gaddum habe
mit bescheidenen Worten auf die Eile hingedeutet, womit die
Abgeordneten sich mit dem in ihrem Berichte bezeichneten
Gegenstande beschäftigen mußten. Er aber freue sich über diese

Erklärung und entschuldige die Lücke in dem Berichte der Herren Abgeordneten, indem er vollkommen anerkenne, wie schwierig ihre Aufgabe gewesen. Der Bericht schweige nämlich über die Erhaltung des Theresienlazareths und die Hafenfrage, weßhalb der Beschluß der Kammer, die sich gegen die Verschüttung des Lazarethbassins und gegen eine solche Behandlung der Hafenfrage ausgesprochen, in seiner vollen Kraft aufrechtbleibe. Er beruhige sich bei dem Gedanken an den von der Kammer gemachten Vorbehalt betreffs dieser beiden Angelegenheiten und betrachte das Recht der Abgeordneten, dieses Vorbehalts Erwähnung zu thun, als unbestreitbar Ohne sich in weitere Erörterungen einzulassen, fuhr Herr von Parente fort, und ohne sich von dem Gegenstande zu entfernen, da die Tage einander folgen, einander aber nicht gleichen, erwähne ich mit Befriedigung ein sehr wichtiges Ereigniß, das sich kürzlich in Oesterreich zutrug, nämlich die ersehnte a. h. Ernennung eines Handelsministers, eine wiederholt herbeigewünschte Ernennung, an die sich umfassende Hoffnungen knüpfen. Der neue Minister ist aber gerade jener große Admiral, dessen der Triester Rhede günstige Worte von mir in der Verhandlung über die Hafenfrage angeführt wurden. Ich begrüße, fügte Herr von Parente bei, diese Ernennung mit lebhafter und aufrichtiger Freude, weil ich die feste Ueberzeugung hege, daß Herr Baron von Wüllerstorf als Minister jene Ideen zu verwirklichen wissen wird, denen er in seiner früheren Laufbahn Ausdruck gegeben. Ich begrüße seine Ernennung mit Freude, weil der neue Minister ein Triester und weil er ein Seemann ist, indem ich aufrichtige Verehrung für jene Classe von Menschen empfinde, die, einen großen Theil ihres Lebens auf der See zubringend, jeden Augenblick der Gefahr und dem Tode ins Antlitz schauen und sie bekämpfen, und daher jene Herzensgüte besitzen, welche für die an die Spitze der Regierung gestellten Staatsmänner nicht minder unentbehrlich ist als ein umfassender Geist. Denn mit diesen Eigenschaften ausgestattet, wird der Minister der auswärtigen Angelegenheiten den Krieg zu vermeiden wissen, der Finanzminister die unzweckmäßigen Steuern, der Justizminister wird sich bemühen, die Strafen zu mildern. Ich begrüße mit Freuden die Ernennung des neuen Handelsministers, weil sie auf einen Mann von Herz gefallen ist, der die traurige Lage, in welcher der Handel und die Industrie im Allgemeinen und insbesondere in Triest schmachten, zu würdigen wissen wird, auf einen Mann, der sich mit Eifer der hochwichtigen Aufgabe widmen wird, die ihm zugewiesen ist, und an deren Lösung sich Fragen von größter Bedeutung für die Gegenwart knüpfen, wie jene der Handelsgerichte, des Associationswesens, der Frachttarife u. s. w. So könne man sich der Hoffnung hingeben, daß auch die Triester Hafenfrage in befriedigendem Sinne erledigt werden wird. Es sei nun Sache der Kammer, zu entscheiden, ob sie eine Deputation nach Wien senden oder lieber die angekündigte Ankunft des neuen Ministers abwarten wolle.

Herr A. Tanzi fand, es sei nun in der That der Augenblick gekommen, in dem die Kammer von jener Freiheit des Handelns Gebrauch machen müsse, welche sie sich in der Hafenfrage zu bewahren gewußt, indem sie wiederholt verlangt habe, von den Projecten, die für die Verbesserung desselben angenommen werden sollten, in Kenntniß gesetzt zu werden, woran sich ferner der bei der Abordnung der HH. Gaddum und Girardelli gemachte Vorbehalt schloß. Er glaube daher, man sollte unter den neuen günstigeren Umständen das erwähnte Verlangen in dem Sinne wiederholen, daß jedes Project, welches zum Behufe der Hafenverbesserung angenommen werden sollte, früher der Kammer zur gutächtlichen Aeußerung mitzutheilen wäre.

Herr H. Rieter stimmte diesem Antrage bei und Herr H. Escher erklärte sich ebenfalls damit einverstanden, jedoch nur, wenn des Protestes gegen die Verschüttung des Lazarethbassins keiner Erwähnung geschähe, da er in diesem Betreffe der Meinung sei, man müsse das Urtheil der technischen Sachverständigen achten, welche diese Verschüttung für unumgänglich nöthig erklärten. Herr Tanzi entgegnete, er habe für jetzt von diesem Protest nicht sprechen wollen, den die Kammer, um mit ihren früheren Beschlüssen im Einklang zu bleiben, erneuern könne, sobald sie das ihr mitgetheilte Project gesehen; für jetzt beschränke er sich auf das bloße Verlangen einer solchen Mittheilung des Projectes.

Auch Herr v. Parente befürwortete den Vorschlag des Herrn Tanzi und bekräftigte die von ihm ausgesprochenen Ideen über die Erhaltung des Lazareths und die Verbesserung unseres Hafens ohne den Bau von Dämmen blos zum Vortheil der Eisenbahn und zum offenbaren Schaden des Handels. Bei diesem Anlasse erwähnte der Redner einen der „Triester Zeitung" eingesandten Artikel, worin, vielleicht um ihn einzuschüchtern, seine Haltung in der Hafenfrage in sehr befremdender Weise besprochen und behauptet worden, er nehme keine Rücksicht darauf, daß es sich darum handle, tausend Personen Arbeit zu verschaffen; gleichzeitig werde die Aufforderung an ihn gerichtet, selber ein zweckmäßigeres Project vorzulegen. Darauf wolle er nichts weiter erwiedern, als daß es seiner Ansicht nach nicht convenire, 20 Millionen ins Wasser zu werfen, um 1000 Personen Arbeit zu geben, und daß es sicherlich weder seine Aufgabe noch sein Wunsch sei, Projecte für fremde Rechnung zu machen. Schließlich erkläre er noch, daß er auf solche Artikel, die immer aus der gleichen Quelle hervorgegangen von Unbekannten mit geschlossenem Visir verfochten werden, weder geantwortet habe noch in Zukunft zu antworten beabsichtige.

Der Hr. Präsident bemerkte, die Kammer als solche sei über derlei Artikel erhaben und es zieme ihr nicht einmal davon Notiz zu nehmen; persönliche Angriffe im Allgemeinen seien bei einzelnen Individuen mißfällig, die Kammer könne sich jedoch nicht damit befassen.

Herr v. Parente entgegnete hierauf, der Beschluß der Kammer sei es, den der gegen das Votum eines Einzelnen gerichtete Tadel getroffen und er habe gerade deshalb an dem einzigen Orte, wo er seine Stimme öffentlich erheben könne, die fragliche Rüge erwähnen wollen.

Nachdem der Präsident dann den Bericht der HH. C. Girardelli und G. A. Gaddum über ihre Mission zur Abstimmung gebracht, nahm die Kammer denselben zur Kenntniß und sprach den HH. Abgeordneten für ihre eifrigen Leistungen in dieser schwierigen Angelegenheit ihren einstimmigen Dank aus.

Bei der hierauf erfolgten Abstimmung über das Verlangen des Hrn. Gaddum betreffs der Beobachtung des Mandates von Seite der Abgeordneten, erkannte die Kammer beinahe einstimmig an, daß dieselben sich vollkommen innerhalb der Grenzen ihres Mandates gehalten.

Endlich beschloß die Kammer mit 21 Stimmen von 22, an das k. k. Ministerium für Handel und Volkswirthschaft das erneuerte Gesuch zu richten, vor irgend einer Beschlußfassung in der Hafenverbesserungsfrage die Ansicht der Kammer zu vernehmen.

Auszug aus dem Sitzungsprotokolle

der Triester Handels- und Gewerbekammer vom
23. März 1866.

Bericht über den am 9. Februar d. J. vorgelegten Antrag auf Ernennung einer Commission bezüglich der Hafenarbeiten.

In der öffentlichen Sitzung der Kammer vom 9. Febr. 1866 legte Herr Albert Tanzi dem Präsidium eine schriftliche Motion vor, die von ihm sowie von den Herren Angelo Vivante, Ed. Angeli, H. Rieter, W. Cloetta, S. Ritter von Parente und Achill. Carcassonne unterzeichnet war, und womit beantragt wurde, die Kammer möge eine Commission von 12 Mitgliedern ernennen, die, nachdem sie die Angelegenheit des Hafenbaues von Triest reiflich geprüft, ihr Elaborat der Kammer vorlegen und jene weiteren Schritte vorschlagen soll, welche sie im allgemeinen Interesse dieses Gegenstands für nützlich halten würde.

Dieser Motion folgte eine vom 9. Februar datirte Erläuterung, welche von den oben genannten Herren mit Ausnahme der Herren Achille Carcassonne und Wilhelm Cloetta unterzeichnet war.

Diese Angelegenheit wurde wie üblich und dem Statute gemäß von der Börsedeputation einer vorläufigen Prüfung unterzogen und zwar mit aller jenen Sorgfalt, welche die Wichtigkeit des Gegenstandes erheischt, und sie legt dieselbe nun mit ihrem Gutachten der Kammer zur Berathung vor:

Vor Allem möge es gestattet sein einen Rückblick auf das zu werfen, was die Kammer schon früher in dieser wichtigen Angelegenheit gethan hat.

Schon im Jahre 1862 und zwar in der ordentlichen Sitzung vom 22. August j. J. hatte die Kammer eine aus den Herren G. Bazzoni, J. Sforzi, C. Opuich, A. Porenta, H. Padovan, C. Stalitz und A. Ralli bestehende Commission ernannt mit der Befugniß andere Personen zu ihren Berathungen beizuziehen, zu dem Zweck die verschiedenen Projecte über die Verbesserung unseres Hafens in Berathung zu nehmen.

Diese Commission hat sich, nachdem sie auch die Herren J. Hagenauer, B. Pazze und K. Regenstorff ihren Berathungen beigezogen, im Laufe zahlreicher Sitzungen mit dem hochwichtigen Gegenstand ernstlich beschäftigt, indem sie die verschiedenen ihr vorgelegten Projecte, nämlich das Project „Rosenkart" das Project „Talabot", das Project „Rieter" über den Hafenkanal, eine Skizze von Bishop, das Project „Sforzi" und jenes von „Humpel" einer Prüfung unterzog.

Das Resultat der Commissionsstudien wurde in einer Druckschrift zusammengefaßt, die am 20. November 1862 erschien, und in der die Commission, nachdem sie einige allgemeine Betrachtungen vorausgeschickt, die verschiedenen oben erwähnten Projecte einer Musterung unterzog, die daran wahrgenommenen Vorzüge und Mängel auseinandersetzte und dann ihre eigenen grundsätzlichen Schlußfolgerungen anknüpfte, welche die Richtschnur für ein neues Project bildeten, worin sich die Commission das Beste zu vereinigen bemühte, was die verschiedenen von ihr geprüften Projecte darboten.

Diese umständliche Commissionsarbeit gelangte an die Deputation und wurde der Kammer in der ordentlichen Sitzung vom 22. December 1862 vorgelegt, wo dieselbe den Gegenstand einer sehr lebhaften und ausführlichen Discussion bildete, nach deren Beendigung die Anträge der Deputation beinahe einstimmig (mit 23 Stimmen von 24) angenommen, und die (im Texte dieses Berichts bereits erwähnten) Beschlüsse gefaßt wurden.

Ferner wurde der Antrag des Herrn Heinrich Rieter einstimmig angenommen, der Regierung den Dank der Kammer für die günstigen Absichten darzubringen, welche dieselbe bewiesen, indem sie Studien über die Verbesserung unseres

Hafens einleitete, und ihr an's Herz zu legen, auf dieser Bahn fortzufahren, bis die Frage gelöst und der in's Auge gefaßte Zweck thatsächlich erreicht sei. Diesem Beschlusse der Kammer gemäß, sowie in Folge der weiteren Beschlüsse, welche dieselbe im Einklange damit über diesen wichtigen Gegenstand gefaßt, hat die Börsedeputation nicht nur die Beschlüsse selbst zur genauen Vollziehung gebracht, sondern sich auch bei verschiedenen Anlässen an die competenten Behörden gewendet um zu erwirken, sowohl daß die Kammer vor Genehmigung irgend eines Hafenprojects zu Rathe gezogen werde, als auch, daß das Theresienlazareth erhalten bleibe, sowie daß dieselbe bei den betreffenden ministeriellen Commissionen regelmäßig vertreten sei. Ferner wurden im Präsidialwege sowohl schriftlich als mündlich hier und in Wien die geeigneten Schritte zu diesem Behufe gethan, ja der Präsident selbst hatte die Ehre abgelehnt den betreffenden Ministerialcommissionen beizuwohnen, um die freie Wirksamkeit der Kammer nicht zu gefährden, und auch die Mitglieder der Kammer, welche zugezogen wurden, erklärten, daß sie nur als Privatpersonen und nicht als Vertreter der Kammer anwesend seien.

In Erwägung also des Vorhergegangenen und namentlich des Bestandes der früheren Commission für diesen Gegenstand, und des Ausspruches der Kammer vom commerciellen Gesichtspuncte, wobei sie jede Einmischung in den technischen Theil ablehnte; in Erwägung ferner, daß die Regierung dem von der Kammer ausgedrückten Wunsche gemäß auch ausgezeichnete auswärtige technische Capacitäten zu Rathe zog, ohne von dem Anerbieten eines Geldbeitrags Gebrauch zu machen; in Berücksichtigung der schweren Verantwortlichkeit, der sich die Kammer aussetzen würde, wenn sie das von der hiesigen Industrie schon ersehnte Werk hemmen wollte, welche Hemmung überdies im Hinblick auf die allerhöchste Sanction unmöglich erscheint, wegen deren auch der Landtag klugerweise dem Gedanken neuer Studien über diesen Gegenstand entsagte; in weiterer Erwägung, daß die Kammer schon wiederholt und in verschiedener Form bezüglich dieser Angelegenheit Alles gethan, was in ihrer Macht stand und in dem ihr vom Statut angewiesenen Wirkungskreise lag; vor Allem aber im Hinblick darauf, daß laut des untern 2. Februar d. J. an den Kammerpräsidenten gerichteten Schreibens Sr. Excellenz des Herrn Handelsministers Freiherrn v. Wüllerstorf, der auch von diesem Minister gelobte Plan für den Hafenbau von Sr. Majestät unterm 27. Juni 1865 sanctionirt wurde, stellt die Börsedeputation, indem ihr die Ernennung der mittels der fraglichen Motion angeregten Commission keinen praktischen Nutzen mehr zu versprechen scheint, der Kammer den Antrag, die vorgeschlagene Commission nicht zu ernennen.

Nachdem Herr A. Tanzi bemerkt, der ablehnende Beschluß der Börsedeputation sei nicht einstimmig gefaßt worden, ergriff Herr Salomon Edler von Parente das Wort und sagte, er bedaure, daß eine ohne Zweifel gewissenhafte Ueberzeugung die geehrten Mitglieder der Handelsvertretung in dieser Angelegenheit spalte. Der Bericht der Börsedeputation sei zwar ausführlich und genau, die darin enthaltenen Erwägungen seien jedoch nicht so beschaffen, daß sie die Ueberzeugung Jener ändern könnten, welche den fraglichen Antrag gestellt. Es sei eine vom Berichte zugestandene Thatsache, daß die Kammer als solche nie berufen wurde sich über die Hafenfrage zu äußern, und heute wisse man, daß ein umfassender Finanzplan eben bezüglich unseres Hafens zwischen der Staatsverwaltung und der Südbahn abgeschlossen zu werden im Begriffe stehe, ein Plan, in dem unserer Rhede die Rolle eines Opferlamms zugewiesen sei. Wenn die Beweisführung der Börsedeputation sich an den Spruch des großen Spinoza gehalten hätte, daß die Fische geschaffen sind um zu schwimmen, und daß die großen die kleinen verschlingen, hätte Niemand ihrer Begründung eine zwingende Logik abstreiten können, aber das bloße Schweigen aus andern Gründen beantragen, und nachdem man zugestanden, daß der Präsident und Andere erklärt hatten, sich an den betreffenden Berathungen nur als Privatleute zu betheiligen, nachdem man ferner die wiederholten Kundgebungen und Bestrebung der Kammer in dieser Angelegenheit hervorgehoben, Bestrebungen und Kundgebungen, die sich auch unlängst bei der Ernennung der Abgeordneten zu den Conferenzen über die Eisenbahnstation geltend machten, das Schweigen nach Alledem und trotz Alledem erscheine durchaus nicht gerechtfertigt oder zu rechtfertigen.

Niemand mehr als ich, führ Herr v. Parente fort, respectirt den Willen des Souveräns, Niemand williger als ich unterwirft sich dem Gutachten von Männern, wie die

Minister sein müssen und wie es notorisch Se. Excellenz, der Herrn Baron von Wüllerstorf ist. Nichtsdestoweniger darf man in Erwägung, daß schon viele Pläne für die Umgestaltung des Hafens befürwortet, und daß auch die am günstigsten aufgenommenen später wesentlichen Veränderungen unterzogen wurden, wohl auch von Seiten dieser höchst achtungswerthen Männer einen Irrthum als möglich annehmen, und es kann die Ansicht des hohen von mir respectirten Landtages, der im Hinblick darauf das Schweigen vorzieht, unter solchen Umständen wohl eher furchtsam als klug genannt werden. Die Kammer hat die Pflicht, wenn sie sich nicht einer Verantwortlichkeit aussetzen will, eine Commission im Sinne des Antrags zu ernennen, und diese Commission wird, abgesehen von den technischen, hydraulischen u. s. w. Fragen, die Zweckmäßigkeit des neuen Projects vom commerciellen Standpuncte, sowie von jenem der gewünschten Erhaltung des Lazarethbassins erörtern müssen und können. Sollte aus ihren Erhebungen hervorgehen, daß auch die Minister geirrt, so steht uns immer ein anderer Weg offen, da über dem Willen der Regierung die Güte, Großmuth und Gerechtigkeit des Souveräns waltet, auf den man unbeschränktes Vertrauen setzen muß. Ich glaube, sagte Herr v. Parente, daß das Hafenproject schon sanctionirt sei, und in der That war ein solches Project als Reformproject im Allgemeinen schon von Sr. Majestät dem Kaiser Franz sanctionirt; dies schließt aber nicht die Möglichkeit aus, daß die praktische Durchführung vielmehr in der einen als in der anderen Weise erfolge, und der hohe Landtag selbst gab einen augenscheinlichen Beweis, daß er an die Möglichkeit von Aenderungen in den bereits Allerhöchst sanctionirten Angelegenheiten glaube, indem er eine Deputation an die Stufen des Thrones sandte, um zu erwirken, daß Triest von der Militäraushebung befreit werde, von jener Aushebung, die kein einfaches Project war, wie jenes des Hafens, sondern ein Allerhöchster Befehl. Und warum könnte die einzusetzende Commission nicht ein ähnliches Verfahren auch in der Frage beantragen, die jetzt hier erörtert wird?

Herr A. Tanzi hebt hervor, daß Viele besorgen, der Widerstand gegen das Hafenproject bedeute ebensoviel als die Möglichkeit der Erweiterung der Station zu bekämpfen, was seiner Ansicht nach irrig sei, indem er die Erweiterung der

Station für sehr möglich halte, ohne deßhalb die Ausdehnung des Hafens im Geringsten zu schmälern. Andererseits sei für die Station, welche man, wie ihm gesagt worden, größer als jene von Liverpool machen wolle, nicht soviel Raum erforderlich, da es ungerecht und für die eigene Unabhängigkeit nachtheilig sei zu verlangen, daß die Eisenbahn alle Waaren einlagern, und deßhalb der Handel zu seinen eigenen Besten seine Anforderungen in diesem Betreffe beschränken müsse. Andererseits lasse sich nicht annehmen, daß der Holzhandel, welcher mehr als jeder andere disponible Räumlichkeiten erfordert, von Dauer sein werde, indem man behaupte, daß derselbe nach Vollendung der Eisenbahn nach Fiume jenen Hafen vorziehen werde.

Der Präsident constatirte, daß die Deputation sich stets gegen die Idee ausgesprochen aus der Station stabile Magazine zu machen, es sei jedoch nichtsdestoweniger für den einfachen Waarenverkehr und für eine beschränkte Einlagerung viel mehr Raum erforderlich, als gegenwärtig vorhanden sei, wie dies die wiederholt eingetretenen Stockungen, sowie die Thatsache gezeigt, daß trotz des Bestehens so vieler anderen Magazine und Depots in der Stadt, die mit Holz angefüllt, sehr große Vorräthe dieses Artikels auch in der Station lagern. Ohne andere Städte um ihr günstigeres Geschick zu beneiden, glaubt der Präsident doch, daß der Holzhandel nicht so ohne Weiteres ganz oder theilweise unserem Triest verloren gehen werde.

Herr Joseph Morpurgo setzte auseinander, daß er vom Landtage mit einer Sendung nach Wien betraut, um Sr. M. im Wege einer Deputation zwei Bittschriften zu überreichen, es für seine Pflicht als Bürger und Mitglied der Kammer halte, letzterer zur Kenntniß zu bringen, mit welcher Huld Se. Maj. die Deputation aufzunehmen und sie seiner lebhaften Sorgfalt für Triest und dessen Handel zu versichern geruht habe. Nachdem sich die Deputation dann zu den einzelnen Herren Ministern begeben, konnte sie die Ueberzeugung gewinnen, daß auch JJ. EE. von den gleichen wohlwollenden Gesinnungen zu Gunsten unserer Stadt beseelt seien. Da die Hafenangelegenheit als eine Lebensfrage für den Handel und den Grundbesitz von Triest anzusehen ist, so fühlte sich die Deputation verpflichtet, Se. Exc. den Herrn Handelsminister Freiherrn v. Wüllerstorf über das Stadium, in dem sich dieselbe befinde, um Auskunft zu bitten. Se. Exc. war so gütig zu wiederholen, was er bereits dem Herrn Kammerpräsidenten schriftlich mitgetheilt, daß nämlich Se. M. bereits im Juni v. J. den Plan des Triester Hafens zu sanctioniren geruht habe. Auf die Anfrage der Deputation, welcher Plan gemeint sei, da verschiedene Projecte vorgelegen, eröffnete Se. Exc. der Herr Minister, es sei ihm wohl bekannt, daß der Hafenplan auch in Triest zahlreiche Gegner habe, er sei aber der Ansicht, daß man im Allgemeinen glaube, es handle sich um das Talabot'sche Project, während weder dieses, noch das modificirte Talabot'sche Project die a. h. Sanction erhalten habe. Er selbst habe sich früher einmal schriftlich gegen diese beiden Projecte ausgesprochen, die er als Seemann und Sachverständiger sowohl betreffs des Dammes als der Molos abändern zu müssen glaubte, und zwar dergestalt, daß die Ausdehnung des erstern auf das für den Schutz der Stationsarbeiten unentbehrliche Maß, die Zahl der vom modificirten Talabot'schen Projecte vorgeschlagenen Molos aber von zwei auf drei, und deren Breite von 200 F. auf 300 vermehrt würde, wodurch es möglich wird, ein doppeltes Schienengeleise sammt Schirmdächern auf den Molos selber anzubringen, zur größeren Erleichterung des Transports der Waaren, sowie um letztere sicherzustellen und zu schützen. Ebenso sollen die Quais erweitert werden. Auf solche Art wurden die gegen die ersten Projecte erhobenen Bedenken beseitigt, da die Ein- und Ausfahrt der Schiffe jeder Größe und bei jedem Winde keinem Hindernisse mehr unterlag und gesundheitsschädliche Ausdünstungen nicht mehr zu befürchten waren. Was das Lazareth angeht, so werden diese Anstalt und die dazu gehörigen Gebäude keineswegs in ihrer Gesammtheit der Südbahn abgetreten, sondern nur das Bassin und eine kleine Grundfläche. Der ganze übrige Grund, sowie die Baulichkeiten werden für Handelszwecke vorbehalten, da die Regierung schon jetzt die Bestrebungen Triests hinsichtlich der allfälligen Ausmündung einer neuen Eisenbahn ins Auge faßt. Auch bezüglich der Lage des künftigen neuen Lazareths, von dem man besorgte, es könnte mit Gefährdung der benachbarten Ortschaften und verschiedenen Anstalten, sowie der daselbst stationirten Kriegsschiffe in die Bucht von Muggia verlegt werden, gab Se. Exc. beruhigende Zusiche-

rungen. Se. Exc. ist bereits im Besitze eines Projectes, wo=
nach das Lazareth zwischen die Punta grossa und die Punta
sottile zu liegen käme; da jedoch dasselbe auf einer zu ausge=
dehnten Grundlage beruht, während die Ansicht der Regierung
doch nur dahin geht, ein Observationslazareth zu errichten
(indem das Contumazlazareth sich bereits in Poveglia be=
findet), so wurde der Herr Min.=Rath Pasetti mit einem
neuen Entwurfe beauftragt und wird mit einer Sendung zu
diesem Zwecke hieher kommen. Bei der Vermehrung der Ma=
gazine der künftigen Station hat man keineswegs im Sinne,
der Eisenbahn irgend eine Bevorzugung einzuräumen, und
gerade in dieser Beziehung wies Se. Exc. mit Befriedigung
auf die Bemühungen Triests hin, die in der Stadt gelegenen
Magazine durch Pferde=Eisenbahnen zugänglicher zu machen.
Was aber die Besorgnisse vor Docks (Entrepôt) und einer
Aufhebung des Freihafens betrifft, so zeigt sich Se. Exc. der
Handelsfreiheit so eifrig zugethan wie irgend Jemand. Uebri=
gens seien die Anstrengungen der Regierung, die dem inter=
nationalen Handelsverkehr entgegenstehenden Hindernisse zu
beseitigen, wohlbekannt und eine sichere Bürgschaft dafür, daß
sie an solche Beschränkungen nicht denke. Se. Exc. wiederholte
die Versicherung, daß ihm das Interesse Triests am Herzen
liege, und die Deputation erlangte auch die Gewißheit, daß
die Ueberzeugung, die Interessen Triests seien mit jenen der
ganzen Monarchie auf das innigste verknüpft, die höheren
Kreise gegenwärtig durchdringt. Die a. h. Sanction des neuen
Hafenplanes ist, wie bereits erwähnt, schon erfolgt; die Ra=
tification des Uebereinkommens zwischen der Regierung und
der Südbahn wegen der einschlägigen Arbeiten ist dagegen
noch schwebend. Se. Exc. fügte bei, daß in diesem Uebercin=
kommen Alles vorgesehen sei, was Triest mit Bezug auf die
Frachten und die allmälige Ausmündung einer neuen Eisen=
bahn zufriedenstellen könne, indem die Südbahn bewogen
worden sei, auf mehrere ihr auf diesem Gebiete zustehende
Rechte zu verzichten. Betreffs Cervignano's endlich erwähnte
Herr Joseph Morpurgo zum Schlusse, Se. Majestät selbst
habe sich dagegen erklärt, daß eine Eisenbahn in den dortigen
Sümpfen ausmünde, und Se. Exc. der Herr Minister Frei=
herr von Wüllerstorf hinzugesetzt, daß man sich nicht zu so
bedeutenden Ausgaben entschließen würde, um den Hafen von

Triest zu verbessern, wenn man eine neue Eisenbahn nach Cervignano, Monfalcone, Sestiana u. s. w. führen wollte, wogegen er sich mit aller Entschiedenheit ausgesprochen habe.

Der Redner schloß mit der Bemerkung, daß die Projecte für die Station nicht darauf abzielen, dieselbe größer als in Liverpool zu machen, es habe vielmehr die Commission, welche hier einberufen worden, um die Projecte zu prüfen, den zu diesem Zwecke bestimmten Raum nichts weniger als allzu ausgedehnt befunden, indem sie berücksichtigte, daß gewisse Artikel von geringem Werthe, wie Faßdauben, Kohlen u. s. w. große Depots in der Station erfordern, indem dieselben die Transportkosten nicht gut vertragen.

Herr Tanzi hob hervor, daß es gerade Aufgabe der beauftragten Commission wäre, solche und andere mehr oder weniger beruhigende Mittheilungen zu sammeln, wo sie dieselben auch finden könnte. Er seinerseits könne, da ein verfassungsmäßiges Recht bestehe, sich an der Verwaltung der eigenen Interessen zu betheiligen, es nur natürlich finden, daß die vaterländischen Vertretungen die wohlbegründete Ansicht hegen, auch ihr Gutachten müsse über die durchzuführenden Arbeiten gehört werden. Der heutige Antrag auf Ernennung einer Commission gebe, wie er glaube, der Unzufriedenheit Ausdruck, daß man sich in dieser Erwartung getäuscht. Herr von Parente sagte, die Mittheilungen des geehrten Herrn Morpurgo seien sehr interessant; er wolle es unterlassen zu wiederholen, was die Wiener Blätter melden und was in Wien allgemein gesprochen werde, daß man nämlich den Vorschlag zwischen der Regierung und der Südbahn für einen leoninischen halte, und nicht begreife, wie der Staat, der doch überall Ersparungen zu machen suche und zu diesem Zwecke bei den k. k. Aemtern die Diurnisten entlasse und die Pauschale für das Papier vermindere, 24 Millionen verschleudern könne, um ein Unternehmen in's Werk zu setzen, welches von der großen Mehrheit nicht gewünscht werde. Auch die Thatsache sei befremdend und als unbegreifliche Anomalie zu bezeichnen, daß sogar von jenen 90, welche früher gemeinschaftlich mit Herrn Popovich das Hafenproject bekämpft, jetzt mehrere ihre Meinung ganz geändert; es lasse sich jedoch aus Alledem der Schluß ziehen, daß man nach dem ersten Damme einen zweiten bauen, und daß das so lieb gewonnene Privilegium des Freihafens ebenfalls verschwinden werde.

Herr Joseph Morpurgo bemerkte, man spreche von einer Geldverschleuderung von Seite der Regierung, ohne diese Behauptung zu rechtfertigen, man spreche von der Nutzlosigkeit eines Hafens, ohne sich daran zu erinnern, daß schon an Se. Majestät den Kaiser Ferdinand das Gesuch gerichtet worden, Allergnädigst einen Hafen zu bewilligen, ohne die unerläßliche Nothwendigkeit der Erweiterung der Station in's Auge zu fassen, welche im Widerspruch mit den Behauptungen von anderen Seiten nur mittels der Verschüttung des Lazareths vergrößert werden könne. Auch der Ausdruck „leoninische Verträge" sei nicht gerechtfertigt, da man über die Einzelnheiten des Uebereinkommens nichts wisse und deshalb nicht voraussetzen dürfe, daß der Handelsminister und der Finanzminister im Stande seien solche Verträge abzuschließen.

Dagegen müsse man wohl erwägen, es sei commerciell gesprochen ein Scandal, daß es in Triest, in diesem ersten Hafen des Reiches, keine Maschine, keinen Krahn gebe, um die Aus= und Einladungsoperationen zu erleichtern und daß unser Hafen heutzutage in dieser Beziehung keine größeren Bequemlichkeiten darbiete, als er damals besaß, als Triest dem heutigen Muggia gleichstand. Deshalb könne man die Bemühungen der Regierung und die Opfer, welche dieselbe in unserem Interesse bringe, das wie natürlich immer wie jenes der Monarchie in's Auge gefaßt werde, nicht in solcher Weise beurtheilen.

Hier nahm der Herr Ministerialcommissär das Wort um zu erklären, er sei im Begriffe gewesen den Herrn Präsidenten einzuladen, Herrn von Parente wegen der Ausdrücke „Geldverschleuderung" und „leoninische Verträge", die derselbe gebraucht und auf das Uebereinkommen zwischen der Regierung und der Eisenbahn angewendet, zur Ordnung zu rufen, als Herr v. Morpurgo seine vorausgegangenen Bemerkungen begonnen, die er nicht habe unterbrechen wollen, und zwar um so weniger, als die Erwägungen des Herrn Joseph Morpurgo mit dem in Einklang standen, was der Ministerialcommissär damals zu sagen beabsichtigte und dem er jetzt Ausdruck gebe, indem er im Namen der von ihm vertretenen Regierung gegen die Aeußerungen protestire, die sich Herr v.

Parente auf hypothetischen und nicht bekannten Grundlagen erlaubt, welche, eben weil sie hypothetisch, seiner Ansicht nach auf die Kammer nicht den geringsten Eindruck gemacht, noch der unzulässigen Vermuthung Raum gegeben, daß von Seiten der Regierung ein solches Verfahren zu erwarten sei.

Herr Joseph Millanich behauptete, es sei allgemeine Ueberzeugung, daß Triest eines Hafens sowie der Erweiterung der Station bedürfe, welche für den Waarenverkehr im Allgemeinen und namentlich für jenen in Getreide und Holz nicht ausreiche. Er seinerseits, der gegen das Project „Talabot" sehr ungünstig gestimmt war, habe jede Besorgniß aufgegeben, als er die in demselben angebrachten Aenderungen wahrgenommen und zögere nicht im Hinblick auf Alles, was in dieser Frage geschehen, auszusprechen, seiner Meinung nach sei es jetzt vielmehr zweckmäßig darauf zu dringen, daß die Arbeiten rasch durchgeführt werden.

Herr von Parente sagte, er habe bei seiner früheren Bemerkung nur auf das angespielt, was man in Wien rede und in den Zeitungen lese. Er habe die Regierung nicht angegriffen und werde sie auch in Zukunft nicht angreifen, da dies seinem Systeme zuwider sei. Die Regierung jedoch warnen, daß ein Geschäft, welches sie abzuschließen im Begriffe stehe, schlecht sei, sei nicht nur das Recht, sondern die Pflicht jedes guten Bürgers, und der Beweis dafür liege eben in dem, was man in Wien über die fragliche Angelegenheit offen spreche und schreibe. Er sehe die Südbahn in ihren Schriftstücken den hiesigen Handelsstand geringschätzen und könne nicht zugeben, daß eine Privatgesellschaft uns gegenüber, die wir doch stets in den besten Beziehungen zu den Behörden gestanden, sich ein solches Benehmen erlaube; er bemerke, daß diese Gesellschaft immer mächtiger werde und in einen Staat im Staate ausarte. Da es sich um 24 Millionen handle, zu denen Alle, und der Handel gewiß nicht zuletzt, beizutragen berufen sein werden, da es sich um eine Arbeit handle, welche dem Handel auch aus anderen Gründen größere Ausgaben verursachen wird, z. B. wegen der von Sr. Excellenz dem Minister nicht zugegebenen, aber von vielen Seeleuten behaupteten Nothwendigkeit Remorqueurdampfer zu benützen, so habe er geglaubt, in dem Sinne seiner früheren Rede sprechen zu müssen und meine, daß er damit die der Regierung schuldigen Rücksichten nicht im Geringsten verletze.

Der Ministerialcommissär erwiederte, Herr v. Parente habe bestimmte Behauptungen ausgesprochen, und um dies zu thun, hätte er sich nicht auf Vermuthungen, auf eine Hypothese stützen, sondern die Factoren und Beweggründe der Regierung kennen müssen, die uns unbekannt sind. Herr Joseph Morpurgo habe die Worte Sr. Excellenz des Herrn Handelsministers mitgetheilt, der versicherte, daß man in dem betreffenden Uebereinkommen auf die Interessen und Wünsche Triests alle Rücksicht genommen habe, und diesen Versicherungen gegenüber seien die erhobenen Zweifel unbegründet, während man im Gegentheil alles Vertrauen hegen müsse, daß die Regierung Sr. Majestät die Interessen Triests gleichzeitig mit jenen der ganzen Monarchie zu wahren wissen werde.

Der Präsident erklärte, er habe nicht geglaubt Herrn von Parente zur Ordnung rufen zu müssen, weil er fest überzeugt sei, daß das, was dieser Herr gesagt, nicht aus seiner eigenen inneren Ueberzeugung hervorgehe, indem derselbe die Quelle dieser Behauptungen, nämlich die Wiener Blätter angeführt. Er habe nur zu bemerken, daß die Rede des Herrn v. Parente von dem Gegenstande der heutigen Sitzung zu sehr abschweife.

Herr Girardelli machte geltend, daß die Aenderungen, denen das Project unterzogen worden, geeignet seien, auch die allfällige Meinungsänderung Einzelner über das Project selbst zu rechtfertigen, und wies dann auf den beklagenswerthen Umstand hin, daß auf Antrag der von der Handelsvertretung eingesetzten Commission diese eine Deputation nach Wien zu schicken hätte, um die Einstellung der Hafenarbeiten zu erbitten, jener Arbeiten, um deren rasche Durchführung vor Kurzem eine Deputation der städtischen Vertretung angesucht hatte.

Herr Joseph Morpurgo sagte, daß, wenn der Landtag es passend gefunden, in Angelegenheit der Conscription eine Deputation an die Stufen des Thrones abzuordnen, derselbe dies gethan, gestützt auf die historischen Rechte von Triest und im Klaren über den Gegenstand seiner Bitte, während er sich unmöglich vorstellen könne, welche besondere Bitte eine Deputation stellen könne, wie die Commission sie beantrage.

Herr v. Parente erwiederte, diese besondere Bitte sollte nach seinem Wunsche folgendermaßen lauten: „Majestät! Triest bedarf keines Hafens, weil es einen solchen weder nützlich noch nothwendig findet;" worauf Herr Joseph Morpurgo erwiederte, dies seien die Ansichten des Herrn von Parente und einiger Anderen, aber nichts weiter.

Nach Erschöpfung der Discussion schritt die Kammer zur Abstimmung und nahm fast einstimmig (mit allen gegen 3 Stimmen) den Antrag der Börsedeputation an, womit über die Motion auf Ernennung der oben erwähnten Commission zur Tagesordnung übergegangen wird.

Auszug aus dem Sitzungsprotokolle

der Triester Handels- und Gewerbekammer
vom 14. December 1866.

Nachdem die Tagesordnung erschöpft war, machte Hr. Joseph Morpurgo folgende Mittheilungen: „Ich erlaube mir der l. Kammer über Das Bericht abzustatten, was ich, wenn auch ohne Antrag, im Interesse unseres Handels in Wien zu thun für meine Pflicht hielt. Als ich Sr. k. k. ap. Majestät ein Memoriale in städtischen Angelegenheiten zu überreichen die Ehre hatte, richtete ich an Se. Majestät die Bitte, den darniederliegenden Handel von Triest in geneigten Schutz zu nehmen, worauf Se. Majestät zu erwiedern geruhte, daß sowohl von seiner Seite als von jener der Regierung unserer Stadt besondere Berücksichtigung zu Theil werden wird, daß aber auch wir Triester uns thätig zeigen müssen. Ich erlaubte mir nun bemerklich zu machen, daß ich, wie ich Sr. Maj. bei Ueberbringung des Memorials die Gesinnungen treuer Anhänglichkeit zu versichern mich beehrte, von denen die Stadt Triest beseelt ist, ebenso als Kaufmann mit Stolz hervorheben könne, daß die Emsigkeit und Thätigkeit der Triester sprichwörtlich seien, weshalb sie es gewiß an nichts fehlen lassen würden, um ihre Interessen zu fördern.

Auf die Frage, welche Se. Majestät dann in Betreff des Ganges des Exporthandels an mich richtete, entgegnete ich, daß die nicht sehr günstigen Ernten in Ungarn und die

Transportschwierigkeiten auf der Südbahn denselben in engere Grenzen einschränkten.

Ich hatte Gelegenheit, mich auch gegen Se. Exc. den Herrn Handelsminister in diesem Sinne zu äußern, der mir erklärte, daß im Frühjahr die Arbeiten für den Hafen=, den Stations= und Lazarethbau beginnen werden, für welchen letzteren bekanntlich der Grund schon angekauft ist. Se. Exc. versicherte, es der Südbahn zur Bedingung gemacht zu haben, daß sie in der künftigen Station allen in Triest mündenden Eisenbahnen den Zugang gestatte, und die freien Räume seien für Handelszwecke vorbehalten. Was die Rudolfsbahn betreffe, so hänge die Richtung der Linie von Villach zum Meere durchaus von strategischen Rücksichten ab, da die veränderten politischen Verhältnisse die Beibehaltung der früheren Ideen nicht gestatten; es stehe jedoch immer fest, daß diese Bahn in Triest auszumünden habe. Vorläufig würden über alle Linien Studien gemacht.

Auszug aus den Sitzungsprotokollen

der Triester Handels- und Gewerbekammer vom
21. März, 27. April und 3. Mai 1867.

Nachdem die HH. J. Brüll und G. M. Tarabocchia im Dringlichkeitswege zu einer unter dem Vorsitze des Hrn. Gubernialrathes von Wittmann bei der k. k. Central-Seebehörde abgehaltenen Commissionsverhandlung über die Hafenbauten abgeordnet worden, erklärten sie unserm 6. April d. J., daß, da es sich für sie nur um die Art und Weise handle, wie ein für bereits sanctionirt erklärtes Project ohne Benachtheiligung des commerciellen und maritimen Verkehrs durchzuführen sei, sie dem zustimmenden Beschlusse der Commission und den von derselben vorgeschlagenen Modalitäten sich vollkommen anschließen, jedoch unter den von der Kammer bei früheren Anlässen gegen das Project selbst geltend gemachten Vorbehalten. *)

---

*) Der oben erwähnte Bericht der HH. Brüll und Tarabocchia lautet: „L. Börsedeputation! Von dem Herrn Präsidenten der Handelskammer, Ritter v. Bicco, eingeladen, einer Sitzung beizuwohnen, welche bei der k. k. Centralseebehörde bezüglich der nahe bevorstehenden Hafenbauten und der daraus allfällig entspringenden Hemmnisse des freien Verkehrs abgehalten werden sollte, haben die Unterzeichneten sich diesem Auftrage unterzogen und sich an der betreffenden Verhandlung betheiligt, welche unter dem Vorsitze des Herrn Rathes von Wittmann am 6. d.

M. in Anwesenheit der auf beiliegendem Blatte genannten Herren stattfand. Der genannte Herr Rath las der Versammlung einen Erlaß Sr. Exc. des Herrn Handelsministers vor, womit er, gleichzeitig ein Gutachten über die bei der Durchführung der oben erwähnten Arbeiten zu Gunsten des freien Verkehrs zu beobachtenden Modalitäten abverlangend, ausdrücklich erklärte, daß über die Grundlagen des Projects selber, als über eine vollendete Thatsache, keine Discussion zulässig sei. Dennoch haben die Unterzeichneten nicht unterlassen, gegen das Project und gegen den Bau des Hafens jene Einwendungen geltend zu machen, welche die Kammer selbst, der sie anzugehören die Ehre haben, bei wiederholten Anlässen erhob, und das Sitzungsprotokoll erst dann unterzeichnet, als in demselben nebst den Bemerkungen über die bei der allfälligen Durchführung der Arbeiten zu beobachtenden Modalitäten auch, wenngleich nur in den Hauptpuncten, der Erwägungen Erwähnung gethan wurde, welche sie bezüglich der Sache selbst und im Sinne der oben erwähnten Ansichten der hiesigen Handelskammer zum Ausdruck brachten, der sie nunmehr die mitfolgende Abschrift des Protokolls selber vorlegen. Triest, 9. April 1867. G. M. Tarabocchia, J. Brill."

Protokoll der öffentlichen außerordentl. Sitzung

der Triester Handels- und Gewerbekammer vom
17. Juli 1867.

Hierauf wurde zur Verhandlung des Programmsgegenstandes übergegangen, nämlich der Eingabe von 24 Kaufleuten, Rhedern und Ingenieuren betreffs des Uebereinkommens vom 13. April d. J. zwischen der Staatsverwaltung und der Südbahngesellschaft. Diese Eingabe lautet folgendermaßen:

„Löbliche Börsedeputation! Als unsere Regierung, welche damals in absoluter Form gehandhabt wurde, im J. 1858 die Südbahn einer auswärtigen Gesellschaft verkaufte, erhob sich aus allen Theilen des Reiches ein Schmerzensschrei, und Triest mußte binnen kurzer Zeit in der Verminderung des Verkehrs die traurigen Folgen der unüberlegten Maßregel erfahren, wodurch die Hauptpulsader des commerciellen Lebens unserer Monarchie um ein Stück Brod an den Fremden verschleudert wurde.

Mit Sorgfalt beflissen, die den vaterländischen Handel bedrohenden Nachtheile nach Kräften zu beseitigen, that Eine l. Börsedeputation bei dem h. Ministerium ihr Möglichstes, doch konnte sie den Beschwerden nur geringe Abhilfe verschaffen, da die übermäßig hohen Frachttarife unsere Verarmung immer mehr steigerten und es beinahe den Anschein erhielt, daß die Gesellschaft nicht ihr eigenes Interesse, sondern den macchiavellistischen Zweck im Auge habe, Triest zu

Gunsten anderer mit uns concurrirenden Emporien zu ruiniren.

Seit 1860 wurden von Seite dieser Gesellschaft verschiedene Projecte zur Verbesserung unseres Hafens vorgelegt, und eine innere Stimme mahnte fast instinctmäßig die Triester, den süßen Worten Dessen nicht zu trauen, der bewiesen hatte, daß ihm unsere Interessen nicht am Herzen liegen.

Als treue Dolmetscherin des öffentlichen Mißtrauens verlangte die l. Handels- und Gewerbekammer bei jedem passenden Anlasse, daß nichts geschehen solle, ohne sie einzuvernehmen, und bestand darauf, daß die Projecte ihr mitgetheilt werden sollten.

Dem vereinigten Widerstande unserer Handelskammer und der Militär-Geniedirection gegenüber konnte sich das große Project Talabot's nicht behaupten, welches einen Kostenaufwand von mehr als 30 Mill. fl. in Anspruch nahm. Allein ihre Absicht, die Waarenbeförderung zu monopolisiren, beharrlich festhaltend, entwarf die Eisenbahngesellschaft ein neues, wofür nicht weniger als 14 Millionen fl. ausgegeben werden sollen und das eigentlich nichts anderes ist, als ein nicht sehr glücklicher Abklatsch des früheren in verkleinertem Maßstabe.

Auch gegen dieses Project erhob sich ein starker Widerspruch sowohl im Schooße der k. k. Central-Seebehörde als von Seite der Geniedirection und noch mehr unter den Rhedern und Kaufleuten unseres Platzes, so daß die zur Vertretung unserer Handelskammer in den verschiedenen vom Ministerium eingesetzten Commissionen berufenen Abgeordneten keineswegs vereinzelt dastanden, indem sie gegen das neue Project gewichtige Gründe geltend machten. Die öffentliche Meinung nahm mit dankbarer Anerkennung die Namen dieser wohlgesinnten Kaufleute und Rheder zur Kenntniß, die mit Umsicht und Bürgermuth auch in den traurigen Zeiten der Verfassungssistirung gegen die Annahme jedes Projectes protestirten, das nicht früher einer reiflichen Prüfung von Seite der Kammer selbst unterzogen worden.

Die a. h. Entschließung vom 4. Februar d. J. hob das Patent vom 20. Sept. 1865 auf und unterm 14. März wurden die Landtage aufgefordert, Abgeordnete in den wiener Reichsrath zu schicken.

Triest schöpfte neue Hoffnung, in der Gewißheit, daß den Vertretern des Volkes auch die Frage unseres Hafens vorgelegt werden würde, die nicht blos, wie die Gönner des Projectes behaupten, technischer, sondern wesentlich commercieller Natur ist. Triest hegte die feste Zuversicht, das Parlament, dieser auserwählte Theil der österreichischen Intelligenz, würde unserer sicherlich gerechten Forderung „non de nobis sine nobis" — d. h. dem Verlangen, daß unsere Handelsvertreter berufen werden sollten, die Einzelheiten eines Projectes genau zu prüfen, das ebenso gut nützliche wie verderbliche Folgen für das Gemeinwohl haben konnte — ihr Recht widerfahren lassen. Aber das Geschick wollte es anders, und am Vorabende der Eröffnung des Reichsrathes erblickte das Uebereinkommen vom 13. April l. J das Licht der Welt, womit nicht das Gesammtministerium, sondern ein einziges Mitglied desselben, der Minister des Handels, mit einem Sectionschef des Finanzministeriums an der Seite, der Südbahn nicht nur unser unschätzbares Theresien-Lazareth mit dessen Bassin und anderen Aerarialgrundstücken ohne irgend eine Entschädigung übergab, sondern diese Gesellschaft auch mit der Ausführung der Hafenarbeiten beauftragte, um den festen Preis von 13½ Mill. fl. in Silber, welche dieselbe jedoch, vorsichtig genug, weder aus Eigenem hergab, noch vorschoß, da mit 1. Juli 1867 der erste Jahresbetrag von 1¼ Mill. fl. fällig ist, den der Staat für den Hafen zu zahlen hat und dem die übrigen Raten mit den Intercalarinteressen folgen werden.

Wer für die vaterländischen Interessen Sinn und Herz hat, wird von einem Ende der Monarchie zum andern sich mit Erstaunen fragen, ob er wacht oder träumt und ob das Unglaubliche ins Leben treten soll; das Maß der, der Eisenbahngesellschaft ohne Entgelt gewährten Gunstbezeigungen war aber noch nicht voll, denn um die Voraussicht ihres Präsidenten zu rechtfertigen, der in der, 1866 in Paris abgehaltenen Generalversammlung die denkwürdigen Worte sprach: „Unsere Gesellschaft wird keine Last zu tragen haben für die Arbeiten, welche ihr die österreichische Regierung anvertrauen wird" — wurden ihr gleichsam als Morgengabe zur glücklichen Vermählung der Gesellschaft mit der kaiserlichen Regierung in dem Uebereinkommen vom 13. April d. J. auch die Interessen der Steiermark geopfert, indem sie ohne irgend eine

Gegenleistung von der, ihrer Behauptung nach angeblich drücken=
den Verpflichtung entbunden wurde, den vertragsmäßig über=
nommenen Bau der Bahn Marburg=Pettau auszuführen.

Allein damit war es noch nicht genug. Die Staatsver=
waltung verzichtete durch Art. 9 des bezeichneten Uebereinkom=
mens auf das Recht, für den Zeitraum von 12 Jahren vom
1. Januar 1868 angefangen von der Gesellschaft die Ein=
kommensteuer zu erheben; sie verzichtete mithin auf einen jähr=
lichen Steuerertrag von 1 3/4 Mill. fl. Aber auch damit war
die Habsucht der Gesellschaft noch nicht gesättigt, denn kraft
Art. 13 wurde das Privilegium der Gesellschaft um 15
Jahre verlängert, d. h. der Staat, welcher vermöge der
Art. 3 und 51 der Concessionsurkunde vom 23. September
1858 am 1. Januar 1953 unentgeltlich in den vollen und
unbedingten Besitz aller zu jenem Zeitpuncte im Besitze der
Südbahngesellschaft befindlichen Eisenbahnen in den österrei=
chischen und ungarischen Ländern sammt allen dazu gehörigen
Grundstücken und Gebäuden, so wie der sämmtlichen Arbeits=
Materialien und Geräthe treten sollte, verlängerte den Ter=
min dieser Besitzergreifung um 15 Jahre, nämlich bis zum
1. Januar 1969. Den dem Staate dadurch entgehenden Ge=
winn lehrt die mercantile Rechenkunst mit der unerbittlichen
Beredsamkeit der Ziffern auf nicht weniger als 10 Mill. fl.
jährlich anschlagen, woraus sich eine abermalige förmliche
Verzichtleistung auf eine Summe von 150 Millionen fl. ergibt,
so daß der für das Staatsärar entspringende Schaden sich
laut der beigefügten Uebersicht auf fl. 184,500,000 beläuft.

Das heißt wohl mit vollem Rechte, den Nachkommen
die Kosten der modernen Hafenbauten aufbürden.

Ein Vetrag, der den Charakter eines leoninischen im
höheren Grade trägt, hat wohl noch nie das Licht der Welt
erblickt, und die verdienstvolle grazer Handelskammer erhob
sich wie ein Mann, um denselben zu bekämpfen, indem sie in
der Sitzung vom 20. Mai d. J. beschloß, eine Petition an
den Reichsrath zu richten, damit derselbe verlange, daß das
Uebereinkommen vom 13. April, dessen allfällige Revision sie
beantragte, der verfassungsmäßigen Behandlung unterzogen
werde.

Als treuer Dolmetscher der Wünsche des Volkes und
wachsamer Hüter der vom Monarchen uns verliehenen con=

stitutionellen Rechte, hat das h. Abgeordnetenhaus in der denkwürdigen Adresse, womit es die Thronrede erwiederte, das Verlangen ausgesprochen, daß das h. Ministerium auf Grund des §. 13 des Grundgesetzes vom 26. Februar 1861, ihm alle am Vorabende seiner Einberufung abgeschlossenen Verträge für Unternehmungen von großer Wichtigkeit zur Prüfung vorlege — wozu gewiß auch das Uebereinkommen vom 13. April d. J. gehört — und der hochgeschätzte Staatsminister Freiherr von Beust stimmte, indem er das Programm der Adresse annahm, auch der Vorlage dieses Uebereinkommens an den Reichsrath stillschweigend bei.

Schon alt ist der ungerechte Vorwurf, der in unseren Schwesterprovinzen gegen Triest erhoben wird, als ob es nur für sich selbst ein Herz habe, und seine Sondervortheile auf Kosten des allgemeinen Besten verfolge, und es ist hier nicht der Ort zu erörtern, welchen Schaden dieser Vorwurf uns gebracht hat.

Jetzt ist der Augenblick gekommen, um zu beweisen, wie ungegründet derselbe ist, und die Handelskammer von Triest möge sich ebenfalls von patriotischem Geiste beseelt zeigen und ihre Stimme gegen das Uebereinkommen vom 13. April 1867 erheben, das, indem es den österreichischen Finanzen unersetzliche Nachtheile zufügt, unserem Platze geringen oder gar keinen Nutzen gewährt, ja nach der Meinung Vieler uns großen Schaden thut.

Aus diesem Grunde wenden sich die Unterzeichneten an Eine l. Börsedeputation mit der Bitte, sie möge als das gesetzliche Organ unseres Handelsstandes das beklagenswerthe Uebereinkommen vom 13. April d. J. einer gründlicheren Prüfung unterziehen, als wir Einzelne es thun können und dann von Seite der l. Handelskammer die Abfassung einer Petition an beide h. Häuser des Reichsrathes erwirken, damit zur Revision des Uebereinkommens vom 13. April 1867 geschritten werde, und zwar nach Einholung des Gutachtens der Triester Handelskammer, welches letztere nach Mittheilung des Detailprojectes abzugeben hätte. Triest, 12. Juni 1867. Folgen die Unterschriften: Rosario Currò, G. M. Tarabocchia, Shiras u. Dutton, Ad. Reisden, pr. Proc. Dom. Deseppi, Fed. Deseppi, Luigi Dr. Buzzi, Pfeifer u. Kugy, Smreker u. C., Keller u. Gebhardt, Behr u. Comp. Nachfolger, L. M.

Brucker u. C., pr. Proc. G. Voeltl, M. Koch, Candido Idone, Gebrüder Mettel, Franz Sigmundt, Georg Neuhofer, pr. Proc. J. Bayer, M. Stifter, R. A. Dr. Vicentint, Paolo Coretti, Gentilomo u. Covacich, Pettinello u. C., Rieti u. Valmarin, Nehsenfels u. C., L. Buchreiner.

Uebersicht.

Summe, welche der Staat der Eisenbahngesellschaft für den Bau des Hafens zahlt, in Silber	fl. 13,500,000
Betrag der Einkommensteuer in jährlichem Anschlage von fl. 1,750,000, auf den der Staat für 12 Jahre verzichtet	„ 21,000,000
Verlängerung des Privilegiums um 15 Jahre, im jährlichen Durchschnittswerth von 10 Mill. fl.	„ 150,000,000
	fl. 184,500,000

welcher Summe noch der Werth des bestehenden Theresien=Lazareths sammt dem betreffenden Bassin und allen Aerarial=grundstücken, die der Südbahn unentgeltlich abgetreten werden, ferner die Kosten der Errichtung des neuen Lazareths sowie der Werth der Eisenbahnstrecke Marburg=Pettau, auf deren Bau der Staat verzichtete, beizufügen ist, wodurch obige Ziffer sich um einige zehn Millionen erhöhen dürfte."

Das amtliche Referat über vorstehende Eingabe lautet folgendermaßen:

„Die Handelsvertretung befindet sich einem förmlichen Uebereinkommen, welches zwischen der h. Staatsverwaltung und einer Privatgesellschaft, der Südbahn, geschlossen und bereits mit der a. h. Sanction versehen wurde, und einer Beschwerde gegenüber, welche dessen Revision verlangt.

Auf welche Gründe aber stützen sich die Bittsteller?

Wenn man die vorgelesene Eingabe ihrer unwesentlichen Anhängsel entkleidet, so lassen sich diese Gründe folgendermaßen zusammenfassen:

1. Weil die Handelsvertretung von Triest nicht dazu berufen wurde, die Einzelheiten eines Projectes zu prüfen, welches für das Gemeinwohl ebenso gut wohlthätige als verderbliche Folgen haben konnte;

2. weil das fragliche Uebereinkommen am Vorabende der Eröffnung des Reichsrathes und zwar nicht vom gesammten Ministerium, sondern von einem einzigen Mitgliede desselben, dem Handelsminister, mit einem Sectionschef des Finanzministeriums zur Seite, abgeschlossen wurde;

3. weil die Regierung der Eisenbahn übertriebene Zugeständnisse gemacht hat, nämlich: Die Abtretung des Theresien-Lazareths, die Verzichtleistung auf die Eisenbahn Marburg-Pettau, die Verzichtleistung auf die Einkommensteuer der Gesellschaft für 12 Jahre, die Verlängerung des Privilegiums derselben um 15 Jahre, Zugeständnisse, deren Werth auf 184,500,000 fl. angeschlagen wird, ohne das Lazareth, dessen Bassin und andere Grundstücke, sowie den Werth der Linie Marburg-Pettau zu rechnen, was die obige Summe um einige zehn Millionen erhöhen dürfte.

Was den 1. Punct betrifft, so sind die wiederholten Bemühungen der Triester Handelsvertretung bekannt, um zu erwirken, daß sie vom h. Handelsministerium vor definitiver Genehmigung irgend eines Projectes für den Bau unseres Hafens zu Rathe gezogen werde — ein Wunsch, der jedoch unerfüllt blieb. In dieser Beziehung sei aber bemerkt, daß die l. Handelsvertretung streng genommen kein Recht zu haben scheint, vom Ministerium zu verlangen, daß das Hafenproject vor seiner endgiltigen Annahme von der Regierung ihr zur Genehmigung vorgelegt werde. Alles was die Handelsvertretung kraft Art. V. des Statutes, der ihren Wirkungskreis festsetzt, von der Regierung verlangen konnte, war die rechtzeitige Abgabe ihres Gutachtens über die in Rede stehenden Projecte; auch war ihr keineswegs die Initiative benommen, den betreffenden Behörden ihre Ansichten über den Gegenstand mitzutheilen, damit sie von denselben vor Abschluß des Vertrages einer gehörigen Erwägung unterzogen würden, und von diesem Rechte hat die Handelsvertretung den ihr passend scheinenden Gebrauch gemacht.

Wenn sie sich aber wegen angeblicher formeller Mängel oder unvollständiger Vertretung in der vollen Ausübung dieses ihres Rechtes beeinträchtigt gefunden hätte, stand es in ihrer Macht, zur gehörigen Zeit die erforderlichen Schritte zu thun, um es geltend zu machen, und sich nicht der Gefahr

auszusetzen, verspätete, unnütze und unpassende Beschwerden
einer unabänderlichen vollendeten Thatsache gegenüber erheben
zu müssen.

Da indessen die l. Triester Handelskammer alle jene
Vorstellungen, welche sie vom commerciellen Gesichtspuncte
aus für zweckmäßig hält, gemacht und sich überdies, was die
technische Seite der Frage betrifft, für incompetent erklärt hat,
so ist nicht abzusehen, mit welchem Rechte sie gegenwärtig
das Werk der Regierung umzustoßen versuchen sollte.

Bezüglich des Theresien=Lazarethes sind Jedermann die
außerordentlichen Bemühungen erinnerlich, welche die Kammer
für die Erhaltung desselben aufwendete; allein in Erwägung
der behaupteten technischen Unmöglichkeit dieser Erhaltung, so
wie der von der Kammer selbst erklärten Incompetenz in tech=
nischen Angelegenheiten und endlich des Umstandes, daß die
Gutachten der Handelskammern für die Regierung blos einen
berathenden Charakter haben, läßt sich betreffs dieses ersten
von den Bittstellern hervorgehobenen Punctes keine Verletzung
der Rechte der Kammer und mithin kein Grund für eine nach=
trägliche Beschwerde ausfindig machen.

Was den 2. Punct angeht, so ist es vollkommen klar,
daß die Thatsache der Abschließung des Uebereinkommens am
Vorabende der Eröffnung des Reichsrathes dessen Giltigkeit
nicht im Geringsten beeinträchtigt, und gewiß gehört es nicht
zur Competenz der Kammer, sich auf dieses ihrem Wirkungs=
kreise gänzlich fremde Gebiet zu begeben, noch weniger aber
ist es ihres Amtes, zu untersuchen, durch welchen Minister
und in welcher zum inneren Geschäftskreise der Ministerien
gehörigen Formen der Abschluß erfolgt ist — ganz abgesehen
davon, daß ihr darüber gar nichts Bestimmtes bekannt ist.
Denn die bezügliche Behauptung der Bittsteller ermangelt des
Beweises und ist vielleicht durch den zufälligen Umstand her=
vorgerufen, daß das Uebereinkommen nur zwei Unterschriften
von Seite des Ministeriums trägt — eine Behauptung und
ein Umstand, welchen der schweren Beschuldigung der Regel=
widrigkeit oder einem noch schlimmeren Vorwurfe gegenüber,
den die bezeichnete hinterlistige Andeutung in sich faßt, offen=
bar nicht ins Gewicht fällt.

Es bedarf daher keiner ausdrücklichen Erklärung, daß dieser zweite Punct der l. Handelsvertretung ebenfalls keinen hinreichenden Grund an die Hand gibt, um in der vorliegenden Frage einzuschreiten.

Geht man auf den dritten und letzten Punct über, so wäre es sicherlich wünschenswerth gewesen, daß die Triester Handelsvertretung über die Zweckmäßigkeit der Verlängerung des Privilegiums der Eisenbahn, über die Beseitigung der Marburg-Pettauer Flügelbahn u. s. w. zu Rathe gezogen worden wäre, insofern die commerciellen Interessen unseres Platzes damit zusammenhängen; aber ein Wunsch begründet nicht ein Recht.

Was die ungeheueren Ziffern betrifft, die in der vorliegenden Petition an einander gereiht sind, so kann man nicht verkennen, daß die daran geknüpften Berechnungen gelinde gesagt unvollständig sind. Denn, während die Bittsteller die Posten hervorheben, welche zu Gunsten der Eisenbahn lauten, scheinen sie jene gar nicht zu berücksichtigen, die sie offenbar belasten, und unter letzteren ist vor Allem die Ermäßigung der Frachtsätze zu erwähnen, ferner der Bau anderer, in die ursprüngliche Concessionsurkunde nicht aufgenommenen Eisenbahnen, endlich alle die vielfachen verwickelten Bedingungen, welche einen integrirenden Theil des in Rede stehenden Uebereinkommens bilden und von den Bittstellern stillschweigend übergangen werden. Langjährige Studien, höchst ausgedehnte Forschungen und technische Kenntnisse wären erforderlich, um eine übrigens noch immer ungewiß bleibende Berechnung anzustellen, das Für und Wider abzuwägen, den Werth des an die Eisenbahn abgetretenen Realeigenthums und der ihr durch das Uebereinkommen sonst noch bewilligten Zugeständnisse und auferlegten Verpflichtungen abzuschätzen. Diesen Studien aber sich zu unterziehen, ist kein Grund vorhanden, da die Hindeutung auf die nur allzu offenbare Ungenauigkeit der von den Petenten angestellten Berechnungen genügt, um zu dem Schlusse zu gelangen, daß auch dieser dritte Punct einer Körperschaft, die sich selbst achtet, wie die l. Handelsvertretung, keine sichere Grundlage darbietet, um auf der Revision des Uebereinkommens zu bestehen.

Allein noch mehr: welchen Zweck haben die Bittsteller bei einer allfälligen Revision des bestrittenen Uebereinkommens im Auge? Man darf nicht übersehen, daß es sich hier um einen von der österr. Regierung mit einer Privatgesellschaft abgeschlossenen und von Sr. Maj. dem Kaiser sanctionirten Vertrag handelt und daß die Giltigkeit der Verträge unter jeder Regierung, sie sei absolut oder constitutionell oder wie immer geartet, das oberste unantastbare Gesetz bilden muß, welches gerade der Handelsstand, der bei seinen zahllosen Geschäftsabschlüssen sich auf Treue und Glauben stützt, auf das höchste achtet und geschützt, nicht aber in Frage gestellt sehen will.

Schluß. Aus der vorausgeschickten unparteiischen Prüfung der Materialien, die zur Verfügung stehen, würde sich der Mangel an genügenden Gründen ergeben, um die erwähnte Eingabe oder das darin enthaltene concrete Gesuch mit einer Befürwortung von Seite der Handelsvertretung an den h. Reichsrath gelangen zu lassen.

Ueberdies ist hier aber auch der Ort, die Frage zu prüfen, ob der Gegenstand, welchen die Eingabe bespricht, den Wirkungskreis, welcher der Handelskammer durch ihr Statut vorgezeichnet ist, nicht überschreite.

Art. 4 des Statutes schreibt vor: Die Handels- und Gewerbekammer darf ihre Thätigkeit nur in jener Angelegenheit ausüben, die zu ihrer besonderen Competenz gehören. Sie überreicht dem Handelsministerium ihre Gutachten, ihre Mittheilungen und Anträge über alle in ihrem Wirkungskreise begriffenen Gegenstände und vollzieht die darauf bezüglichen Aufträge desselben. Sie bringt dem Handelsministerium die Bedürfnisse des Handels, der Schiffahrt und der Industrie zur Kenntniß, sowie den Stand der Communicationsmittel und knüpft daran ihre Wünsche und Anträge. Zum Wirkungskreise der Handels- und Gewerbekammer gehören alle Vorschläge, Gutachten und Auskünfte betreffs der Zölle, der Handels- und Schiffahrtsverträge, der Consulate, Quarantänen und Lazarethe, des Transportwesens zu Lande, auf den Flüssen und zur See, der Communicationen mittels der Eisenbahnen, Telegraphen und Posten, der Märkte und Messen, des Maßes und Gewichtes, des Geld- und Münzwesens, der Bank-, Credit- und Versicherungsanstalten u. s. w.

Art. 7 des Statutes setzt fest: Die Handels- und Gewerbekammer hängt unmittelbar vom Handelsministerium ab.

Aus diesen Bestimmungen ergibt sich, daß die Handelskammer blos ein berathendes Organ ist, welches zu dem Zwecke eingesetzt wurde, die Staatsregierung und namentlich das Handelsministerium in allen Fällen, wo es nothwendig mit ihrer Einsicht zu unterstützen; daß sie zwar in Allem, was den Handel und die Industrie interessiren kann, die Initiative besitzt, daß sie jedoch diese Initiative nur in der Form der Kundgebung der Wünsche und Bedürfnisse und in der Gestalt von Anträgen ausüben kann, und da die Handelskammer direct vom Handelsministerium abhängt, so ist die Kundgebung der Wünsche und Bedürfnisse sammt den obenerwähnten Anträgen an das Ministerium zu richten, aber nur in dem Falle, wenn der Gegenstand die Grenzen ihrer besonderen Competenz nicht überschreitet.

Fassen wir nun die Forderungen der Eingabe zusammen:

1. Sie will die Regierung beim Reichsrathe anklagen, weil dieselbe die Handelskammer nicht dazu berufen hat, die Einzelheiten eines Projectes zu prüfen, welches für das Gemeinwohl ebenso gut nützliche wie verderbliche Folgen haben könnte;

2. sie will das Uebereinkommen vom 13. April 1867 umgestoßen sehen, weil es am Vorabende der Eröffnung des Reichsrathes abgeschlossen wurde und nicht vom Gesammtministerium, sondern nur von einem einzigen Mitgliede desselben, nämlich vom Handelsminister, mit einem Sectionschef des Finanzministeriums an der Seite, unterzeichnet erscheint;

3. sie wirft der Regierung die der Südbahngesellschaft gewährten übermäßigen Zugeständnisse vor;

4. sie schließt mit dem Verlangen, daß aus diesen Gründen die l. Handelskammer an beide Häuser des Reichsrathes eine Petition richte, um die Revision des Uebereinkommens vom 13. April 1867 nach vorgängiger Einholung des Gutachtens der Triester Handelskammer zu erwirken, welches diese nach Mittheilung des Detailprojectes abzugeben hätte.

Wir haben bereits bemerkt, daß die Handels- und Gewerbekammer im Sinne ihres Statutes blos ein berathendes Organ der Regierung und namentlich des Handelsministeriums

ist. Sie hat zwar die Verpflichtung, ihre Aeußerung abzu=
geben, sobald die Regierung sie dazu auffordert, aber sie hat
nicht das Recht, zu verlangen, daß die Regierung sie auch in
solchen Fällen, wo dieselbe es nicht für nöthig hält, pflicht=
gemäß zu Rathe ziehe. Sie kann ihrer Einsetzung und ihrem
Statut nach in keinem Falle die Handlungsfreiheit der Regie=
rung lähmen oder beschränken, und letztere hat die unbedingte
Befugniß, die von der Kammer vorgelegten Wünsche und
Gutachten zu beachten oder nicht. Die Kammer ist somit als
solche nicht befugt, die Regierung über ihre Handlungen und
Verfügungen zur Rechenschaft zu ziehen, das Maß der Zuge=
ständnisse festzusetzen, welche die Regierung wem immer ge=
macht hat oder zu machen beabsichtigt und die Giltigkeit der
Regierungsacte wegen formeller Mängel oder aus anderen
Gründen zu bestreiten. Wer der Handelskammer solche Be=
fugnisse zuschreiben wollte, müßte ihr selbstverständlich auch
das Recht zuerkennen, die Regierung zu verhalten, ihr über
die Gründe und Zwecke ihrer Handlungen Rechenschaft zu
geben. Die Eingabe hat es auf dies Alles abgesehen und
geht sogar noch weiter; sie will die beiden Häuser des Reichs=
rathes an das Gutachten der Handelskammer binden, weil sie
verlangt, daß der Reichsrath die Revision des Uebereinkom=
mens vornehme, früher aber die Triester Handelsvertretung
einvernehme und ihr das Detailproject vorlege.

Aus dem Gesagten geht hervor, daß die l. Kammer,
wenn sie in dem von der Eingabe verlangten Sinne einschrei=
ten wollte, die Grenzen ihrer Befugnisse offenbar überschreiten
würde und dies könnte die Auflösung der Kammer durch die
Regierung zur Folge haben.

Es muß daher schließlich ausgesprochen werden, daß die
l. Kammer auf den Inhalt der Eingabe nicht eingehen kann,
und daß dieselbe den Unterzeichnern zurückzustellen sei.

Hier ist noch Art. 32 des Kammer=Statuts in Erin=
nerung zu bringen, der folgendermaßen lautet:

„Wenn der Präsident glaubt, daß ein Beschluß der
Kammer oder der Deputation die Grenzen dieser Wirkungs=
kreise überschreitet oder den gesetzlichen Vorschriften zuwider=
läuft, suspendirt er denselben. Der suspendirte Beschluß der
Deputation wird der Kammer vorgelegt und wenn die Suspen=
sion einen Beschluß der letzteren trifft, so wird er den Gegen=

stand entweder sogleich oder nach einer neuen Erörterung von Seite der Kammer dem Handelsministerium vorlegen." Diese Angelegenheit wurde im Schooße der Börsedeputation lebhaft besprochen, und letztere hält es für angemessen, der I. Kammer das betreffende Sitzungsprotokoll mitzutheilen. Dasselbe lautet:

„Nachdem die Eingabe mehrerer Herren betreffs des zwischen der h. kaiserlichen Regierung und der Südbahn über den Bau des Triester Hafens und andere Gegenstände abgeschlossenen Uebereinkommens — welche Eingabe den HH. Deputirten sammt einem darauf bezüglichen amtlichen Referate durch Circulation zur Kenntniß gebracht worden — neuerdings zur Vorlage gebracht wurde, schickte der Herr Präsident der Discussion die Erklärung voraus: Da von mehreren Seiten Zweifel über die allfällige Competenz der Handelsvertretung, in dem Sinne der Eingabe einzuschreiten und vorzugehen, erhoben worden, so habe er, dem statutengemäß die Pflicht obliege, darüber zu wachen, daß diese Competenz nicht überschritten werde, es für zweckmäßig gehalten, über diese Frage auch ein legales Gutachten des Börsenotars abzuverlangen — welches er vorlesen ließ und das dem gegenwärtigen Protokolle abschriftlich beigelegt wird.

Als die Vorlesung beendigt war, schloß der Herr Präsident folgendermaßen: Nachdem er einerseits dieses Gutachten vernommen und gewürdigt und andererseits, was die Opportunität betrifft, vollkommen überzeugt sei, daß jeder Schritt oder jede Maßregel, die darauf abzielen würde, die Giltigkeit des abgeschlossenen und im Reichsgesetzblatte veröffentlichten Uebereinkommens zu bestreiten oder anzutasten, kein praktisches Ergebniß herbeiführen könnte, überdies aber die Kammer, wenn sie sich jedes Einschreitens in der vorliegenden Angelegenheit enthalte, den Bittstellern keineswegs den Weg abschneide, ihre Beschwerde, sei es unmittelbar oder durch Vermittlung der Abgeordneten des hiesigen Landtages zur Kenntniß des Reichsrathes zu bringen — endlich in Erwägung, daß, von diesem Allem abgesehen, der Hauptzweck der Bittsteller thatsächlich bereits erreicht ist, indem die Aufmerksamkeit des Reichsrathes durch die Initiative der Grazer Handelskammer schon auf den nämlichen Gegenstand gelenkt ist — und alle diese Umstände berücksichtigend, machte er, der Präsident, indem er der Ansicht sei, daß die vorliegende Angelegenheit nicht in die Competenz der Kammer gehöre, bemerklich, daß er, falls ein Beschluß im Sinne der Bittsteller erfolgen sollte, die Vollziehung desselben auf Grundlage des Art. 32 1) des Statuts suspendiren würde.

Bei der sich hierauf entspinnenden Discussion erklärte Herr H. Rieter, es träten Fälle im Leben ein, in denen ein entschlossenes Vorgehen sich als gebieterisch nothwendig darstelle, selbst wenn es die gesetzlichen Befugnisse der Körperschaft, die sich dazu entschließt, überschreite, und der vorliegende Fall sei gerade als ein solcher zu bezeichnen, in dem die Handelskammer von Triest, selbst auf die Gefahr hin, den Kreis ihrer gewöhnlichen Befugnisse zu überschreiten, weit loyaler handeln würde, wenn sie, auch mit allfälliger Verletzung des Statutes, ihre Stimme erhöbe, statt von der öffentlichen Meinung verdammten, für die Monarchie wie für Triest verderblichen Thatsachen gegenüber sich in Schweigen zu hüllen. Dieses Schweigen der Kammer würde, seiner Ansicht nach, gegenwärtig den Verlust des Freihafens zur nothwendigen Folge haben, der uns zum Ersatze für die 200 Millionen, die nunmehr dem Staatsschatze aufgebürdet werden sollen, genommen würde.

Herr A. Tanzi bemerkte mit Bezug auf das vorgelesene legale Gutachten, die Kammer würde, wenn sie in der vorliegenden Angelegenheit eine Vorstellung erhöbe, keineswegs einen Act der Rebellion begehen, da ja ihre Thätigkeit sich auf die Vorlage eines Stückes Papier beschränken würde, worin sie die Aufmerksamkeit der Reichsvertretung auf eine in deren Competenz fallende Angelegenheit lenkt. Ebenso halte er es für unpassend, sich in der vorliegenden Frage an das Ministerium zu wenden; jedenfalls sei es aber nicht nöthig, jeden §. des Uebereinkommens einer ins Einzelne gehenden Erörterung zu unterziehen, was bei dem Mangel bestimmter Nachweisungen nicht nur unausführbar wäre, sondern auch vielleicht die Grenzen Dessen überschreiten würde, was die Börsedeputation in dieser Angelegenheit zu thun für nöthig hält.

Hr. Tanzi glaubte nämlich, die Handelsvertretung müsse sich zu dem Wunsche bewogen finden, daß das Uebereinkommen dem h. Reichsrathe zur Kenntniß gebracht werde, einzig aus dem Grunde, weil der Eindruck, den dieser für den Handel im Allgemeinen, so wie für jenen von Triest so wichtige Bestimmungen umfassende Vertrag überall gemacht, ungemein ungünstig sei.

Herr A. Daninos hält die Kammer nicht nur für legal, sondern auch für moralisch incompetent, in der vorliegenden Frage einzuschreiten, weil das den Einzelnen zustehende Recht, sich in dieser oder jener Angelegenheit an den h. Reichsrath zu wenden, den Körperschaften und daher auch der Kammer nicht gebühre. Die Befugnisse der letzteren seien durch das Statut begrenzt, welches ihr bei der Entfaltung ihrer Thätigkeit zur Richtschnur dienen müsse und ihr mithin zuweilen Schweigen auferlege, ohne daß sie sich darüber hinwegsetzen und sich bloß an Das, was ihr gutdünkt, halten könne. Sich in dieser Angelegenheit an das Ministerium zu wenden, scheine ihm aber ganz unpassend, da dies dem Verlangen gleichkommen würde, daß das Ministerium sich selbst verleugne und die Revision eines von ihm selbst ausgegangenen Actes begehre. Was letzteren betrifft, so dürfe man nicht vergessen, daß es sich hier um einen zweiseitigen, in bester Form und mit allen nothwendigen Erfordernissen abgeschlossenen Vertrag handle und daß es der Handelsvertretung nicht wohl anstehe, Schritte zu thun, um die Heiligkeit und Unantastbarkeit eines förmlichen Vertrages zu beeinträchtigen oder in Zweifel zu ziehen.

Der H. Vicepräsident Baron Elio Morpurgo wies auf die Unzuverlässigkeit der in der Eingabe angeführten Zahlen und anderer hypothetischer Behauptungen, sowie auf das gänzliche Stillschweigen hin, welches dieselbe über die von der Eisenbahn übernommenen Verpflichtungen beobachte, und hob auch die Forderung der Bittsteller hervor, daß die Kammer sich, bevor sie weiter vorgehe, genauere Daten über die von ihnen erwähnten Umstände verschaffe, und zog daraus den Schluß, daß die Kammer, selbst wenn sie zu einem solchen Vorgehen competent wäre, in der That die verschiedenen Einwendungen gegen das Uebereinkommen untersuchen und prüfen müßte, bevor sie einen weiteren Schritt thue, da es sich hier jedenfalls um eine schwere Beschuldigung handle, die von der Kammer, ohne sich großer Verantwortlichkeit auszusetzen, nicht erhoben werden könne, außer auf der Grundlage von Thatsachen und positiven Nachweisungen — um so mehr als die Bitt=

steller selbst, indem sie die Kammer auffordern, die Angelegenheit zu untersuchen, jede Verantwortlichkeit von sich abwälzen, um sie der Kammer aufzubürden.

Herr E. Bauer erklärte, er habe Grund zu glauben, daß mehrere Unterzeichner der Eingabe von dem Inhalte derselben nicht genau unterrichtet waren, weßhalb er der Meinung wäre, daß, da dieser Inhalt oder besser gesagt, die Begründung einer berechtigten Mißbilligung begegnen, 3 bis 4 der Unterschriebenen einzuladen wären, die vorgelegte Schrift umzuändern und mit einer andern Motivirung zu versehen, worauf sie dann zur Vorlage gebracht werden könnte.

Herr E. d'Angeli berief sich auf die Haltung der grazer Kammer, um zu zeigen, daß, wenn diese es für nöthig befunden, ihre Stimme zu erheben, es Triest übel anstehen würde, über einen Gegenstand zu schweigen, der commercieller Natur ist und für die wesentlichsten Interessen unserer Stadt und des Freihafens eine so hervorragende Bedeutung besitzt.

Herr T. Konow schloß sich dieser Ansicht an, indem er beifügte, daß jeder Staatsbürger das Recht habe, an den h. Reichsrath Petitionen zu richten und dieses Recht — welches, wenn er nicht irre, von der Kammer bei einem andern Anlasse schon ausgeübt worden — auch den Körperschaften nicht verweigert werden könne.

Sowohl diese beiden Herren als die HH. Deputirten A. Tanzi, H. Rieter und E. Bauer schlossen sich dann dem Gutachten des Herrn J. Brüll an, der hervorhob, daß es sich hier weder um eine förmliche Anklage, noch um einen einseitigen Bruch eines Vertrages handle; es sei jedoch der Wunsch gerechtfertigt, daß der Gegenstand zur Kenntniß des Reichsrathes gebracht werde und zwar seiner hohen Wichtigkeit und der daran geknüpften allgemeinen Besorgnisse, so wie der Modalitäten und des Zeitpunctes der Abschließung wegen. Zudem sei ja die Möglichkeit vorhanden, den Inhalt im gemeinsamen Einverständniß und vielleicht auch zu gegenseitiger Befriedigung beider contrahirenden Theile abzuändern, und es könne nicht bezweifelt werden, daß jeder in dieser Angelegenheit bei dem h. Ministerium beabsichtigte Schritt keinen praktischen Erfolg in Aussicht stelle.

Nach diesen Bemerkungen haben jedoch die HH. Votanten, nachdem sie das Gutachten des Hrn. Rechtsconsulenten und Börsenotars über die Incompetenz der Kammer, sich bezüglich dieser Angelegenheit in was immer für einem Sinne an den h. Reichsrath zu wenden, vernommen und ihrer Würdigung unterzogen, und in Erwägung der Erklärung des Hrn. Präsidenten, jeden solchen Beschluß suspendiren zu müssen, so wie überzeugt von der Unzweckmäßigkeit einer Eingabe an das Ministerium und von dem Wunsche durchdrungen, die angekündigte Suspendirung zu vermeiden, sich zu dem Beschlusse vereinigt, daß der Gegenstand der Kammer mit dem Antrage vorgelegt werde, die Eingabe sei den HH. Bittstellern mit folgendem Bescheide zurückzustellen:

In Erwägung, daß das erbetene Einschreiten der hiesigen Handelsvertretung in der vorliegenden Angelegenheit die Grenzen der statutenmäßigen Befugnisse überschreiten würde, welche den Wirkungskreis der Handels= und Gewerbekammer bilden, wird gegenwärtiges Gesuch, dem nicht Statt gegeben werden kann, durch Vermittlung des ersten Unterzeichners den HH. Petenten zurückgestellt."

Nach Verlesung des erwähnten amtlichen Referates entspann sich eine Discussion über die auf der Tagesordnung befindliche Angelegenheit.

Herr H. Rieter bezog sich auf seine Aeußerungen im Schooße der Deputation und bemerkte, es sei jetzt mehr als je Sache Triests, die Nothwendigkeit einer Concurrenzbahn ins Auge zu fassen, im Hinblicke auf die Bemühungen Ungarns, die kürzeste Verbindung mit Fiume herzustellen; zu diesem Zwecke sei es unerläßlich zu erfahren, ob Fürsorge getroffen sei, daß eine neue Eisenbahnlinie Raum finde, um längs des Meeres nach Triest zu gelangen, weßhalb es nothwendig sei, das Project, welches dem Uebereinkommen vom 13. April zu Grunde liege, im Detail zu kennen. Ihm scheine die Kammer competent; gehe dies auch nicht aus dem Wortlaute des Statutes hervor, so ergebe es sich doch aus der Natur des vorliegenden Gegenstandes, daß es sich hier um eine unfreiwillige Lücke im Texte selber handle, so daß gerade die, denselben betreffende Petition der Kammer an den Reichsrath Anlaß zu der Erklärung ihrer Competenz böte, falls letztere nicht schon als vorhanden angenommen würde. Jedenfalls sei es bestimmte Pflicht und erste Aufgabe der Kammer, die commerciellen und maritimen Interessen zu schützen und jede zu diesem Behufe ergriffene Maßregel gehöre nicht nur in ihre Competenz, sondern zu den Hauptaufgaben, welche die Handelsvertretung zu erfüllen berufen sei.

Hr. E. d'Angeli hob hervor, daß die Börsedeputation, als sie den Beschluß faßte, die Eingabe der Bittsteller zurückzuweisen, ohne auf ihr Ansuchen einzugehen, sich dabei hauptsächlich durch die Ueberzeugung leiten ließ, daß es passend sei, im Hinblicke auf das legale Gutachten und die Erklärung des Präsidenten Conflicte zu vermeiden. Sie sei dabei von der Aussicht ausgegangen, daß in Folge eines solchen Beschlusses der Gegenstand nicht mehr zu neuer Erörterung vor die Kammer gebracht werden würde; wäre aber der Beschluß, ihn in dieser Versammlung abermals discutiren zu lassen — welcher Beschluß in Folge des Gutachtens des Hrn. Börsenotars gefaßt wurde · früher bekannt geworden, so hätte wenigstens er für seinen Theil nicht in jenem Sinne gestimmt, da der Conflict dadurch nicht gänzlich beseitigt worden.

Auch Herr A. Tanzi bestätigt, daß für die Mehrheit der Börsedeputation die Rücksicht entscheidend gewesen sei, dem von dem Herrn Vorredner erwähnten Conflicte auszuweichen und man könne den Geist des von dieser Mehrheit abgegebenen Votums nicht besser erläutern und charakterisiren, als indem man sage, daß sie, durch die legalen Beweisführungen mehr in Verwirrung gebracht als überzeugt, zur Vermeidung jedes weiteren Conflictes sich jenem Beschlusse fügte.

Der Herr Präsident entgegnete, er wolle das Gewicht dieser persönlichen Meinungen, die er bei jedem Anlasse zu achten strebe, durchaus nicht schwächen, müsse jedoch die Thatsache geltend machen, daß die Börsedeputation den fraglichen Beschluß in bester Form verfaßt, daß das Protokoll der betreffenden Sitzung vorgelesen und einstimmig ohne Einwendung genehmigt worden und daß auch der spätere Beschluß, den Gegenstand der Kammer zur Entscheidung vorzulegen, aus einem einstimmigen Votum der Deputation selber hervorgegangen sei.

Herr A. Daninos bezeichnet es als unnütz, heute über Beschlüsse, die im Schooße der Börsedeputation formgiltig gefaßt worden, zu discutiren; was aber das Wesen der Frage betreffe, so sei dasselbe in dem vorgelesenen Referate von

allen Seiten erschöpfend erörtert, sowohl was die Competenz
der Handelsvertretung, als was die Zweckmäßigkeit der von
den Herren Bittstellern verlangten Maßregel betreffe. Bezüg=
lich der letzteren halte er eine weitere Beschwerde der Kammer
jetzt für unpassend, da es sich um eine vollendete Thatsache
handle, so wie um einen Gegenstand, worüber sie bereits
mehrere Male, jedoch immer erfolglos, sich geäußert. Ueber=
dies sei ja dabei nicht die eigene Initiative im Spiele, son=
dern den Anlaß biete eine Eingabe, die weder auf richtigen
Thatsachen beruhe, noch in gehörigen und annehmbaren For=
men abgefaßt sei. Aus diesen Gründen müsse der Redner die
Annahme des Antrages der Börsedeputation mit Entschieden=
heit befürworten.

  Herr Tanzi entgegnete, seiner Meinung nach sei die
Incompetenz keineswegs in einer für Jedermann überzeugenden
Weise festgestellt und er persönlich sei damit nicht einverstan=
den, weder was den Gegenstand selbst, noch was die Form der
angestrebten Befürwortung betreffe. Dies vorausgeschickt,
scheine es ihm bezüglich des ersten Theiles der gestellten Al=
ternative, daß ein Uebereinkommen, welches unseren Hafen,
Frachtsätze und Eisenbahnlinien betreffe, ganz vorzugsweise
ein commercielles Gepräge trage; was jedoch die Form an=
gehe, in welcher man die Angelegenheit zur Befürwortung em=
pfehle, nämlich jene einer Petition an den Reichsrath, so biete
sich die Erwägung von selbst dar, daß, wie ein Vorfahr Ge=
genstände, welche sich auf die Enkel beziehen, nicht kennen und
darüber beschließen kann, so auch das alte Kammerstatut die
Befugniß der Handelsvertretung, an den viele Jahre nach
Sanctionirung desselben ins Leben gerufenen Reichsrath Pe=
titionen zu richten, nicht ins Auge fassen konnte. Aus diesem
Stillschweigen lasse sich jedoch keineswegs ein Verbot ableiten,
weshalb Herr Tanzi wiederholt bemerkte, daß nur der Wunsch,
einen Conflict zu vermeiden, dessen letzte Entscheidung vom
Ministerium, getroffen worden wäre, die Börsedeputation be=
wogen hatte, sich zu ihrem heutigen Antrage zu bequemen.

  Herr Gaddum erklärte, daß ihm, wenn er Alles
wohl erwäge, die heutige Einberufung der Kammer ganz un=
nütz scheine, da ihr nichts zu beschließen oder zu thun übrig
bleibe, nachdem jeder von dem Antrage abweichende Beschluß
der angekündigten Suspension begegnen würde. Da Herr

Daninos hierauf bemerklich machte, daß es der Kammer trotz alledem freistehe, einen abweichenden Beschluß zu fassen und sich der Suspendirung auszusetzen, entgegnete Herr Gabdum, man wolle ja eben vermeiden, daß die Angelegenheit als Conflict dem Ministerium zur Entscheidung vorgelegt werde, weshalb die von ihm behauptete Zwecklosigkeit jeder in der heutigen Versammlung anzustellenden Erörterung sich gewiß nicht leugnen lasse.

Der Präsident betonte die volle Freiheit der Kammer, Beschlüsse zu fassen, deutete jedoch auf die ihm auferlegte gebieterische Nothwendigkeit hin, jeden Beschluß zu suspendiren, den er entweder wegen Incompetenz oder aus andern Gründen als den Wirkungskreis der Kammer überschreitend und daher als gesetzwidrig ansehen müsse. Mit Bezug auf die vorgebrachte Bemerkung, daß die grazer Handelskammer, für welche doch die nämlichen Vorschriften gelten, einen ähnlichen Schritt gethan habe, während man hier den Wirkungskreis der Kammer dadurch überschritten glaube, fügte der Präsident bei, dies sei kein Beweis für die behauptete Competenz, da, wenn auch die allgemeinen Normen dieselben seien, durch den zu deren Auslegung und Handhabung Berufenen eine abweichende Haltung beider Körperschaften hervorgerufen werde.

Herr Tanzi stellte einen Antrag, vermöge dessen die Kammer folgendes motivirte Votum hätte abgeben sollen:

In Erwägung, da es höchst wünschenswerth sei, einen Conflict zu vermeiden; in Erwägung ferner, daß im Falle eines solchen Conflicts bis zur Entscheidung so viel Zeit verloren gehen würde, daß jeder Beschluß zu Gunsten der Angelegenheit ins Stocken käme; in Erwägung endlich, daß es jedem Einzelnen freistehe, eine Petition in der vorliegenden Angelegenheit direct an den Reichsrath zu richten — in Erwägung aller dieser Umstände muß sich die Kammer dem Antrage der Börsedeputation fügen.

Gegen diesen Antrag wurde bemerklich gemacht, daß der Beschluß der Kammer sich auf ihre eigene Ueberzeugung stützen und mithin bejahend oder verneinend ausfallen müsse, aber entschiedener und bestimmter. Da andererseits Herr Brüll den Wunsch ausdrückte, daß alle Verhandlungen über den vorliegenden Gegenstand zur Erläuterung des Geistes, in dem die betreffenden Beschlüsse gefaßt worden, veröffentlicht werden sollten, und der Herr Präsident erklärte, daß er bereit sei, diesen Wunsch zu erfüllen, sagte Herr Tanzi, daß er in Berücksichtigung dessen auf seinem früheren Antrage nicht bestehe.

Nachdem hierauf der Antrag der Börsedeputation von dem Präsidenten zur Abstimmung gebracht worden, wurde derselbe mit 11 St. von 16 genehmigt und mithin der Beschluß gefaßt, die Eingabe sei den Bittstellern mit folgendem Bescheide zurückzustellen:

In Erwägung, daß das erbetene Einschreiten der hiesigen Handelsvertretung in der vorliegenden Angelegenheit die Grenzen der statutenmäßigen Befugnisse überschreiten würde, welche den Wirkungskreis der Handels- und Gewerbekammer bilden, wird gegenwärtiges Gesuch, dem nicht Statt gegeben werden kann, durch Vermittlung des ersten Unterzeichners den HH. Petenten zurückgestellt.

Auszug aus dem Protokolle der öffentlichen außerordentlichen Sitzung

der Triester Handels- und Gewerbekammer vom 26. October 1868.

Der Präsident läßt die nachfolgende Zuschrift der k. k. Central-Seebehörde für jetzt blos zur vorläufigen Kenntnißnahme verlesen, mit dem Vorbehalte, den Gegenstand in einer spätern Sitzung der Kammer zur Erörterung zu bringen, nachdem derselbe geschäftsordnungsmäßig von der Börsedeputation in Vorberathung gezogen sein wird. (S. Text S. 19 u. 20.)

Auszug aus dem Sitzungsprotokolle

der Triester Handels- und Gewerbekammer vom 14. November 1868.

Hierauf wird zur Erörterung des Antrages der Börsedeputation betreffs der von Seite der k. k. Central-Seebehörde ergangenen Einladung zu den am 23. d. M. über die Hafenarbeiten abzuhaltenden Conferenzen und Ernennung der bezüglichen Abgeordneten geschritten. Dieser Antrag lautet folgendermaßen:

In der am 26. October d. J. abgehaltenen Sitzung wurde der Kammer die Einladung der Central-Seebehörde zur Ernennung von drei Abgeordneten für die erwähnte Conferenz mitgetheilt, damit die Kammer davon rasch in Kenntniß gesetzt, Zeit gewinne, diese Angelegenheit in reifliche Erwägung zu ziehen, während die Deputation dem Statute gemäß sich mit der vorläufigen Prüfung derselben beschäftigte, um dann der Kammer bestimmte Anträge zu stellen.

Da die bezeichnete Einladung die Grundlage der heutigen Verhandlung bildet, so wird dieselbe nochmals verlesen.

Es ist der Kammer bekannt, daß die Angelegenheit des triester Hafens fortwährend und mit vollem Rechte der hiesigen Handelsvertretung im Sinne lag, und zwar zunächst seit dem J. 1862, zu welcher Zeit dieselbe eine besondere Commission einsetzte, welche die verschiedenen damals vorlie-

genden Projecte durchsah und prüfte und das Ergebniß ihrer
Forschungen in einer Schrift niederlegte, die sammt allen be=
züglichen Beilagen dem Beschlusse der Kammer selbst gemäß
dem Ministerium vorgelegt wurde, wobei sich die Kammer
betreffs des technischen Theiles streng neutral verhielt und nur
den Wunsch aussprach, vor einer definitiven Beschlußfassung
einvernommen zu werden. Dieses Gesuch wurde mehrmals,
aber stets vergeblich wiederholt.

Es wäre unnütz, jetzt auf die verschiedenen Stadien
zurückzukommen, welche der vielbesprochene Gegenstand durch=
laufen. Da jedoch die Central=Seebehörde nun an die Kammer
die erwähnte Einladung richtet, so erscheint es zweckmäßig,
diese passende Gelegenheit zu ergreifen, um durch das Mittel
von Abgeordneten, die Bericht zu erstatten haben, jene Erwä=
gungen geltend zu machen, die sich der Kammer vom commer=
ciellen und maritimen Gesichtspuncte aus aufdringen.

Zu diesem Behufe und um das Terrain besser vorzu=
bereiten, so wie Aufklärungen und Rathschläge von dorther
zu erhalten, wo einige langjährige Erfahrungen dieselben am
sichersten zu ertheilen vermag, hat die Börsedeputation es sich
zur Pflicht gemacht, im Wege vertraulicher Besprechung die
Ansichten verschiedener Herren Handelscapitäne zu vernehmen,
die unter dem Vorsitze des Herrn Kammerpräsidenten, so wie
in Gegenwart des Hrn. Börsedeputirten A. Daninos die
Freundlichkeit hatten, sich am 9. d. M. im Börsenamte zu
versammeln (nämlich die HH. Nicolaus Bielovucich, Wilhelm
Camelli, Anton Capanna, Carl Costantini, Joh. Pessi, Peter
Pilato, Spir. Popovich, B. Verona) und die wichtige Ange=
legenheit ausführlich zu erörtern.

Da in dieser Versammlung Aufschreibungen geführt
wurden, so wurde ein Auszug verfaßt, der, von den genannten
HH. Capitänen verlesen, genehmigt und unterschrieben, folgen=
dermaßen lautet:

„Der Präsident läßt den Erlaß der k. k. Central=See=
behörde vom 22. Oct. d. J. Nr. 7706 verlesen und erklärt,
daß die Handelskammer, beziehungsweise die Börsedeputation,
bevor sie zu der in diesem Erlasse verlangten Abordnung
schreite, die Kenntnisse der HH. Handelscapitäne sich zu Nutzen
machen wolle, welche zu der gegenwärtigen Versammlung ein=
geladen worden, die übrigens keinen eigentlich amtlichen Cha=

rakter trage, sondern als eine Besprechung zu vorläufigem Ideenaustausch anzusehen sei, über welche jedoch ein Bericht verfaßt werden würde, den sie zu unterzeichnen hätten — wozu sie gerne ihre Zustimmung ertheilten.

Es liegt eine Durchzeichnung des Talabot'schen Hafenplanes vom J. 1861 und ein anderer neuerer Plan vor, von dem vorausgesetzt wird, daß es der gegenwärtig in Frage befindliche sein könne, jedoch mit dem Beifügen, daß derselbe nicht amtlich mitgetheilt wurde.

Die Hauptzüge dieses neuen Planes, der zur Grundlage genommen wird, bestehen in der Verschüttung des Lazarethes und des Eisenbahnbassins, in der Hinausschiebung der Quais um ungefähr 150 Meter, in der Errichtung von 4 Molos, deren jeder etwa 200 Meter lang sein soll, und in dem Bau eines Dammes, der circa 400 Meter vom Lande entfernt ungefähr vom neuen Lazareth ausgehend so ziemlich der Gestaltung des Quais folgt, mit denselben parallel läuft und beiläufig im Mittelpuncte des Hafens endigen würde — wie sich dies Alles genauer aus dem bezeichneten Plane selber ersehen läßt.

Nach ausführlicher Erörterung einigten sich die Herren Capitäne, welche der gegenwärtigen Versammlung beiwohnten, über folgende Puncte:

Der Damm, wie er in dem neuen Plane angegeben ist, müßte jenem Theile des Hafens Schaden bringen, der offen bleiben würde, weil bei Seewinden, namentlich jenen des 3. und 4. Quadranten, nämlich Nordwest und Südsüdwest die gegen den Damm anschlagenden Wellen eine Widersee verursachen würden, die das Meer in jenem Theile des Hafens, der den Damm nicht berührt, stürmisch bewegen und den Schiffen so wie den Booten das Ankern in jener Gegend unmöglich oder wenigstens sehr gefährlich machen müßte. Diese Widersee würde sich nicht einmal auf den offen bleibenden Hafen beschränken, sondern auch auf das Innere des Hafenbassins, d. h. auf jene Theile ausdehnen, welche man durch den Damm schützen möchte, weßhalb der ganze Hafen, nämlich sowohl der innere als der offene Theil durch den fraglichen Damm sehr benachtheiligt würde.

Mit den Vorbehalten, welche im weiteren Verlaufe des gegenwärtigen Berichtes zur Sprache kommen und die Ansicht der HH. Capitäne deutlicher ausdrücken werden, heben dieselben, jedoch nur in der Form einer einfachen Bemerkung hervor, daß, wenn man den Hafen durchaus schließen wolle (mit welcher Absicht sie sich aber durchaus nicht einverstanden erklären können), dem Hafen selbst die Verlängerung des Dammes in der im Projecte Talabot bezeichneten Weise — wobei zwischen dem äußersten Endpuncte desselben und der Punta Sta. Teresa nur eine ungefähr 700 Fuß breite Mündung bliebe — weniger Schaden brächte.

Was die Erhebung des Dammes über die Meeresfläche betrifft, so ist es durchaus nicht nöthig, denselben in der enormen Höhe von mehr als 40 F. zu bauen, wie es Herr Talabot beabsichtigt haben soll, der zu dieser Ansicht durch die Voraussetzung bewogen worden sein mag, daß die Seewinde bei uns so stark sind, daß sie Wogen wie im Ocean hervorbringen, welche den Damm überfluthen könnten, wenn er nicht hoch genug wäre. Dies ist jedoch nicht der Fall; denn bei uns sind die Seewinde nicht heftig und dauern nicht lange, so daß es genügen würde, wenn sich der Damm 5—6 Fuß über die Meeresfläche erhöbe.

Es wurde ferner bemerkt, daß es, da der Damm verlängert werden muß, besser wäre, ihn gleich in seiner ganzen Länge zu bauen, statt Anfangs einen kleinen Damm zu errichten, um ihn dann zu verlängern, weil in letzterem Falle die Ausgaben weit größer wären, mit Rücksicht auf die verschiedene Form und Richtung, welche natürlich jener Damm haben muß, der den ganzen Hafen umfassen soll.

Die HH. Capitäne hoben hierauf die Gefahren und Schwierigkeiten hervor, welche in Folge des allzu weiten Vorrückens der Quais beim Ein und Ausladen eintreten müßten, da die Schiffe dadurch dem heftigen Ost-Nordost (Bora) ausgesetzt würden und Gefahr liefen, gegen den Damm geworfen zu werden. Die an den Molos geankerten Schiffe könnten der Bora widerstehen, wenn die Vertauung in gutem Stande wäre, um so mehr, als eines dem andern einen Halt gewährt, und überdies auch die Molos Schutz bieten, wenn letztere hoch genug sind. Jene aber, die sich zwischen den Molos und dem Damm befinden, wären der Gefahr ausgesetzt auf den Damm selbst geworfen zu werden, wenn eine heftige Bora sie erfaßt oder die Anker nachgeben, wie es im schlammigen Grunde leicht geschehen kann. Ueberdies erscheine es nicht nöthig, die Quais so weit hinauszurücken, nicht einmal im Hinblick auf die mögliche Ausdehnung des Triester Handels in der Zukunft, da auch andere ebenfalls große Plätze wie Liverpool, New-York u. s. w. keine so ausgedehnten Quais und Räumlichkeiten haben.

Ferner wurde geltend gemacht, daß, wenn das Lazarethbassin, an dessen Anschüttung man arbeitet und das im Laufe eines Jahres 700—800 Schiffen Aufnahme zu gewähren vermag, so wie es auch der einzige Ort ist, wo man bei jedem Wetter arbeiten kann, beibehalten, das Eisenbahnbassin erweitert, einige Molos verlängert oder neugebaut und die Sacchetta vertieft würden, weder ein Damm noch eine erhebliche Erweiterung der Quais nothwendig sein würde. Die HH. Capitäne können die begonnene Verschüttung des Lazareths nur lebhaft beklagen, da vielmehr eine Erweiterung desselben erwünscht wäre.

Man wies darauf hin, daß die Rhede von Triest vortrefflich sei und keine Gefahren darbiete, weßhalb man einen Hafen ganz wohl entbehren könne. Jedenfalls würde es, um den oben erwähnten Gefahren und Uebelständen zu steuern, die aus dem übertriebenen, ungefähr in der Länge von 150 Meter projectirten Vorschieben der Quais für das Ein- und Ausladen entspringen müßten, genügen, dieselben höchstens 70 Fuß über die gegenwärtig bestehenden hinauszurücken. Die Molos könnten so lang sein, wie im Plan selbst angedeutet, nämlich 200 Meter vom Quai angefangen; auch könnte erforderlichenfalls eine größere Zahl errichtet werden, als die im Plan angegebenen vier. Es versteht sich ferner von selbst, daß diese Molos mit hinlänglich großen Bogen in ebenfalls genügender Zahl versehen sein müssen, um dem Wasser den Durchgang zu gestatten und Niederschläge so wie Verschlammungen zu verhüten. Ferner ist es bei dem Bau der Molos von Wichtigkeit und darf nicht übersehen werden, daß der Boden weich und schlammig ist und daß es einer sehr festen Grundlage bedarf, damit man sich nicht der Gefahr aussetzt, daß sie zum großen Schaden des Hafens einstürzen (was bei dem Damm, der an der Einfahrt von Port Said errichtet worden, der Fall gewesen sein soll). Auch wurde bemerklich gemacht, daß es für den Handel eine drückende Last wäre, wenn man für das Anlegen der Schiffe an den Molos eine Gebühr zahlen müßte, um so mehr, als bei der projectirten Einrichtung des Hafens ohnehin Schlepper nöthig wären, um einzulaufen und an die passenden Stellen zu gelangen, da Segelschiffe sich in diesem beschränkten Raume nicht leicht lenken und manövriren lassen. Es wäre mithin die nicht unbedeutende Auslage fürs Remorquiren zu tragen, welche gegenwärtig nicht besteht.

Was das Einlaufen in den Hafen bei heftiger Bora betrifft, so wäre dasselbe unmöglich, wenn der Damm gebaut wird, und man müßte außerhalb des Dammes an irgend einer geschützten Stelle, z. B. beim Anfange des Dammes nächst der Eisenbahn oder im Campo Marzo, Anker werfen.

Auf den Damm zurückkommend, bemerkte man, daß derselbe beim Wehen der Bora eine „Strafe" wäre, denn ist der Damm den Quais und Molos zu nahe, so läuft das Schiff, welches zwischen Molo und Damm liegt, Gefahr, wie bereits erwähnt, auf diesen geworfen zu werden. Ist hingegen der Damm zu entfernt, so entsteht ein Rückschlag der Wogen, die im Innern des Hafens gegen den Damm getrieben werden, und es wird im Hafen selbst ein künstlicher Sturm erzeugt, wie man bei heftigen Landwinden die Wellen gegen den innern Quai beim Leuchtthurm heftig anprallen sehen kann, wo jene Landzunge eine Krümmung oder eine Bucht bildet, innerhalb deren kein Schiff bei heftiger Bora manövriren oder operiren kann.

Bezüglich der befürchteten Verschlammung des Hafens sehen die der Berathung beiwohnenden Capitäne sehr wohl den Fall voraus, daß diese im Laufe langer Jahre allerdings eintreten könnte. Sie bezeichneten es deshalb als nöthig, den Hafen fortwährend durch Baggerung rein zu erhalten, um Verschlammungen zu steuern, wobei man sich aber hüten müsse, nicht zu nahe bei den Molos und Quais zu baggern, damit dieselben nicht einstürzen.

Betreffs der Bäche Klutsch und Martesin enthielten sich die HH. Capitäne einer gutächtlichen Aeußerung, indem sie diesen Gegenstand als zur Competenz der Ingenieur-Techniker gehörig betrachteten. Doch verstehe es sich von selbst, daß diese beiden Bäche ihre Ausmündung jenseits des

Dammes erhalten müßten, um den Hafen nicht durch ihre
Niederschläge zu verschlammen.

Die HH. Capitäne beabsichtigten ihre Ansichten blos
vom maritimen Gesichtspuncte zu äußern, und legen selbst
großes Gewicht darauf, daß bei den späteren Verhandlungen
über die hochwichtige Angelegenheit des Hafens von Triest
immer erfahrene Seeleute ins Einvernehmen gezogen werden,
welche die eigenthümlichen Verhältnisse Triests (welche mit
jenen anderer Plätze nicht zu verwechseln sind), die herrschen=
den Winde und die Praxis der Schiffahrt kennen — lauter
Dinge, welche auch die ausgezeichnetsten fremden Celebritäten
während der kurzen Zeit, die sie hier verweilen, nicht hinläng=
lich kennen zu lernen und zu würdigen vermögen.

Daß die Wissenschaft des Ingenieurs in einer Angele=
genheit wie die vorliegende sorgfältigst zu Rathe gezogen wer=
den muß, leugnet gewiß Niemand; allein ebenso unbestreitbar
ist es, daß damit die lange Erfahrung und die Praxis des
Seemannes Hand in Hand gehen muß, und daß man daher
nicht unterlassen darf, die Schiffscapitäne ebenfalls zu befra=
gen, welche die Gewässer, diese Ufer und die thatsächlichen
Elemente, die hier maßgebend einwirken, wie ihr eigenes Haus
kennen.

(Folgen die Unterschriften.)

Dies vorausgeschickt, macht die Deputation der Kam=
mer nunmehr den Vorschlag:

1. Aus ihrer Mitte drei Abgeordnete zu wählen, die
den Verhandlungen bei der k. k. Central=Seebehörde beiwoh=
nen und über das Ergebniß derselben der Kammer Bericht
erstatten sollen;

2. zwei Techniker zu ernennen, als Beistände für die
HH. Abgeordneten im Sinne des Erlasses der k. k. Central=
Seebehörde.

Zusatz.

Nachdem die Börsedeputation in der gestrigen Sitzung
beschlossen, der Kammer den obigen Antrag vorzulegen, kam
ihr heute vom Herrn Podestà folgende Mittheilung zu:

Note.

„Der Stadtrath hat in seiner am 13. d. M. abgehaltenen Sitzung über die Anträge einer von ihm eingesetzten Commission bezüglich der von Seite der hochl. k. k. Central-Seebehörde ergangenen Einladung zur Absendung von drei Abgeordneten zu den bei dieser Behörde stattfindenden Commissionsverhandlungen über den projectirten äußeren Damm des neuen Bassins der Südbahnstation Berathung gepflogen und beschlossen, der Einladung der k. k. Central-Seebehörde zu entsprechen, ohne den gegen den Bau des neuen Eisenbahnstationsbassins erhobenen Vorstellungen und der betreffenden dem h. Reichsrathe vorliegenden Petition Eintrag zu thun, und demgemäß aus seiner Mitte drei Abgeordnete zu wählen, die der am 23. d. M. bei der Central-Seebehörde abzuhaltenden Conferenz über die Arbeiten an diesem Bassin beiwohnen sollen, mit dem ausdrücklichen Auftrage, im Schooße der Commission selbst die bereits gemachten und noch unerledigten Vorstellungen und Proteste gegen den Bau des erwähnten Bassins und jede damit zusammenhängende Arbeit zu erneuern und sich hierauf jeder Erörterung und Abstimmung bezüglich der in der Einladung hervorgehobenen in jener Conferenz zu verhandelnden drei Puncte zu enthalten.

Einem weiteren Beschlusse entsprechend, beehrt man sich, dem l. Präsidium von den gefaßten Beschlüssen Kenntniß zu geben und gleichzeitig den Wunsch auszudrücken, die l. Handels- und Gewerbekammer möge sich den Ansichten und Bestrebungen der städtischen Vertretung anschließen, die darauf abzielen, unsere Stadt vor den schwersten und unersetzlichen Nachtheilen und den Staat vor enormen Geldopfern zu bewahren, die ihm aufgebürdet würden, wenn das unselige Uebereinkommen vom 13. April 1867 bezüglich des sogenannten Hafens zur Ausführung käme.

Triest, 14. Nov. 1868.

Der Podestà Porenta.

An das l. Präsidium der Handels- und Gewerbekammer
in Triest."

Kaum hatte die Börsedeputation diese Einladung empfangen, so trat sie heute Morgens in außerordentlicher Sitzung zusammen und zog die erwähnte Mittheilung des Herrn Podestà in reiflichste Erwägung. Allein im Hinblick auf die verschiedene Stellung der Handelskammer jener des Stadtrathes gegenüber, da bekanntlich letzterer an den h. Reichsrath eine Petition gegen das Uebereinkommen vom 13. April 1867 und gegen die Hafenbauten im Allgemeinen gerichtet hat, während die Kammer sich nicht in diesem Falle befindet — also in Berücksichtigung dieses Umstandes kann die Börsedeputation nur auf den der Kammer vorgelegten Anträgen bezüglich der Absendung von Abgeordneten, wie oben auseinandergesetzt, bestehen, mit dem Beifügen, daß denselben keine Instructionen oder bindenden Aufträge gegeben werden sollen. Dagegen wäre das eben vorgelesene Gutachten der HH. Capitäne ihrer Aufmerksamkeit zu empfehlen und der ganze die vorliegende Frage betreffende, im Börsenamte niedergelegte Schriftenwechsel zu ihrer Verfügung zu stellen, damit sie, auf ihre Einsicht und die bezeichneten Hilfsmittel gestützt, den am 23. d. M. bei der Central-Seebehörde beginnenden und allfällig weiter fortzusetzenden Verhandlungen beiwohnen, zum Schutze der commerciellen und maritimen Interessen unseres Platzes.

Nach Eröffnung der Discussion nahm Hr. Salomon Ritter von Parente das Wort, der sich ungefähr folgendermaßen äußerte: Es ist eine Thatsache, meine Herren, daß die Angelegenheit des Hafens mehrere Stadien durchlaufen hat, was auch mit den bezüglichen Ansichten der verschiedenen Körperschaften der Fall war. Die Kammer hat sich bei verschiedenen Anlässen zu wiederholten Malen gegen die Hafenarbeiten und die Verschüttung des Theresien-Lazareth-Bassins ausgesprochen; dasselbe geschah im Schooße des Stadtrathes und des Landtages, welcher in Folge eines Antrages eines seiner Mitglieder, dem das Verdienst gebührt, einen darauf bezüglichen Vorschlag überreicht zu haben, an den h. Reichstag eine darauf bezügliche Petition richtete. Allein weder die Kammer, noch die Stadtvertretung erlangten die gehofften Bescheide. Die geringe Eintracht zwischen den beiden vaterländischen Körperschaften zog uns die Drangsale zu, welche uns bedrohen; denn während seiner Zeit die Kammer wachte, schlief das Municipium, jetzt aber schläft die Kammer, während das Municipium wacht. Zum Beweise diene das Protokoll der Sitzung vom 6. März 1866, in welcher Herr A. Tanzi die Einsetzung oder Ernennung einer Commission beantrage, welche die Hafenfrage studiren und die bei den einzelnen Projecten allfällig vorkommenden Versehen hervorheben sollte. Diese Sitzung verschaffte mir die Ehre, zur Ordnung gerufen zu werden, weil ich den Ausdruck leoninischer Vertrag auf das bekannte Uebereinkommen zwischen der Regierung und der Südbahn zur Anwendung brachte. Jetzt haben sich jedoch die Zeiten geändert, und es herrscht Freiheit, weshalb man diesen Ausdruck wiederholen kann. Der Gegenstand wurde damals vom Gesichtspuncte der Stadt und des Staates verhandelt, indem, da jeder Bürger Steuern zahlt, die von der Regierung übernommenen allzu drückenden Lasten auf die einzelnen Steuerpflichtigen zurückfallen. Wir erhalten nunmehr, freilich etwas zu spät, eine Einladung, uns bei der Central-Seebehörde einzufinden, und unsere Meinung abzugeben. Kommt diese Hilfe vielleicht nicht zu spät? Ich weiß es nicht. Nehmen wir indessen die Einladung an, schicken wir jedoch unsere Abgeordneten mit einem bestimmten Auftrage und nicht aufs Gerathewohl, indem wir ihnen für ihre Erklärungen die ganze Verantwortlichkeit aufbürden. Wahrscheinlich würden die Abgeordneten einen solchen Auftrag nicht einmal annehmen wollen und jedenfalls wird es würdiger und zweckmäßiger sein, sowohl für die Kammer als für die Abgeordneten selbst, ein bestimmtes Mandat zu ertheilen, beziehungsweise zu empfangen. Dieses Mandat müßte in folgenden Puncten bestehen: Rückgabe des Theresienlazareths zu Handelszwecken. Wäre das Bassin auch schon ganz oder theilweise verschüttet, so würde die vollendete Thatsache in diesem Betreffe nichts entscheiden, da es immer gerathen wäre, auf das schon Geschehene zurückzukommen, um größere Nachtheile zu vermeiden. Bezüglich des Dammes liegt uns das Gutachten der Capitäne vor, redlicher und erfahrener Männer; halten wir uns also daran und sagen wir: der Damm behagt uns nicht. Man wird uns erwiedern, daß die Molos ohne den Damm größeren Schaden verursachen werden; dies ist aber jedenfalls eine bloße Vermuthung, während es anderseits gewiß ist, daß es unklug wäre, eine Rhede, wie die unserige, die beste nach jener von Valparaiso, zu verderben. Also keinen Damm, Molos sollen jedoch erbaut werden, so viele man kann, die Quais mache man jedoch sehr beschränkt und nicht übertrieben groß, worauf man sehen wird, welche von den geträumten Uebelständen wirklich eintreten. Es wird immer genug Zeit bleiben, jenen Damm zu erbauen, gegen den sich das Gutachten der Capitäne einstimmig ausspricht, so wie man immer genug Zeit haben wird, ihn zu verlängern oder einen zweiten, ja auch einen dritten zu erbauen, wenn man den Hafen in die Bucht von Muggia verlegt, was, wie einige Seeleute besorgen, nöthig sein würde, falls man zum Bau von Dämmen schreiten will. Das Mandat lautet daher: Rückgabe des Lazareths und keinen Damm! Erstere ist um so nöthiger, als, wenn wir die so ersehnte Rudolphsbahn erhalten, wir sonst keine Ausmündung für sie hätten, als indem wir sie der Südbahn preisgeben, die wir gerade nicht besonders zu rühmen Grund haben und der schon außerordentliche Befugnisse eingeräumt sind, so daß neue Zugeständnisse an dieselbe uns ins Unberechenbare führen müßten. Die politische Seite der Frage will ich hier nicht berühren, da die Regierung mehr als wir dieselbe zu erwägen hat. Ich hoffe, daß meine Worte Anklang finden werden, da ich keinen andern Wunsch hege, als die Rhede von Triest, welche die beabsichtigten Arbeiten zu Grunde zu richten drohen, nicht verderben zu sehen, ein Wunsch, den ich als guter Bürger, der keine anderen Interessen hat, zum Ausdruck bringe.

Herr Joseph Millanich sagte, die Börsedeputation stütze sich hauptsächlich darauf, daß die Handelskammer sich in einer anderen Stellung als das Municipium befinde, da letzteres früher Verwahrungen eingelegt, welche von der Kammer nie ausgegangen seien. Diesem Unterschied legt Herr Millanich keine andere Bedeutung bei, als daß das Municipium die Angelegenheit zu einer Principienfrage machte, während die Kammer, indem sie nur auf die Mittheilung der Projecte vor deren Genehmigung bestand, blos eine Frage der Convenienz anregte. Wenn dies der Fall, so wäre es erst zu erörtern, welche von beiden Körperschaften eine bessere Stellung einnehme. Heute wissen wir, daß die Capitäne sich gegen den Damm ausgesprochen, und gerade über den Damm verlangt man das Gutachten der Kammer, ohne des Hafens zu erwähnen. Da es jedoch anerkannt ist, daß der Hafen ohne den Damm nicht bestehen kann und die ganze Bevölkerung so wie der Handel vom Hafen nichts wissen wolle, so folgt daraus logischer Weise, daß jede Discussion über den Damm unnütz ist. Aus diesem Grunde erklärt sich Herr Millanich mit den vorgelesenen Anträgen des Stadtrathes vollkommen einverstanden.

Herr J. M. Tarabocchia bemerkte, es scheine ihm von einer Seite behauptet zu werden, die Kammer sei über den Hafen nie befragt worden und habe gegen denselben nie protestirt, er erinnere sich jedoch, daß, als Herr J. Brüll und er im verflossenen Jahre als Vertreter der Kammer zu den von der Regierung angeordneten commissionellen Verhandlungen über die Frage, welche Arbeiten zuerst begonnen werden sollen, um die Handelsbewegung nicht zu stören, abgeordnet worden, sie, obschon ihnen in der Sitzung erklärt worden, daß eine Discussion über den Hafen nicht zulässig sei, nichtsdestoweniger schon damals gegen den Hafen protestirt und erst nach diesem Proteste in nebensächlicher Weise ihr Gutachten über die Reihenfolge der bezüglichen Arbeiten abgegeben haben.

Auf Wunsch des Herrn J. Brüll wurde hierauf der Bericht verlesen, welchen die Specialcommission des Municipiums über die Einladung der Central-Seebehörde zu den erwähnten Verhandlungen an dasselbe erstattet, wobei der Herr Präsident bemerklich machte, daß ihm dieser Bericht im kurzen Wege und nicht in amtlicher Form mitgetheilt worden, ohne daß er jedoch deßhalb dessen Authenticität bezweifle.

Herr Alexander Daninos, der nun das Wort ergriff, wies darauf hin, daß bisher zwei den Anträgen der Börsedeputation entgegenstehende Meinungen sich geltend gemacht, jene des Herrn v. Parente, der den Abgeordneten ein bestimmtes und entschiedenes Mandat gegen den Damm ertheilt und die Rückgabe des Lazareths erbeten wissen wolle, während Hr. Millanich den Wunsch geäußert habe, die Kammer möge sich dem Municipium anschließen. Was die verschiedene Stellung der Körperschaften betreffe, wovon Herr Millanich gesprochen, so bezog sich Herr Daninos auf die genügenden Aufschlüsse, welche die Börsedeputation bereits darüber gegeben. Bezüglich der Bemerkungen des Hrn. v. Parente meint Hr. Daninos, es scheine ihm unmöglich, Jemandem ein entschiedenes Mandat zu ertheilen, der berufen ist, einer Besprechung beizuwohnen, um dort Dinge zu hören, die er noch nicht kennt. Die Capitäne sprechen sich gegen den Damm aus; er müsse jedoch erwähnen, obschon dies aus dem vorgelesenen bezüglichen Protokolle nicht erhelle, daß dieselben auf die Frage, ob die im Plan projectirten Arbeiten ohne den Damm durchgeführt werden könnten, eine verneinende Antwort gaben.

Er müsse, fuhr Hr. Daninos fort, wiederholen, daß die Absendung von Abgeordneten mit dem Auftrage, gegen den Damm zu protestiren, unmöglich sei, indem es sich eben darum handle, die Gründe zu vernehmen, welche geeignet sein könnten, die gegenwärtige Ansicht der Capitäne zu modificiren. Wie könne man also jetzt den Abgeordneten sagen: Widersetzt euch, welcher Art auch die Aufklärungen sind, die man euch geben wird. Es erscheine mithin zweckmäßiger, anständiger und der Eigenschaft eines Mandatars angemessener, keine bestimmten Aufträge zu empfangen.

Das Lazareth in die Verhandlungen ziehen, hieße die ganze Hafenfrage aufs Tapet zu bringen, und es wäre mithin Sache der Kammer, jetzt auszusprechen, ob sie den Hafen wolle oder nicht. Hr. Daninos äußerte schließlich, es scheine ihm passender, die Abgeordneten zu den Verhandlungen zu schicken, um Auskünfte zu erlangen und die Kammer in den Stand zu setzen, mit besserer Sachkenntniß einen Beschluß zu fassen.

Herr v. Parente erwiederte, daß für ihn die Hafenfrage nicht bestehe, weil er für seine Person den Hafen nicht wolle. Das Municipium habe in diesem Betreffe bereits Vorstellungen erhoben und es lasse sich hoffen, der h. Reichsrath werde denselben Gehör schenken. Obschon er für seinen Theil allen Hafenarbeiten entgegen sei, so bezwecke er mit seinem Antrag doch nur, den unersetzlichen Nachtheilen vorzubeugen, welche der Damm im Gefolge haben müßte. Er wisse nicht, was Hr. Daninos mit seiner Andeutung über die Lücken im Protokolle meine; aus Gesprächen mit einigen der einvernommenen Capitäne sei ihm jedoch bekannt, daß dieselben dem Damm durchaus entgegen seien und sich für die nothwendige Verlängerung des projectirten Dammes nur für den Fall erklärt haben, daß man im Widerspruche mit ihren Ansichten dennoch ein solches Werk in Ausführung bringen wolle. In der Voraussetzung, daß diese Meinung von der Kammer getheilt werde, erscheine ein bestimmter Auftrag in diesem Betreffe nothwendig, und es lasse sich nicht absehen, was die Abgeordneten sonst zu thun hätten, da man ihnen doch nicht zumuthen dürfe, sich auf das Anhören der Auseinandersetzungen des Herrn Pascal zu beschränken, ohne ihm etwas zu antworten. Was das Lazareth angehe, so würde er, falls dasselbe auch schon ganz verschüttet wäre, doch keinen Augenblick zögern, es zu Handelszwecken zurückzuverlangen, worauf der Herr Präsident bemerkte, die Herren Abgeordneten könnten hören und hernach berichten.

Auch Hr. Millanich wiederholte, daß, wenn man den Abgeordneten die Befugniß ertheile, vom Damm zu sprechen, dies eine Bewilligung des Hafenprojectes in sich schließen würde.

Herr Joseph Morpurgo erklärte, daß er die Anträge der Börsedeputation unterstütze, ohne sich auf den Inhalt der Beschlüsse des Stadtrathes näher einzulassen, da dieser von seinen eigenen Ansichten ausgehe, nachdem seine Proteste noch keine Erledigung gefunden. Er halte es jedoch für eine irrthümliche Auffassung, wenn man sich nicht an Verhandlungen betheiligen wolle, die Gelegenheit darbieten, die eigenen Wünsche geltend zu machen, und das Verlangen der Rückgabe des Lazareths scheine ihm überdies unzeitig. Dagegen könnten die Vertreter der Kammer den Wunsch aussprechen, daß der Südbahn nicht mehr abgetreten werde, als was sie für die Güterbewegung bedürfe, mit Vorbehalt des erforderlichen Raumes für die Ausmündung und den Betrieb der Rudolfsbahn. Auf solche Art könne man leichter erlangen was man wünsche, als durch Proteste, die bisweilen unberücksichtigt bleiben. Auf Grundlage des trefflichen Elaborates der Capitäne und anderer Daten könne man die Zweckmägigkeit der Arbeiten beurtheilen; er als Laie wisse nicht was zweckmäßiger sei, Damm, Molos oder Hafen; es sei jedoch gewiß, daß aus dem Ideenaustausch günstigere Ergebnisse hervorgehen werden, als jene, die man im Laufe von 6—8 Jahren erlangte, während deren diese Frage besprochen wird.

Herr Carl Girardelli stimmte, den Anträgen der Börsedeputation gegenüber, Herrn von Parente bei und zwar aus dem Grunde, weil, da dieser Gegenstand schon 6—7 Jahre auf dem Tapete sei, Jedermann über die Tragweite desselben im Klaren sein müsse. Er billige die Theilnahme an den commissionellen Verhandlungen, meine jedoch, daß man entschiedene Ansichten und bestimmte, reiflich überdachte Ideen mitbringen müsse, um plötzliche Ueberraschungen zu vermeiden. Der allfällige Auftrag an die Abgeordneten, zu gehen und zu berichten, umfasse schon ein bestimmtes Mandat, weßhalb es ihm jedenfalls gerathener scheine, ihnen das vom Herrn von Parente vorgeschlagene zu ertheilen.

Herr Joseph Morpurgo machte bemerklich, daß, nachdem das Municipium beschlossen zu protestiren, die Central-Seebehörde, falls die Kammer sich anschlöße, sich bewogen fühlen könnte, entweder gar keine Verhandlungen abzuhalten oder bloß die Proteste in Empfang zu nehmen, ohne Gelegenheit zur Aeußerung unserer besondern Wünsche darzubieten.

Herr von Parente erhob die Einwendung, er könne nicht glauben, daß dies der Fall sein werde, da man sonst annehmen müsse, die Central-Seebehörde habe eine Einladung erlassen, die sich schließlich als ein Possenspiel darstelle; er wolle, wie schon gesagt, hoffen, daß es sich nicht um eine zu spät eintreffende Hilfe handle, sondern daß man jedenfalls unsern Wünschen Beachtung schenken werde, wenn sie so gut begründet sind, wie durch das Gutachten so zahlreicher und erfahrener Handelscapitäne. In der That, fuhr der Redner fort, darf ein Bassin, das im Laufe des Jahres 5—600 Schiffe fassen kann, nicht verschüttet werden, und wenn es geschieht, so muß es den frühern Zwecken zurückgegeben werden. In England fällt es Niemandem ein, Docks zu verschütten, z. B. die St. Catharinadocks oder andere; je mehr Bassins, desto besser. Dieses Geschenk der erhabenen Kaiserin Maria

Theresia möge deshalb zu Handelszwecken erhalten bleiben, und wir werden es als ein zweites Geschenk betrachten, wenn man uns dasselb läßt. Ich weiß nicht, ob und in welchem Umfange es der Eisenbahn Vortheil zu bringen bestimmt ist, in deren Interessen ich mich nicht mische; gewiß ist jedoch, daß man behauptet, der erforderliche Raum für die Station finde sich auch auf der Seite des Berges, der mittels Minen abgegraben werden könnte, ohne zu dem mit so begehrlichen Augen betrachteten Lazarethe zu greifen.

Herr Millanich faßte nun seine Ansicht in dem Antrage zusammen, daß die Kammer sich dem Beschlusse des Municipiums anschließe, nicht nur die von letzterem erhobenen Proteste zu wiederholen, sondern in allen übrigen Beziehungen, d. h. um gegen alle Hafenarbeiten zu protestiren, ohne sich auf Erörterungen über den Damm einzulassen, weil dies einer Billigung des Hafens gleichkäme.

Herr Dr. L. Buzzi schickte voraus, daß er ohne Interesse und ohne Leidenschaften an den Erörterungen über diese Angelegenheit sich betheilige, mit der er sich eigentlich mehr aus Liebhaberei und Patriotismus befaßt habe, da er die Frage des sogenannten Hafens schon früher öffentlich besprochen. Seine Ansicht über die betreffenden Projecte der ausgezeichneten Ingenieure, HH. Talabot, Pascal und Passetti fasse sich darin zusammen, daß er — dieses müsse er immerhin aussprechen — diese Projecte als utopistisch und absurd betrachte, weil alle Fürsprecher des Hafens dem Menschen Kräfte zuschreiben, die er eben nicht besitzt. Seiner Meinung nach widerstreite ein Hafen in Triest der Natur, indem er, ohne sich für eine technische Autorität auszugeben, als einfacher, bescheidener Ingenieur sich an das in der Wasserbaukunst unbestrittene Axiom halte, daß ein Hafen sich nicht schaffen lasse, sondern daß die Mutter Natur allein die dazu erforderlichen Elemente liefere. Die Mittel der Kunst könnten wohl verbessern und ändern, aber niemals schaffen. Er für seine Person stimme also dem Gutachten der wackern und patriotischen Capitäne bei, deren Ausspruch den projectirten Hafen scharf genug verurtheile. Was diesen betreffe, so sei es klar, daß das gegenwärtig vorliegende Project ohne Damm nicht ausführbar sei, weshalb es nothwendig wäre, dasselbe gründlich abzuändern.

Von den bevorstehenden Verhandlungen erwartet Herr Buzzi nicht viel, da die Abgeordneten wenig mehr zu hören bekommen werden, als die abgedroschenen Auseinandersetzungen des Herrn Pascal, dessen anerkannter europäischer Ruf nie im Stande sein wird zu verhindern, daß die Analogie zwischen Triest und Marseille, auf die man anspiele, lächerlich erscheine. Wie allgemein bekannt, herrschen in Marseille die Winde des 3. und 4. (südwestlichen und nordwestlichen) in Triest aber jene des 1. und 2. (nordöstlichen und südöstlichen) Quadranten vor. Worin bestünde demnach die angebliche Aehnlichkeit, und welche Stütze könnten die in Marseille gemachten Erfahrungen für die Bauten in Triest gewähren? Wenn die Abgeordneten alle Gründe des Herrn Pascal vernommen haben werden, so werden sie deshalb doch nicht im Stande sein, den Patriotismus und die öffentliche Meinung zu überreden und zu überzeugen, weil wir den ausgezeichneten Gaben des Herrn Pascal gegenüber, denen der Redner volle Gerechtigkeit widerfahren läßt, in Triest topographische und klimatologische Kenntnisse antreffen, gegen die sich nichts einwenden läßt, abgesehen von einem erprobten Patriotismus — lauter Eigenschaften, deren sich ausländische Capacitäten was immer für einer Art nie in gleichem Maße rühmen können. Herr Buzzi erklärte sich mit den Anträgen des Municipiums einverstanden und geneigt, gegen alle Arbeiten, seien sie bereits unternommen, angefangen oder erst projectirt, zu protestiren.

Die Kammer, fuhr der Redner fort, könne dieses umsomehr thun, als sie sich mit der Angelegenheit bereits im commissionellen Wege beschäftigt und der von ihr den höheren Behörden überreichte, darauf bezügliche Bericht sich gegen einen Hafen aussprach. Sie hatte verlangt, vor Genehmigung irgendeines Projectes einvernommen zu werden, welches Gesuch unerledigt blieb. Die Ansicht, daß das Municipium sich in einer verschiedenen Stellung befinde, ist mithin unrichtig. Alle erkennen an, daß der sogenannte Hafen ein Ruin für unsere Rhede und für unsere Existenz sei, und wenn auch die Kammer keinen feierlichen Protest einlegte, so hat sie Verlangen gestellt, auf die bisher kein Bescheid erfolgte. Bei einer nicht minder feierlichen Gelegenheit — schloß Herr Buzzi — hat ein angesehenes Mitglied der Kammer, welches auch heute gegenwärtig ist, den Patriotismus derselben angerufen und erklärt, es würde der Stadt zur größten Unehre gereichen, wenn unsere Ansichten von jenen des Municipiums abweichen sollten, und ich, obschon nur ein bescheidenes Mitglied dieser Kammer, erlaube mir heute, diesen nämlichen Aufruf zu wiederholen und dieselbe aufzufordern, mit dem Municipium Hand in Hand zu gehen.

Herr J. Brüll äußert die Ansicht, die Börse-Deputation habe die Einladung, sich dem Municipium anzuschließen, deshalb nicht angenommen, weil dies formell unmöglich war, da von ihr kein Protest vorliege, auf den sie sich beziehen könne. Doch befinde sich die Deputation keineswegs im Widerspruche mit dem Municipium, und sei vielmehr fest überzeugt, daß die Kammer, indem sie sich auf das Gutachten der Capitäne stütze, welche den Hafen verurtheilen und die Rückgabe des Lazareths befürworten, den nämlichen Zweck erreichen wird, welchen das Municipium anstrebt.

Herr Daninos betont, daß durch Annahme der Motion des Herrn Millanich die von der Regierung eingeleitete Besprechung vereitelt würde, denn da die Abgeordneten des Municipiums den Auftrag haben zu protestiren, so werden sie eben nichts Anderes thun als protestiren und sich dann zurückziehen; erhielten aber unsere Abgeordneten ungefähr dasselbe Mandat, was würden sie dann thun? Werden sie sich darauf beschränken zu sagen, wir wollen keinen Hafen, und gegen was werden sie protestiren, da die Kammer keinen früheren formellen Protest zu bekräftigen hat? Die Absendung der Abgeordneten mit einem solchen Mandate, das an und für sich jede weitere Erörterung ausschließt, scheint Herrn Daninos unnütz, denn wenn sie sich auf solche Erklärungen zu beschränken hätten, so könnten dieselben der Regierung mittels einer einfachen schriftlichen Erwiederung mitgetheilt werden.

Herr G. A. Gaddum erhebt gegen diese Anschauung Einwendungen, da ein ähnlicher Fall bereits damals vorgekommen, als er und Herr Girardelli, als Abgeordnete bei den von der Regierung veranstalteten Verhandlungen über die Station, mit einem Proteste gegen die Arbeiten begonnen, welche die Hafenfrage in sich schließen. Erst nach diesem Vorbehalte hätten sie sich an Erörterungen über den Bau der

Station betheiligt. Dagegen bemerkte Herr Daninos, damals sei die Frage eine doppelte gewesen und habe mithin die Verhandlung über einen Theil gestattet, auch mit einem Vorbehalte bezüglich des andern. Jetzt aber schließe, wie bereits erwähnt, ein Protest gegen die Frage, welche den einzigen Gegenstand der Discussion bilde, jede weitere Erörterung darüber aus.

Herr Joseph Morpurgo erinnert an die Thatsache, daß er an beiden, von den Herren Tarabocchia und Gaddum erwähnten Commissionsverhandlungen theilgenommen und es mit den von den genannten Herren hervorgehobenen Protesten gegen den Hafen seine Richtigkeit habe. Es sei ihnen jedoch erklärt worden, daß man von ihren Protesten keine Notiz nehme und die Discussion über die andern Fragen habe fortgedauert. Im vorliegenden Falle hingegen würde durch einen Protest gegen den Hafen Alles in Frage gestellt, weil keine andere Frage zur Erörterung vorliege, so daß die Abgeordneten nach dem Proteste nur eine stumme Rolle zu spielen hätten.

Herr Daninos gab zu bedenken, daß, welche Werthschätzung und Beachtung auch das Gutachten der Herren Capitäne und deren maritime Erfahrung verdiene, doch bei dem vorliegenden Gegenstande auch die Bedürfnisse des Handels in die Wagschale fallen, der ein dringendes und höchst wichtiges Interesse bei der Entscheidung der Frage habe, ob die Station ihre jetzigen beschränkten Räumlichkeiten beibehalten könne und dürfe und ob im Allgemeinen die Mittel, welche dem Handel, namentlich dem Exporte gegenwärtig für seine Operationen zur Verfügung stehen, für den Verkehr in seinem heutigen Umfange und für die zu hoffende Ausdehnung desselben in der Zukunft genügen. Die Capitäne bezeichnen das projectirte Bassin als gefährlich, den Damm als schädlich; wo sind aber die Rücksichten auf den Handel und dessen Bedürfnisse geblieben? Wenn die Kammer den Antrag des Hrn. Millanich annähme, so wäre es besser auf die Absendung von Abgeordneten zu verzichten und sich darauf zu beschränken, ihre Ablehnung schriftlich zur Kenntniß zu bringen; doch würden dabei immer die Interessen des Handels leiden, zu deren Schutz diese Kammer hauptsächlich berufen und von deren

Standpunct aus es unerläßlich ist, daß dieselbe sich an der Erörterung über die vorliegende Frage betheilige.

Herr Brüll spricht die Capitäne von jeder Verschuldung in dieser Angelegenheit frei, denn da sie mit umständlicher Begründung vom Lazarethe und von dessen vollständiger Tauglichkeit für commercielle und maritime Zwecke gesprochen, so müsse man erkennen, daß auch die Rücksichten auf die Bedürfnisse des Handels gebührende Erwägung gefunden.

Herr von Parente schickt die Erklärung voraus, daß er vom commerciellen Gesichtspuncte entgegnen wolle und bezeichnet es als unbestreitbar, daß Jedermann lieber auf einer guten Rhede als in einem unsichern Hafen anlegen wird, weshalb erstere den commerciellen Rücksichten immer besser entspreche, auch im Hinblicke auf die nicht unbedeutenden Remorquirungskosten, die ein Hafen wie der projectirte verursachen würde, und abgesehen von dem wesentlichen Umstande, daß seiner Ansicht nach weder Pascal noch Andere im Stande sein werden, uns einen sichern Hafen zu verschaffen.

Herr H. Escher glaubt im Einklange mit Herrn Daninos, daß die Hauptfrage bei uns die Bedürfnisse des Handels umfasse und es daher vor Allem darauf ankomme, mit Berücksichtigung dieser zu entscheiden, ob die Kammer den Hafen der Rhede vorziehe. Da es nun keinem Zweifel unterliege, daß der Hafen wegen der so zahlreichen und allgemein bekannten Uebelstände, die eine Rhede darbiete, den Vorzug verdiene, so handle es sich eben darum, das vorliegende Project zu untersuchen und zu prüfen, um sich darüber Gewißheit zu verschaffen, ob es sammt dem Damme zweckentsprechend sei oder ob und in welcher Weise es abgeändert werden müsse.

Herr Gaddum hob hervor, daß, die Nothwendigkeit ausgedehnterer Quais für den Handel zugegeben, sich von selbst der Zweifel aufdringe, ob eine Ausgabe von 14 Millionen fl. Silber, wie die Durchführung des Projectes sie erfordre, zu diesem Zwecke gerechtfertigt sei, während andere Projecte, von denen er Einsicht zu nehmen Gelegenheit gehabt, diese nothwendige Ausdehnung noch in größerem Maßstabe in Aussicht stellen und dafür weit geringere Kosten in Anspruch nehmen.

Herr Tarabocchia sagte, Hr. Pascal wolle uns die Nothwendigkeit jenes Dammes beweisen. Nun gebe man bei uns die Nothwendigkeit von Arbeiten zu, der Widerspruch aber erhebe sich gerade gegen den Plan, der jetzt vorliege und bereits im ersten Stadium der Ausführung begriffen sei. Würde die Regierung an uns die Anfrage richten, welche Arbeiten im Allgemeinen nöthig seien, so wären wir bereit, Studien zu machen und zu antworten; gegenwärtig jedoch handle es sich, wie gesagt, um Darlegungen zu Gunsten eines Planes, der unsere Rhede mit Schutt vollzupfropfen und ihr unersetzliche Nachtheile zuzufügen droht, uns aber überdies die traurige Aussicht eröffnet, daß wir weder Bassins noch Molos bekommen werden, denn letztere werden wir, wie so manche andere auf Kosten des Aerars errichtete Bauten einstürzen sehen, wie wir das neuerbaute Sanitätsgebäude binnen kurzem einstürzen sehen werden.

Nach kurzer Unterbrechung der Sitzung faßte Hr. Millanich seinen Antrag in dem Sinne zusammen, daß die Kammer erkläre, es habe, da sie dem projectirten Hafen entgegen sei, jede bezügliche Discussion und Beschlußfassung von selbst zu entfallen.

Dieser Antrag blieb mit 17 St. von 28 in der Minderheit und erscheint daher abgelehnt.

Herr von Parente legte hierauf folgendes Amendement zur Abstimmung vor: Es möge der Kammer gefallen zu entscheiden, daß den Abgeordneten der Auftrag ertheilt werde, sich gegen den Damm auszusprechen, so wie auch von dem h. Ministerium und erforderlichen Falles selbst an den Stufen des Thrones die Rückgabe des Theresienlazareths zu Handelszwecken zu erbitten.

Nachdem dieses Amendement die gehörige Unterstützung gefunden, wurde es auf den Wunsch der Kammer in die zwei Theile, aus denen es besteht, getrennt zur Abstimmung gebracht und der erste den Damm betreffende Theil mit 16 St.

gegen 12 angenommen, worauf die Kammer auch den zweiten dem Antrage gemäß, mit 15 St. gegen 13, genehmigte.

Es wurde hiermit beschlossen, der Einladung zu entsprechen 1) durch Ernennung von drei Abgeordneten, die den Verhandlungen über den vorliegenden Gegenstand mit dem Auftrage beizuwohnen haben, sich gegen den Damm auszusprechen und der Kammer über das Ergebniß dieser Verhandlungen Bericht zu erstatten; 2) diesen Abgeordneten zwei Techniker beizugeben, um sie bei Vollziehung ihres Mandates zu unterstützen. Bei der hierauf vorgenommenen Wahl erschienen die HH. J. Brüll, Dr. L. Buzzi und G. A. Gaddum zu Abgeordneten, die HH. Handelscapitäne W. Camelli und B. Verona zu technischen Beiständen gewählt.

Auszug aus dem Protokolle der öffentlichen ordentlichen Sitzung

der Triester Handels- und Gewerbekammer vom 27. November 1868.

Der Präsident erbittet sich die Zustimmung der Kammer zur Aenderung der angesagten Tagesordnung, um sogleich mit dem sechsten Puncte derselben, nämlich mit dem Berichte zu beginnen, den die von der Handelskammer entsendeten Herren Abgeordneten und Sachverständigen über die Angelegenheit der Hafenarbeiten erstattet haben, da es sich hier um einen sehr wichtigen Gegenstand handle.

Die verlangte Zustimmung wird von der Kammer ertheilt.

Der über diesen Gegenstand von der Deputation erstattete Bericht wird nun verlesen.

(Derselbe ist bereits im Texte abgedruckt.)

Dem Statute gemäß hat die Börsedeputation den obigen Bericht einer vorläufigen Prüfung unterzogen und überreicht ihn heute mit ihrem Gutachten versehen der löblichen Handelskammer zur Beschlußfassung:

Nachdem die Deputation den Gegenstand ausführlich erörtert, stellte Herr Ignaz Brüll folgenden Antrag, der als Einbegleitung, beziehungsweise als Vorschlag der Deputation an die Handelskammer zugleich mit dem Berichte zu leiten wäre:

*

In Erwägung, daß der Plan für die Hafenbauten, welcher in der von der Regierung einberufenen Conferenz vorgelegt wurde, derselbe ist, auf Grund dessen die neulich von der Handelsvertretung zu Rathe gezogenen Sachverständigen das bekannte Gutachten abgegeben haben und auf den sich folgerichtig der von der löblichen Handelskammer in der Sitzung vom 14. d. M. gefaßte Beschluß stützt;

in Erwägung, daß der Sachverständige, den die kaiserliche Regierung selbst berufen hatte, um die in Triest gegen den Bau des Hafendammes aufgetauchten Befürchtungen zu bekämpfen, nicht umhin konnte auch seinerseits sich gegen den projectirten Hafendamm und folglich gegen den in Rede stehenden Plan zu erklären, —

in Erwägung, daß die Handelskammer mit ihren erwähnten Beschlüssen den Bau des Hafendammes bereits verworfen hat und daß alle anderen jetzt von der Regierung aufgeworfenen Fragen, über eine allfällige Krümmung dieses Hafendammes, über die Wildbäche, die Quais u. s. w. von dieser bereits im Principe verworfenen Frage abhängig sind; in Erwägung aller dieser Umstände kann die Deputation auch heute keinen Grund erblicken, der geeignet wäre die löbliche Handelskammer von ihren bereits in dieser Angelegenheit gefaßten Beschlüssen abwendig zu machen und schlägt daher derselben vor, den gefaßten Beschluß aufrecht zu erhalten und gleichzeitig ihre Abgeordneten wieder mit dem Auftrage zu entsenden, der hochl. k. k. Central Seebehörde diese Entscheidung mitzutheilen.

Herr R. Salem war hingegen der Meinung, daß, da aus dem Berichte ersichtlich, wie sowohl Herr Pascal als die Regierung selbst gegen den von der Kammer verworfenen Damm seien und sich daher von den Erörterungen die Annahme eines andern entsprechenderen Programmes erwarten lasse, man der Handelskammer vorschlagen solle, neuerdings ihre bereits erwählten Vertreter zu entsenden und ihnen die von der Regierung gewünschte Vollmacht gemäß der Puncte 1, 2 und 3 des Berichtes zu ertheilen.

Herr Escher pflichtete der Meinung des Herrn Salem bei, während Herr Konow jener des Herrn Brüll beistimmte. Bei dieser Stimmungleichheit entschied der Herr Präsident zu Gunsten des Antrages des Herrn Brüll mit Rücksicht darauf, daß demselben die bereits ausgedrückte Willensmeinung der Handelskammer besser entspreche.

Auf Grund dessen theilt die Deputation der löblichen Handelskammer den vorstehenden Bericht mit dem Vorschlage mit, im Sinne des vom Herrn J. Brüll gestellten Antrages zu beschließen.

Zusatz.

Nach dem Vorausgeschickten langte heute folgende Note des Herrn Podestà ein:

An das löbliche Präsidium der Handels= und Gewerbekammer in Triest.

In Folge des Berichtes, den die Abgeordneten des Stadt= rathes über die am 23. d. M. bei der hochl. k. k. Central= Seebehörde abgehaltene Conferenz erstattet, hat der Stadtrath in der gestern den 26. d. abgehaltenen Sitzung beschlossen, schriftlich gegen jede wie immer geartete Heranziehung der Gemeinde zu den Kosten für die Ableitung der beiden Wild= bäche Klutsch und Martesin zu protestiren, und gleichzeitig die= selben Abgeordneten beauftragt, einen Vorschlag auszuarbeiten, der den Gegenstand einer dem hohen Handelsministerium durch eine aus drei Mitgliedern bestehende Deputation des Stadtrathes zu überreichenden Denkschrift zu bilden hätte.

Indem der Stadtrath zugleich beschlossen hat dem löb= lichen Präsidium den in der gestrigen Sitzung zur Vorlesung gekommenen Bericht seiner Abgeordneten über die erwähnte Conferenz mit der Einladung mitzutheilen, auch seinerseits drei Mitglieder behufs Ausarbeitung dieser Denkschrift zu entsen= den, beehre ich mich den erwähnten Bericht in der Anlage mit der Bitte zu übersenden, der löblichen Handelsvertretung in der für heute Abend anberaumten Sitzung diesen Beschluß des Municipiums mitzutheilen und gebe mich der sicheren Hoff= nung hin, daß die löbliche Handelskammer sich auch diesmal durch die Wichtigkeit des Gegenstandes und die erörterten Gründe wird bestimmen lassen, ohne weiters den Anschauungen des Stadtrathes beizutreten.

Triest, 27. November 1868.

Der Podestà
Porenta.

Mit Rücksicht auf diese Zuschrift stellt die Börsedeputation der löblichen Handelskammer unter Aufrechthaltung ihres oben formulirten Vorschlages folgenden weiteren Antrag:

„Der Einladung des Stadtrathes zu entsprechen, und die aus den drei Abgeordneten und zwei technischen Beiständen bestehende Commission, welche bereits an den Verhandlungen bei der k. k. Central-Seebehörde theilgenommen, einzuladen, daß sie sich der Commission des Stadtrathes anschließe und im Vereine mit derselben die Denkschrift ausarbeite, welche dann der Genehmigung der Handelskammer zu unterziehen wäre. Auch möge den Abgeordneten der Handelskammer aufgetragen werden, in der erwähnten Commission vorzüglich die mercantilen und maritimen Interessen zur Geltung zu bringen."

Nachdem der Bericht der Deputation verlesen und die Discussion hierüber eröffnet war, sagte Herr G. A. Gaddum, es hieße nach seiner Ansicht die Herren Abgeordneten demüthigen, wenn man sie zur Abgabe der erwähnten Erklärung nochmals zur hochl. k. k. Central-Seebehörde entsende; ihm scheine es ein viel würdigeres Auftreten, wenn die Handelskammer diesen Beschluß schriftlich dieser hohen Behörde mittheile, ohne die Herren Abgeordneten nochmals mit dieser Sendung zu behelligen.

Herr Carl Girardelli pflichtet der Ansicht des Herrn Gaddum bei und macht darauf aufmerksam, daß, indem die Auslage für die Verlegung der Wildbäche eigentlich nur den Stadtrath betreffe, sich die Frage für die Handelskammer auf die Erwägung über den Hafendamm beschränke, dessen Erbauung die Handelskammer im Principe entgegen ist, daher er auch die Entsendung von Abgeordneten für ganz unnütz halte und den Antrag des Herrn Gaddum zur Annahme empfehle.

Herr Joseph Morpurgo unterstützt gleichfalls den Antrag des H. Gaddum und zwar aus dem doppelten Grunde, weil erstens diese Sendung demüthigend für die Herren Abgeordneten wäre und es ihm zudem der Rücksicht für die hohe Regierung angemessener erscheine, diese Antwort schriftlich abzugeben. Da nämlich auch die Herren Abgeordneten des Stadtrathes weiteren Conferenzen nicht beizuwohnen gesonnen sind, so würden dieselben, da die Handelskammer ebenfalls nicht daran Theil nimmt, von selbst entfallen, auch wäre es kaum angezeigt, sie blos aus dem Grunde wieder zu eröffnen, um die erwähnte Erklärung der Handelskammer entgegenzunehmen.

Das unterstützte Amendement des Herrn Gaddum wird zur Abstimmung gebracht und von der Kammer beinahe einstimmig angenommen.

Herr Salomon Edler v. Parente spricht über das von dem löbl. Stadtrathe mitgetheilte und im Einverständniß mit der Handelskammer (wie die Einladung lautet) an das hohe Handelsministerium zu richtende Memorial. Redner ist der Meinung, daß man dieses Memorial auch an die anderen hohen Ministerien, nämlich an das Finanzministerium und jenes des Innern richten solle, indem der in Frage stehende Gegenstand auch diese Ministerien berührt. Es handelt sich hier nämlich unter Anderem darum zu vermeiden, daß wir eine bedeutende Auslage blos dafür uns aufbürden, daß man uns etwas nehme, was wir gerade zu behalten wünschen, einen merkwürdigen Fall, der uns in die Lage bringt, beiden Theilen den Sündenbock abgeben zu müssen. Die Frage, fährt der Redner fort, ist für alle hohen Ministerien von Interesse, indem es sich hier um eine Sache handelt, bei welcher die Interessen des Staates im Allgemeinen zu wahren kommen, der nicht dazu gebracht werden soll, so viele Millionen von Gulden unnöthig auszugeben. Herr von Parente ist übrigens sehr erfreut darüber, daß das Resultat der von der Regierung einberufenen Conferenz seine Erwartungen sogar übertroffen habe, indem der von der Regierung selbst zu dem ausgesprochenen Zwecke, die Nothwendigkeit des Hafendammes zu beweisen, berufene Sachverständige, Herr Pascal, zugeben mußte, daß der fragliche Damm mehr Schaden als Nutzen bringe, so zwar, daß es besser sei auf das ursprüngliche Project Talabot zurückzugreifen. Redner möchte diese Angelegenheit, wie er das schon früher einmal gethan, mit dem Fall vergleichen, in dem Jemand Anfangs ganz glücklich ist nur den Arm des vergötterten Gegenstandes seiner Wünsche berühren zu dürfen, um dann schließlich in den vollen Besitz desselben zu gelangen. Hier haben wir ganz dasselbe, zuerst wollte man nur die Eisenbahnstation, dann einen Damm, dann einen längeren Damm, später vielleicht einen dritten! „Wie viele Millionen," ruft Redner aus, „wird dann das kosten? Das läßt sich nicht einmal im Voraus berechnen!"

Herr v. Parente macht darauf aufmerksam, daß, nachdem sowohl unsere umsichtigen und erfahrenen Capitäne als auch Herr Pascal selbst die Erklärung abgegeben haben, daß der Damm für den Hafen nur nachtheilig sei, man nun die Frage des Hafendammes für abgethan ansehen müsse, denn hiemit sei der Beweis hergestellt, daß man um jeden Preis sich im Principe gegen die Erbauung desselben erklären müsse. Auch eine andere Sache ist damit bewiesen, daß nämlich die Opposition der Triester gegen den besprochenen Damm ihren ganz guten Grund habe und keineswegs der Ausdruck politischer Meinungsverschiedenheit oder der Furcht wäre, das Privilegium des Freihafens zu verlieren. Auch wäre dies Jedermann ein genügender Beweis, daß die Triester sehr gute Staatsbürger sind, die mit ihrem Bestreben, Ersparungen zu machen, mehr für den Vortheil des Staates sorgen als so mancher Minister. Der Redner gibt sich deshalb der Hoffnung hin, daß das vom löblichen Stadtrathe und von der Handelskammer gemeinsam an die verschiedenen Ministerien zu richtende Memorial Erfolg haben wird, und daß die hohen Ministerien endlich den wahren Sachverhalt erfahren werden.

Dies ist um so wünschenswerther, als Redner, der erst vor Kurzem aus der Hauptstadt heimgekehrt, dort Anlaß zu dem sehr nahe liegenden Verdacht gehabt, daß man dort keine ganz klare Anschauung von der Sache hat, weshalb viele jener Herren den wahren Sachverhalt nicht recht verstehen. So viel ist gewiß, daß es bei der großen Anzahl der gemachten Vorschläge leicht ist, die verschiedenen Fragen, um die es sich handelt, mit einander zu verwechseln, denn wir haben ja da die Frage der Eisenbahn=Station, die Hafenfrage, die Freihafenfrage u. s. w., mit einem Worte eine solche Menge von Fragen, daß man wirklich nicht weiß, welche von ihnen endlich den Sieg davon tragen wird. Freilich, die Frage wegen der Kosten wird immer den Sieg davontragen. Gewisse Umstände lassen den Redner indessen eine günstigere Entwicklung der Dinge hoffen, — jedenfalls müsse er seinen Vorschlag nochmals betonen, das Memorial sämmtlichen Ministern zu überreichen.

Die HH. J. M. Tarabocchia und Jos. Millanich glauben sich zu erinnern, daß eigentlich nicht davon die Rede war, das Memorial dem Handelsminister zu überreichen, sondern daß vom Ministerium im Allgemeinen gesprochen wurde, worauf der Herr Präsident sich auf die erhaltene Einladung bezieht, welche vom Handelsministerium spricht.

Herr v. Parente stellt nun den Antrag, das Memorial an das Gesammtministerium zu richten, welcher Antrag, nachdem ihn die HH. Ignaz Brüll, C. Girardelli und Candido Idone unterstützt haben, von der Kammer angenommen wird.

Herr G. A. Gaddum macht darauf aufmerksam, daß einige Tage vergehen werden, bis die Herren Abgeordneten des Municipiums und der Handelskammer zusammengetreten sein und das Memorial verfaßt haben werden, daß aber unterdessen die Verschüttungsarbeiten ungestört fortgehen, so daß binnen Kurzem das Lazarethbassin nur mehr dem Namen nach existiren wird; er schlägt daher vor die nöthigen Schritte zu machen, damit die Arbeiten augenblicklich eingestellt werden, so, daß das in Rede stehende Memorial auch einen Erfolg haben könne. Jeder Tag, fährt der Redner fort, ist ein Zeitverlust, der Schaden bringt, darum werde er vorschlagen, daß die löbliche Kammer, um ein Paar Tage zu gewinnen, auf telegraphischem Wege an das hohe Handelsministerium das Ansuchen stellen möge, die Verschüttungsarbeiten im Lazarethe augenblicklich einzustellen. Herr Dr. Buzzi will dem hinzugefügt wissen: „die Verschüttungsarbeiten im Allgemeinen und besonders die Versenkung des zur Erbauung des Hafendammes bestimmten Materiales."

Um die Dringlichkeit der Sache hervorzuheben, bemerkt Herr Vivante, daß von dem Stadtrathe ein Termin von höchstens acht Tagen für die Redaction des Memorials bestimmt wurde. Herr Julius Eisner spricht zu wiederholten Malen den Wunsch aus, daß man auch hierin mit dem Stadtrathe Hand in Hand zu gehen trachten möge, welchem der Herr Präsident entgegensetzt, daß die hiezu nöthigen Schritte gerade jenen Zeitverlust herbeiführen würden, den man durch Benützung des Telegraphen zu vermeiden trachte.

Bei der hierauf erfolgenden Abstimmung erkennt die Kammer die Dringlichkeit des Gegenstandes an und erhebt den Antrag des Herrn Gaddum mit dem Amendement des Herrn Dr. Buzzi zum Beschluß, worauf der Herr Präsident noch während der Sitzung die Absendung des erwähnten Telegrammes verfügt.

Herr Angelo Vivante erinnert das Präsidium, daß es angemessen wäre, den Stadtrath in genaue Kenntniß der heute gefaßten Beschlüsse zu setzen, worauf der Herr Präsident erwiedert, daß sich das von selbst verstehe und er sogleich das Angemessene verfügen werde.

Die Kammer nimmt hierauf den Vorschlag des Herrn Präsidenten an, den oben genannten Herren Abgeordneten und der zur Besprechung der Hafenfrage beigezogenen Herren Sachverständigen den Dank für ihre in dieser Angelegenheit bewiesene umsichtige Bereitwilligkeit, für ihre Arbeit und Mühe auszudrücken.

Bei der Abstimmung über die einzelnen Vorschläge der Börsedeputation und die im Verlaufe der Verhandlung eingebrachten Amendements wurde der Antrag der Deputation in dem Sinne der erwähnten genehmigten Amendements abgeändert angenommen.

Auszug aus dem Protokolle der öffentlichen außerordentlichen Sitzung

der Triester Handels- und Gewerbekammer vom 5. Dec. 1868.

Einziger Gegenstand der Tagesordnung: Memorial an den h. Ministerialrath bezüglich der Arbeiten auf der Rhede, verfaßt von der aus Mitgliedern des Municipiums und der Handelskammer bestehenden gemischten Commission; Antrag auf Ernennung zweier Abgeordneten, die gemeinsam mit jenen des Municipiums dieses Memorial überreichen sollen.

Nachdem der Kammer die Zuschrift des Herrn Podestà, worin die von Seite des Stadtrathes dem Memorialentwurfe ertheilte Genehmigung so wie die Ernennung zweier Abgeordneten zur Ueberreichung desselben in Wien mitgetheilt wird, so wie die Zuschrift der Abgeordneten der Kammer zur Kenntniß gebracht worden, womit sie das fragliche Memorial zur Genehmigung von Seite der Kammer vorlegen — wird letzteres verlesen.

Die Börsedeputation stellt der Kammer den Antrag: 1. das vorgelesene Memorial zu genehmigen und dann den Präsidenten zu ermächtigen, es im Namen der Kammer mit seiner Unterschrift zu versehen; 2. mit absoluter Stimmenmehrheit zwei Abgeordnete zu erwählen, um gemeinsam mit den Abgeordneten des Stadtrathes dieses Memorial dem h.

Ministerrathe zu überreichen, mit dem ausdrücklichen Auftrage an erstere, bei diesem Anlasse die commerciellen und maritimen Interessen unseres Freihafens zu befürworten; 3. den Abgeordneten und technischen Beiständen für ihre eifrige Mitwirkung bei der Abfassung des Memorials den gebührenden Dank auszusprechen.

Nach Eröffnung der Discussion äußerte Herr Salomon Edler von Parente den Wunsch, im Memorial möge der im Protokoll über die am 9. Nov. d. J. abgehaltene Versammlung der Handelscapitäne hervorgehobene Umstand ausdrücklich betont werden, daß der Hafendamm einen kostspieligen Schlepperdienst nothwendig machen würde. Herr J. M. Tarabocchia macht dagegen bemerklich, dies brauche im Memorial nicht besonders erwähnt zu werden, da es bereits im bezeichneten Protokolle enthalten sei, welches dem Memorial als Beilage angeschlossen sein werde. Herr von Parente entgegnete jedoch, die Einschaltung in das Memorial selbst scheine ihm dessenungeachtet zweckmäßig, da man nicht wissen könne, ob die Beilagen gelesen werden. Auch Hr. J. Brüll stimmte dem Antrage des Herrn von Parente bei, weil, da die Hauptpuncte des Gutachtens der Capitäne im Memorial wiederholt seien, auch die Einschaltung der auf die Schlepper bezüglichen Stelle sich als zweckmäßig herausstelle. Hr. Tarabocchia betrachtete jedoch gerade die Beilagen des Memorials als Actenstücke von entscheidender Wichtigkeit, weshalb die Annahme, daß sie vielleicht nicht gelesen würden, unzulässig sei. Hr. Dr. L. Buzzi wünschte, im Memorial möchte die Thatsache nicht unerwähnt bleiben, daß die berühmtesten zu Rathe gezogenen technischen Celebritäten, nämlich ein Talabot, Pascal, Hartley, Etzel, die Nothwendigkeit von Schleppern bei herrschender Bora anerkannt haben. Bei der Abstimmung bleiben die erwähnten Anträge in Minderheit und das Memorial wurde demnach ohne Abänderung genehmigt, mit gleichzeitiger Annahme des 1. Punctes der von der Deputation gestellten Anträge und dem Vorbehalte, die Zahlenangaben bezüglich der Schiffsstatistik auf Grundlage der betreffenden amtlichen Daten der Kammer zu verificiren und allfällig zu berichtigen.

Der weitere Antrag des Herrn von Parente bezüglich Ernennung einer Commission oder eines der Börsedeputation zu ertheilenden Auftrages, Sr. Exc. dem Herrn FML. Moering, dessen wohlwollende Gesinnungen und Absichten für den Handel allgemein bekannt seien, die Bitte vorzutragen, seine einflußreiche Verwendung in der vorliegenden Angelegenheit zu Gunsten der nach Wien gehenden Abgeordneten geltend zu machen — blieb nach erschöpfender Verhandlung, an der sich die Herren R. Currd, G. A. Gaddum, C. Jdone, Jos. Millanich betheiligten, in Minderheit, und es wurde dagegen der Antrag des Herrn J. Millanich angenommen, daß die zu ernennenden Abgeordneten Sr. Exc. vom Kammerpräsidenten und vom Hrn. Podestà vorzustellen seien, mit der wärmsten Empfehlung und Bitte zur Erlangung seiner kräftigen Unterstützung.

Nachdem hierauf auch der 2. Punct des Antrags der Börsedeputation angenommen worden, wurden die Herren J. Brüll und G. A. Gaddum zu Abgeordneten der Kammer mit dem eben erwähnten Auftrage erwählt, und schließlich sprach die Kammer den von der Börsedeputation unter 3. beantragten Dank aus.

Auszug aus dem Protokolle der öffentlichen außerordentlichen Sitzung

der Triester Handels- und Gewerbekammer vom 22. December 1868.

Einziger Gegenstand der Tagesordnung: Mittheilung des Erlasses Sr. Exc. des Herrn Handelsministers über den Hafenbau und Bericht der mit Ueberreichung des Memorials an den h. Ministerrath über denselben Gegenstand beauftragten Herren Abgeordneten.

(S. Text.)

Auf Grund der im Schooße der Börsedeputation gepflogenen Vorberathung über obigen Bericht der Abgeordneten schlägt dieselbe in ihrer Mehrheit der Kammer vor, den von den HH. Abgeordneten selbst unter 1. und 2. gestellten Anträgen beizustimmen.

Der Börsedeputirte Herr Alexander Daninos erklärte sich zwar mit diesem Vorschlage, soweit es den 1. Punct betrifft, einverstanden, gab jedoch in der Sitzung der Deputation bezüglich des zweiten Punctes ein Separatvotum ab, da derselbe vollkommen verfrüht sei, und der Börsedeputirte Hr. H. Escher würde diesem Puncte nur zustimmen, wenn das Wort „allfällig" eingeschaltet würde, um die Kammer nicht schon jetzt zu verpflichten, von dem h. Ministerium die Ernennung der Commission zu erbitten, ohne früher zu wissen, welcher

Plan von der gemischten Commission vorgelegt und von der Kammer genehmigt werden wird.

Nachdem damit die Verlesung des Referats der Börsedeputation beendigt und die Discussion eröffnet war, nahm Herr Alexander Daninos das Wort und sagte, er freue sich, in dem ersten Theile des Antrages der Herren Abgeordneten jenen von ihm stets gewünschten und in einer früheren Sitzung befürworteten Weg eingeschlagen zu sehen, der zu einem für die allgemeinen Interessen befriedigenden Ergebnisse führen kann. Was jedoch den 2. Punct des Antrages der HH. Abgeordneten betrifft, so bedauere er, demselben nicht zustimmen zu können, wie er dies bereits in dem im Schooße der Börsedeputation abgegebenen Separatvotum auseinandergesetzt, indem es ihm viel wünschenswerther und zweckmäßiger scheine, die betreffenden Beschlüsse bis zu jenem Zeitpuncte zu verschieben, in dem die von der vorgeschlagenen gemischten Commission auszuarbeitenden neuen Hafenpläne dem Stadtrathe und der Handelskammer zur Berathung und Beschlußfassung vorliegen werden — weil sich erst dann zeigen wird, welchen Plan die genannten Körperschaften genehmigen werden, und man zugleich in der Lage sein wird, über die angemessenste Verhandlungsweise zu entscheiden. Da ferner, mit welcher Beschleunigung man auch ans Werk gehen mag, um den neuen Plan auszuarbeiten, bis zur Vollendung desselben jedenfalls einige Wochen verstreichen werden, und da sich andererseits unmöglich voraussehen läßt, welche Umstände in der Zwischenzeit eintreten und auf die genannten Körperschaften bezüglich der in der fraglichen Angelegenheit weiter zu ergreifenden Maßregeln einwirken können, so hält es der Redner für passender, sich volle Freiheit des Handelns vorzubehalten, und zwar um so mehr, als, wenn man das Gesuch um Einsetzung einer gemischten Commission im Sinne des Antrages der HH. Abgeordneten schon vorher an das h. Ministerium richten wollte, dies auf die Frage selbst nachtheiligen Einfluß üben könnte, indem ja die beiden Körperschaften nach grundsätzlicher Annahme des neuen Planes sich seiner Zeit bewogen finden könnten, statt der in Rede stehenden Maßregeln andere zu ergreifen, z. B. die abermalige Sendung einer Deputation nach Wien, zu dem Zwecke, die gemeinsamen und allgemeinen Interessen in dieser wichtigen Angelegenheit zu schützen. Aus allen diesen Gründen lud Hr. Daninos die Abgeordneten selbst ein, den zweiten Punct ihres Antrages zurückzunehmen, worauf Hr. J. Brüll erklärte, daß, nachdem die Börsedeputation denselben auch unter ihre Vorschläge aufgenommen, der Gegenstand nunmehr der Competenz der Abgeordneten entzogen sei.

Herr Salomon Ritter v. Parente erklärte, der eben vorgelesene Ministerialerlaß, welcher übrigens schon seit geraumer Zeit durch die Zeitungen bekannt sei, habe auf ihn einen schmerzlichen Eindruck gemacht. Wenn ich, fuhr der Redner fort, auf der Bahn des Lebens gewöhnt wäre, wie man es gewöhnlich zu thun pflegt, die Ereignisse zu beklagen, welche wir in der Welt eintreten sehen, so würde ich diesen Erlaß auf das lebhafteste bedauern. Ich werde mich jedoch nicht an die Worte, sondern an die Thatsachen halten; ist es richtig oder nicht, daß die Kammer — wie es in dem erwähnten Erlasse heißt — es vermieden habe, mit Vorschlägen, Plänen und Gesuchen entgegenzukommen? Ich sage nein. Jedermann weiß, wie viele Vorschläge und Gesuche seit dem Jahre 1862 in der Angelegenheit des Hafens von der Handelsvertretung ausgingen, aber leider fruchtlos. Herr v. Parente glaubt, daß Se. Exc. der Herr Handelsminister wegen seiner höchst wichtigen und ernsten Beschäftigungen sich dieser Schritte vielleicht nicht erinnert habe, und der vorgelesene Erlaß scheint ihm das Gepräge einer aufgeregten Stimmung, eines feindseligen Einflusses zu tragen, dem der Minister nachgegeben habe, für dessen Person er die größte Hochachtung und Verehrung hege. Herr v. Parente ist deshalb der Meinung, daß, da die Handelskammer durch den erwähnten Erlaß nicht bloß im Angesichte von Triest, sondern vor der ganzen Monarchie als Widersacherin der fürsorglichen Regierungsbestrebungen, so wie der Wünsche und Bedürfnisse der Gesammtheit bezeichnet werde, es nicht zulässig sei, diese schwere Beschuldigung auf sich beruhen zu lassen, sondern daß es vielmehr der Würde des Herrn Ministers v. Plener selbst, so wie der Kammer und ihres Präsidenten entspreche, den in Rede stehenden Erlaß nicht mit Stillschweigen zu übergehen. Man müsse deßhalb dem Minister zur Kenntniß bringen, daß derselbe auf unrichtigen Voraussetzungen beruhe, da die Kammer zu wiederholten Malen mit Gesuchen und Wünschen entgegen=

gekommen sei; überdies seien die bei der k. k. Centralseebehörde mit Zuziehung des Herrn Pascal abgehaltenen commissionellen Verhandlungen auf sehr enge Grenzen eingeschränkt gewesen und Herr Pascal habe dabei schließlich solche Erklärungen abgegeben, welche die erhobenen Bedenken rechtfertigen. Es erscheine endlich nothwendig, in Erwiederung auf den Erlaß S. Exc. von Allem in genaue Kenntniß zu setzen, was in dieser Angelegenheit seit 1862 vorgefallen, und ihm alle jene Aufklärungen zu geben, die geeignet sind, jeden Zweifel zu beseitigen und den Beweis zu liefern, daß die Kammer sich mit dem Gegenstande stets beschäftigt und dabei nicht nur das Beste des Handels von Triest, sondern auch die Interessen der Monarchie im Allgemeinen im Auge gehabt habe. Damit wird der Beweis hergestellt sein, daß wir uns vollkommen deutlich ausgedrückt hatten, indem unsere Wünsche darin zusammengefaßt waren, daß wir den Damm nicht wollen und das Lazareth zurückhaben möchten. Die Minister, setzte der Redner hinzu, müssen innerhalb der Schranken der Gerechtigkeit bleiben, wenn sie sich an Körperschaften wenden, welche das Bewußtsein haben, das Wohl der Stadt nicht minder als jenes der Monarchie im Auge zu haben, ohne eigennützige Nebenabsichten. Ich erinnere mich, rief der Redner, an das prächtige Thor in Wien, welches die denkwürdige Inschrift trägt: Justitia regnorum fundametum — die keineswegs durch Zufall dahin kam; sie soll vielmehr allen Bürgern in der Gegenwart sowohl als in der Zukunft und den Ministern selbst, die ebenfalls Bürger des Staates sind, ins Gedächtniß rufen, daß man sich gegen Einzelne und noch mehr gegen Corporationen der Gerechtigkeit befleißen soll.

Herr S. Ritter von Parente stellte demgemäß folgenden Antrag: Die Kammer möge die Börsedeputation beauftragen, Sr. Exc. dem Herrn Minister v. Plener in dem von ihm angedeuteten Sinne zu antworten und schließlich zu erklären, daß wir aus den dargelegten Gründen solche Rügen nicht verdient zu haben glauben.

Herr G. A. Gaddum brachte als einer der nach Wien gesandten Abgeordneten der Kammer zur Kenntniß, daß letztere die in dem erwähnten Erlasse Sr. Exc. des Herrn Ministers v. Plener enthaltenen Beschuldigungen pflichtgemäß auf das

Entschiedenste zurückgewiesen und ihm vorgestellt haben, daß die Kammer keineswegs gegen alle Hafenarbeiten ohne Unterschied protestirt habe, sondern nur gegen den Damm und die Abtretung des Lazareths; daß man bereit sei, ja den Wunsch hege, sich an commissionellen Berathungen über diese Angelegenheit zu betheiligen, jedoch mit vollständiger Discussionsfreiheit, während die bei der k. k. Central-Seebehörde abgehaltenen sich innerhalb enger Grenzen bewegten. Se. Exc. schien darüber nicht ganz im Klaren gewesen zu sein und habe sich auch während der einstündigen Besprechung, die sie mit ihm gehabt, nicht vollkommen überzeugen lassen, sich vielmehr vorbehalten, über die fragliche Verhandlung genauere Erkundigung einzuziehen, welche doch notorischer Weise gerade in Folge von Wien ertheilten Auftrages sich innerhalb so enge gezogener Schranken bewegte.

Herr v. Parente zollte diesen Erklärungen seinen Beifall und änderte seinen Antrag dahin ab, die Kammer möge beschließen, daß sie, da der Erlaß Sr. Exc. den thatsächlichen Umständen nicht entspreche und mit denselben nicht übereinstimme, sie aber in der fraglichen Angelegenheit bereits verschiedene Berichte und Gesuche habe abgehen lassen, zur Tagesordnung übergehe.

Der Herr Präsident machte bemerklich, daß in Folge der von Herrn Gaddum eben abgegebenen Erklärungen, welche in den zur Veröffentlichung gelangenden Protokollen der Kammer ihre Stelle finden werden, die Kammer sich jenes drückenden Vorwurfs, auf den Herr v. Parente anspielte, enthoben glauben könnte. Herr v. Parente erwiederte, ihm scheine dies für die Würde einer Körperschaft, die eine bestimmtere Genugthuung verlange, nicht genügend. Er lasse der Ehrenhaftigkeit und Einsicht Sr. Exc. des Herrn Ministers v. Plener volle Gerechtigkeit widerfahren, müsse jedoch in Erinnerung bringen, daß die Menschen Irrthümern unterworfen sind, und daß man unter gewissen Einflüssen auch etwas schriftlich von sich geben könne, das man bei reiflicherer Erwägung unterlassen hätte. Er beharre daher auf seinem früheren Antrage, in einer an Se. Exc. zu richtenden Erwiederung hervorzuheben, daß der Körperschaft, welcher gegenwärtig der ungerechte Vorwurf gemacht werde, daß sie sich dem nicht unterziehe, wozu die Wähler sie berufen, vielmehr stets bei ihren Hand lungen nicht nur das Beste der eigenen Heimat, sondern auch jenes der Monarchie als Ziel vorgeschwebt sei.

Die Herren Dr. Buzzi und Dr. Maganza unterstützen den Antrag des Herrn v. Parente.

Herr H. Escher kann sich mit den Ansichten des Vorredners nicht einverstanden erkären, da er immer der Meinung gewesen, daß die Kammer sich vor Allem über den Grundsatz hätte aussprechen müssen, ob sie zu Gunsten des Hafenbaues sei oder nicht, indem sie zugleich die betreffenden Studien anstellte und die Frage des Dammes ebenfalls zur Erörterung brachte. Die Angelegenheit des Theresienlazareths erscheint dem Redner von solcher Tragweite, daß er die Ansicht der Kammer in diesem Betreffe niemals theilen konnte, auch weil es dabei die Sicherung der Concurrenz der Rudolfsbahn galt, deren Station, nach dem bezüglichen Plane, hinter das Lazareth zu liegen käme. Hätte man also das Lazarethbassin erhalten wollen, so läge es auf der Hand, daß zur Verbindung mit der Station der Rudolfsbahn Brücken nöthig gewesen wären und auf diesen Brücken Geleise für die Bahn. Schließlich kann Hr. H. Escher, dem in dieser Beziehung auch Hr. A. Daninos zustimmt, die Meinung des Herrn v. Parente über diese Angelegenheit nicht theilen, und beide befürworten jene Verfahrungsweise, die am besten geeignet wäre, in dieser vielbesprochenen Sache die erspießlichste Verständigung herbeizuführen.

Nach längerer Erörterung, an der sich die Herren J. Brüll, A. Daninos, H. Escher und Ritter v. Parente betheiligten, änderte letzterer seinen Antrag dahin ab, daß er folgende motivirte Tagesordnung vorschlug: „Nachdem die Kammer vernommen, daß die Herren Abgeordneten Sr. Exc. dem Herrn Minister v. Plener bereits mündlich das Bedauern der Kammer über jenen Erlaß ausgesprochen, geht dieselbe, nachdem letzterer heute verlesen worden, durch diesen Erlaß, der auf einer unrichtigen Auffassung beruht, schmerzlich berührt, zur Tagesordnung über." Die Wahrheit ist nur e i n e, rief der Redner, die Bürger in einem constitutionellen Staate müssen den Geboten der Wahrheit folgen, darin besteht die wahre Freiheit, der keine Schranken gesetzt werden dürfen.

Bei der Abstimmung blieb der Antrag des Herrn von Parente in der Minderheit.

*

Der erste Punct des Antrages der Deputirten wurde im Einklange mit dem Vorschlage der Herren Abgeordneten selber von der Kammer genehmigt, mit dem ausdrücklichen Beisatze, daß, wie dies immer üblich gewesen, die in Rede stehende Commission auch andere der Kammer nicht angehörige Mitglieder mit berathender Stimme zuziehen kann.

Der zweite Punct gab zu weiteren Erörterungen Anlaß, wobei die Herren A. Daninos und H. Escher sich aus den bereits angegebenen Gründen für die Weglassung desselben aussprachen, während die Herren J. Brüll, G. A. Gaddum und S. v. Parente dessen Beibehaltung um so mehr befürworteten, als dies mit dem im Einklange stehe, was die Abgeordneten selbst in Wien den betreffenden Ministern auseinandergesetzt, und die Kammer sich durch die Annahme dieses zweiten Punctes keineswegs binde, dessen Genehmigung sich als passend darstelle, damit die Minister von den Ansichten der Triester und den Zwecken der beabsichtigten Studien in Kenntniß gesetzt seien.

Bei der Abstimmung wurde das von den Herren Escher und Thomann unterstützte Amendement des Herrn Daninos angenommen, wodurch der zweite Punct des Antrages der Deputation, beziehungsweise der Herren Abgeordneten — denen für ihre eifrigen Bemühungen der gebührende Dank votirt wird — beseitigt erscheint.

Hierauf schritt die Kammer mittels Stimmzettel zur Wahl der laut des 1. Punctes des gestellten Antrages einzusetzenden Commission, wobei die Herren J. Berlam, J. Brüll, Dr. L. Buzzi, G. A. Gaddum und C. Girardelli als gewählt erscheinen.

Auszug aus dem Protokolle der öffentl. Sitzung

der Triester Handels- und Gewerbekammer vom 12. Februar 1869.

Die Herren J. Berlam, Dr. L. Buzzi, G. A. Gaddum und C. Girardelli, welche von der Kammer mit Ausarbeitung eines Planes über den Hafenbau im Einvernehmen mit der zu diesem Zwecke vom Stadtrathe ernannten Commission beauftragt worden waren, überreichten als Ergebniß der gemeinsamen Berathungen einen motivirten, durch zwei Pläne A und B erläuterten Bericht, der mit jenem gleichlautend ist, welcher von den Abgeordneten des Municipiums dem Stadtrathe vorgelegt und vom Präsidium des letzteren sammt den von dieser Körperschaft gefaßten Beschlüssen — wodurch alle von der gemischten Commission in sechs Puncten zusammengefaßten Anträge angenommen erscheinen — der Kammer mitgetheilt wurde.

Indem die Börsedeputation über diesen, seinem wesentlichen Inhalt nach bereits abgedruckten Bericht ihr vorläufiges Gutachten erstattete, stellte sie darüber die aus nachstehendem Auszuge aus dem Protokolle der betreffenden Sitzung (welcher der Kammer vorgelesen wird) sich ergebenden Erwägungen an:

„Bei der Verhandlung über diesen Gegenstand erklärte sich Hr. A. Daninos mit dem im Berichte mit A bezeichneten Plane nicht einverstanden, zu welchem Widerspruche ihn die Ansicht ausgezeichneter Hydrauliker bestimme, welche sich für die unbedingte Nothwendigkeit der Errichtung eines Dammes oder einer Schutzwehr für die verlängerten Molos und Quais, beziehungsweise die an denselben geankerten Schiffe ausgesprochen. Im Hinblick darauf gebe er dem andern, von der Commission als Alternative unter B, vorgeschlagenen Plane den Vorzug, müsse aber auch gegen diesen das Bedenken erheben, daß derselbe ihm zu beschränkt und nur zur Aufnahme einer geringen Anzahl Schiffe geeignet scheine, woraus folgen würde, daß die Mehrzahl der letzteren an den der Bora und den Seewinden ausgesetzten Puncten Anker werfen müßten.

Indem er sich daher mit dem Plane B einverstanden erkläre, wünsche er jedoch, daß bei Durchführung desselben die Quais bis auf 200 Meter erweitert, die Molos noch mehr verlängert und die Dämme wenigstens in einer Entfernung von 500 Meter von den Quais angelegt würden.

Herr R. Salem erklärte seine Beistimmung zu diesem Antrage.

Herr T. Konow dagegen und mit ihm die Mehrheit, nämlich die HH. Cloetta und Brüll sprachen sich mit Entschiedenheit für den Plan A aus und zwar aus dem Grunde, weil derselbe den Bedürfnissen des Handels und der Schifffahrt, sowie den besondern Verhältnissen Triests vollkommen entsprechend scheine und überdies mit dem von der Kammer schon bei einem andern Anlasse erhobenen Widerspruche gegen den Damm in Einklang stehe, so daß auch der untergeordnete Alternativvorschlag des Planes B sich nicht passend zeige, und weshalb blos der Plan A, dem Antrage der Commission im Puncte 1 gemäß, mit Entschiedenheit zu befürworten sei.

Bezüglich des Commissionsgutachtens über die Reihenfolge der durchzuführenden Arbeiten war Hr. Daninos der Ansicht, man solle sich einfach auf das Verlangen einer beschleunigten Gesammtausführung beschränken, womit unsere Wünsche als erfüllt angesehen werden könnten, da diese Reihenfolge eine technische Frage sei, zu deren Entscheidung uns die Competenz fehle.

Auch Hr. R. Salem war damit einverstanden, die Mehrheit aber, bestehend, wie oben erwähnt, aus den HH. T. Konow, Brüll und Cloetta, sprach sich eben in Erwägung des Umstandes, daß die in technischer Beziehung besser competente gemischte Commission in Punct 4 ihrer Anträge eine bestimmte Reihenfolge der auszuführenden Arbeiten beantragt hatte, für die Annahme der betreffenden Commissionsanträge aus, mit Ausnahme jenes unter e, welcher sich auf den bereits abgelehnten Plan B bezieht. Was das Ansuchen unter 6 bezüglich der allfälligen Einberufung einer gemischten Commission in Triest betrifft, so waren die Herren Votanten der einstimmigen Meinung, daß dieses Ansuchen unzeitig sei, indem es einerseits nicht wahrscheinlich sei, dasselbe werde Gewährung finden, andererseits aber die bestimmte Vorlage eines bereits ausgearbeiteten Planes ein solches, auf die Ungewißheit des Gelingens unserer Bestrebungen gegründetes Ansuchen nicht gerathen erscheinen lasse.

Es wurde demnach von der Mehrheit der Deputation beschlossen, der Kammer folgende Anträge vorzulegen, welche hiemit gestellt werden:

1. daß der Plan A als den Bedürfnissen des Handels- und Schiffahrts-Verkehrs des Hafens von Triest besser als der von der Regierung angenommene Plan entsprechend angesehen werde, und daß daher der projectirte neue Hafen nach dem Plane A und nicht nach dem Regierungsprojecte gebaut werden sollte;
2. daß dieser Plan demnach der kais. Regierung zur Annahme vorzulegen sei, mit der Bitte
3. (4. der Commission), daß die diesem Plane gemäß auszuführenden Bauten in ihrer Gesammtheit und nicht blos theilweise in folgender Reihenfolge zur Durchführung kommen sollen:
    a) der Durchschnitt des Leuchtthurmarmes und gleichzeitig
    b) die Regelung und der Bau der Quais und Molos, von der Eisenbahnstation angefangen mit allmäliger Ausdehnung gegen die Sacchetta hin;
    c) die Austiefung und Regelung des Bassins der Sacchetta;
    d) die Anlage der Schienengeleise auf den Quais und beziehungsweise auf den Molos;

4. (5. der Commission) daß das Präsidium zu beauftragen sei, den Commissionsbericht ohne Aufschub mittels der k. k. Statthalterei dem k. k. Handelsministerium zur erbetenen Genehmigung des Planes A vorzulegen.

Im Einklange mit dem Beschlusse der Mehrheit werden der Kammer die oben erwähnten Puncte 1—4 zur Annahme vorgeschlagen."

Die Verhandlung über diesen Gegenstand wurde durch Hrn. G. A. Gaddum eröffnet, welcher die Erklärung vorausschickte, daß er, obschon Mitglied der Commission, welche die Angelegenheit ihren Berathungen unterzogen und den bereits bekannten Bericht erstattet, den Anträgen der Börsedeputation seine volle Zustimmung gebe, und zwar hauptsächlich aus dem Grunde, weil in der von den Sitzungen der Commission bis heute verflossenen Zwischenzeit ein unglückliches Ereigniß sich zugetragen, nämlich der Brand in der Eisenbahnstation, und die Gefahr, die Schiffe im Eisenbahnbassin und im Hafen davon ergriffen zu sehen, die ungemein große Schwierigkeit der freien Bewegung der Schiffe, besonders jener, die in Bassins geankert sind, praktisch anschaulich gemacht habe. Müsse man nun auch die Hoffnung hegen, daß ähnliche Unglücksfälle in Zukunft nicht eintreten werden, so erscheine es nichts destoweniger gerathen, von der Errichtung solcher Bassins, wie sie im Plane B vorgeschlagen sind, abzustehen, indem die Schiffe dadurch beim Ausbruch eines Brandes fortwährend größeren Gefahren ausgesetzt wären. Indem Herr Gaddum daher den von der Börsedeputation befürworteten Plan A zur Annahme empfiehlt, wünscht er nur, daß zur Begründung desselben auch der von ihm eben dargelegte Umstand angeführt werde.

Herr J. M. Tarabochia sagte, er habe stets die Erhaltung unserer offenen und trefflichen Rhede vertheidigt, jedoch weil er immer und noch jüngst aus Anlaß seiner Sendung nach Wien gehofft habe, das Lazareth- so wie das Eisenbahnbassin erhalten zu sehen. Da er aber bei letzterer Gelegenheit den festen Entschluß des Ministeriums wahrgenommen habe, das von der Regierung ausgegangene Project durchzuführen, sei es auch mit einigen Aenderungen, so halte er es, nachdem er nicht die Ehre gehabt, der vom Stadtrathe und von der Handelskammer eingesetzten gemischten Commission anzugehören, für passend, nunmehr zu erklären, daß Jeder, der vom Seewesen einige Kenntnisse habe, von der absoluten Unmöglichkeit der Errichtung der Molos und verlängerten Quais ohne einen Damm oder eine Schutzwehr für dieselben überzeugt sein müsse, da die hier herrschenden Winde (Südwest 2c.) beim Mangel einer solchen Schutzwehr eine so starke Wellenbewegung hervorbringen müßten, daß die an den projectirten Quais und Molos geankerten Schiffe dadurch in ernstliche Gefahr gerathen würden.

Während nun diese Erwägung Herrn Tarabochia zum Gegner des Planes A macht, erblickt er auch in dem Plane B die erforderliche Sicherheit der Schiffe nicht gewahrt. Der allzu beschränkte Raum zwischen den Quais und den Dämmen, welcher auf letzterem sich darbietet, scheint ihm ein Hinderniß für die freie Bewegung der Schiffe. Die dadurch gebildeten Kanäle würden für lange Schiffe und Dampfer zu enge sein und dieselben in stete Gefahr bringen, denn man dürfe nicht vergessen, daß in der Praxis die Bewegungen der Schiffe nicht mit jener Regelmäßigkeit stattfinden, welche sich mit dem Compaß auf der Karte leicht erzielen läßt. Der Redner erklärt sich mit der vorgeschlagenen Erweiterung der Quais und Molos einverstanden, besteht aber, auf seine eigene Erfahrung als Seemann gestützt, darauf, daß, um durch solche neue Arbeiten einen sichern Hafen herzustellen, auch eine Schutzwehr errichtet werden müsse. Sehe man damit den Verlust unserer Rhede verknüpft, so dürfe man doch nicht verkennen, daß auch, wenn ein Damm gebaut sei, ein mit den gehörigen Requisiten versehenes Schiff selbst außerhalb des Leuchtthurms einen guten und sicheren Ankerplatz finden könne. Aus allen diesen Gründen befürwortet Herr Tarabochia den ursprünglich von Herrn Talabot vorgeschlagenen Plan mit den ausgedehnten, und von den Quais so weit wie möglich entfernten Dämmen, und ist der Meinung, daß dieser Plan, mit einigen Abänderungen, unsern Verhältnissen am besten entsprechen würde.

Der Redner leugnet nicht, daß die hier herrschende Bora Unfälle verursachen könnte; doch ist er fest überzeugt, daß gut vertaute Schiffe unter allen Umständen heftigen Stößen der Bora zu widerstehen vermögen. Davon habe man sich erst unlängst wieder überzeugen können, indem von 25 Schiffen nur eines sich losgerissen habe. Herr Tarabochia wies ferner darauf hin, daß gerade der Plan Talabot auch solchen Unfällen vorbeuge, indem er ein Netz von Ketten vom Damme bis zu den Spitzen der Molos und eine Vermehrung der Bojen um das Doppelte der gegenwärtig vorhandenen (ungefähr 18) beantrage.

Gegen den Plan B machte Hr. Tarabochia auch die Einwendung, daß darin auf eine Localität zum Kielholen und Ausbessern der Schiffe keine Rücksicht genommen sei. Dieses Bedenken erhob der Redner im Allgemeinen gegen die ganze Arbeit der Commission, die, statt für ein solches Bedürfniß zu sorgen, durch die beantragte Austiefung der Sacchetta ihr Augenmerk auf die Beseitigung der einzigen zu ähnlichen Operationen geeigneten und jetzt auch benützten Localität gerichtet habe. In der Sacchetta erblickt der Redner ein vor der Bora geschütztes, sicheres Bassin, welches dem Hafen zu dem erwähnten Zwecke des Kielholens und der Ausbesserung erhalten bleiben sollte. Ja, es sollten Vorkehrungen getroffen werden, damit es ausschließlich zu diesem Behufe in Verwendung komme, nicht aber gleichzeitig auch als Ankerplatz für Lloyddampfer, sowie für sequestrirte Schiffe benützt werde, zum Schaden der Marine im Allgemeinen, welche jetzt, wenn es sich um die angedeuteten Operationen handelt, wenn man nicht Tage lang warten will, bis ein Platz frei wird, nach Capodistria oder zu den Werften von S. Rocco oder Servola ihre Zuflucht nehmen muß. Für die bezüglichen Bedürfnisse des hiesigen Schiffahrtsverkehrs werden auch die Bassins nicht genügen, welche Herr Ritter Tonello und das Stabilimento tecnico gegenwärtig errichten, da in denselben 30 Schiffe, die vielleicht Ausbesserungen bedürfen, nicht gleichzeitig Platz finden können. Was die Austiefung der Sacchetta selbst betrifft, so beruft sich Herr Tarabochia auf die von der k. k. Regierung selbst in dieser Beziehung gemachten Erfahrungen und behauptet, daß die Bagger auf dem dortigen krustenartigen Grunde sich fast ganz unwirksam erwiesen, so daß man an jenem Puncte ohne Arbeiten von großem Umfange, Minen ꝛc. nie irgend eine erhebliche Tiefe erreichen wird.

Seine Darlegung zusammenfassend stellte der Redner schließlich den Antrag, die Regierung um Genehmigung des Planes Talabot mit dem ausgedehnten und so weit wie möglich entfernten Damme, so wie mit einigen zu vereinbarenden

Abänderungen zu ersuchen, indem er die Ueberzeugung hege, daß die Regierung selbst, welche in ihrem Projecte bereits ein Stück Damm aufgenommen, gegen eine größere Ausdehnung nichts einzuwenden haben werde, und es ihm überdies zweckmäßiger scheine, von der Regierung schon jetzt jene Schutzwehr zu verlangen, zu welcher man, sobald die Verlängerung der Quais und Molos beschlossen sei, in Zukunft jedenfalls werde greifen müssen.

Herr Salomon Ritter von Parente äußerte sein schmerzliches Bedauern darüber, daß die vorliegende Frage nach jahrelangen Verhandlungen sich noch in chaotischer Verwirrung befinde, die dem babylonischen Thurm gleiche. Seine persönlichen Ansichten über den Gegenstand seien nunmehr wohl hinlänglich bekannt; der babylonische Thurm aber, auf den er anspiele, scheine ihm aus einem demselben ursprünglich anklebenden Uebelstande zu entspringen, nämlich aus der Absicht, einen Hafen bauen zu wollen, der über das hinausgehe, was die Kammer und die Stadtvertretung zum Besten unserer Rheder und unseres Hafens wünschen. Von der einen Seite bestehe man darauf, einen geschlossenen Hafen zu bauen, und behaupte, dies werde durch das Interesse der Monarchie gefordert, ohne daß man recht im Klaren darüber sei, worin dieses Interesse bei der bezeichneten Lösung der Frage eigentlich bestehe, während es vielleicht leichter sei, darin einen Vortheil für eine fremde Gesellschaft auf Kosten der Regierung zu erblicken. Ich, fuhr der Redner fort, der ich mich rühme, ein guter Unterthan und ein guter Bürger zu sein, werde es offen aussprechen, daß es ein Irrthum war, Millionen ins Meer werfen zu wollen, ohne absolute Nothwendigkeit und fast mit der Gewißheit, eine prächtige Rhede zu verderben, als welche sie die allgemeine Meinung und eben auch Herr Tarabochia bezeichneten. Man sagt, daß man es jetzt mit einer vollendeten Thatsache zu thun habe, was ich nicht zugebe, indem ich mir mit der Hoffnung schmeichle, daß die beiden Häuser des Reichsrathes, wenn sie die betreffenden Verträge einer Revision unterziehen, sich von den unvermeidlichen Nachtheilen überzeugen werden, die mit diesem falschen Schritte verbunden sind. Sollten sie aber auch nicht jene Verfügungen treffen, welche das Wohl Triests fordert, so haben wir unser Heil immer noch von der Autorität Sr. Majestät des Kaisers

zu erwarten, welcher auch in einem constitutionellen Staate
stets der oberste Factor bleibt, und einen Act in der Absicht,
sich besser zu unterrichten, revidiren und zur Erkenntniß kom=
men kann, daß derselbe mit dem Wohle der Monarchie, nicht
weniger als mit jenem unserer Stadt im Widerspruche steht.

Was den Gegenstand der Frage selbst betrifft, sagte
Herr v. Parente, so bringe ich in Erinnerung, daß es sich
um eine Angelegenheit handelt, wegen deren die Kammer erst
vor kurzem Abgeordnete nach Wien geschickt hat, mit dem Auf=
trage, die Rückgabe des Lazareths zu erbitten und sich jeden=
falls gegen den Bau eines Dammes auszusprechen, der von
erfahrenen Seeleuten für schädlich erklärt worden war. Ich
bin fest überzeugt, daß die Abgeordneten der Kammer und des
Stadtrathes die Gesinnungen der Handelsvertretung, sowie des
Municipiums getheilt und denselben gemäß in Wien gehandelt
haben und glaube nicht, daß sie mit anderen Gedanken, die
sie sich in Wien angeeignet, zurückgekehrt sind. Daselbst wohl=
wollend aufgenommen, kamen sie hieher zurück und ihre Mit=
theilungen bildeten die Grundlage, auf der von unseren Ver=
trauensmännern der Bericht und die Pläne ausgearbeitet wur=
den, welche heute zur Prüfung vorliegen — eine Arbeit, die
mir nur einen Mangel zu haben scheint, nämlich ungenügende
Festigkeit und Bestimmtheit in ihren Schlußanträgen.

Der Plan A verdient ohne Zweifel die günstigste Auf=
nahme, während der unter B als Alternative vorgeschlagene
als mit den von den vaterländischen Vertretungen geäußerten
Wünschen im Widerspruche stehend bezeichnet werden muß, da
er den Bau von Dämmen umfaßt, die von der Kammer stets
bekämpft und perhorrescirt wurden. Im Hinblicke also auf
das eben Dargelegte, ferner in Erwägung, daß die beantragte
Alternative mehr als ein mit Bestimmtheit auftretender Vor=
schlag einer Aufforderung an die Regierung gleicht, das zu
thun, was ihr am besten behagt, während sich doch für Män=
ner und für Körperschaften ein fester Ausgangspunct und ein
logisches Verfahren ziemt, in Berücksichtigung aller dieser Um=
stände erklärt Herr v. Parente, indem er den Antrag der
Mehrheit der Börsedeputation, welche sich für den Plan A
allein aussprach, seinen Beifall zollt, daß er ebenfalls diesen
als denjenigen ansehe, der sich im allgemeinen Interesse der

Monarchie, sowie in jenem Triest's der Regierung zur Annahme empfehle.

Herr Millanich äußerte sich ungefähr folgendermaßen: Bisher hat man gegen den, bereits in Ausführung begriffenen Hafenplan der Regierung mit Recht zahlreiche Einwendungen erhoben, ohne jedoch einen andern, zwischen den beiden städtischen Vertretungen vereinbarten entgegenzustellen. Endlich liegen nun zwei solche vor, die ich mit Freuden begrüße. Als Laie in dieser Angelegenheit muß ich mich darauf beschränken, zu sagen, daß fast Jedermann sich zu Gunsten des Planes A ausspricht, für den sich auch die Börsedeputation erklärt, deren Ansicht ich ebenfalls theile. Sollte man jedoch sein Augenmerk auf den Plan B richten, so müßte, nach der Meinung der Seeleute, der Damm weiter hinausgerückt werden, um den Schiffen von großer Tragfähigkeit einen ausgedehnteren Spielraum für ihre Bewegungen zu gewähren. Was aber die von der Kammer vorgeschlagene und vom Municipium genehmigte gemischte Commission betrifft, so stimme ich der Börsedeputation, deren Beschlüsse ich übrigens achte, nicht zu, insofern sie diesen Antrag ablehnt, da, wenn der vorgeschlagene Plan keine Genehmigung fände, in den beantragten Commissionsverhandlungen wenigstens Gelegenheit geboten wäre, neuerdings Erörterungen zu pflegen, sich zu verständigen und die Meinungsverschiedenheiten auszugleichen, während, falls man von solchen weiteren Berathungen nichts wissen will, für den Fall der Ablehnung der vorliegenden Pläne ferneren ersprießlichen Schritten in dieser Angelegenheit der Weg verschlossen wäre.

Herr Alexander Daninos bezog sich auf sein in der Minderheit gebliebenes, im Schooße der Börsedeputation abgegebenes Votum und sagte zur Begründung desselben, daß betreffs der zweckmäßigsten Ausführung der beantragten Bauten zwei Meinungen geltend gemacht werden, deren eine den Damm bekämpfe, während die andere ihn für unerläßlich halte. Es sei jedoch hervorzuheben, daß letztere nicht die gegenwärtige Rhede ins Auge fasse, sondern die künftige, welche wegen des unabweislichen Bedürfnisses einer Vermehrung der Molos und Quais einer Abänderung benöthige. Gerade im Hinblicke auf diese künftigen Arbeiten sei er nun von der Nothwendigkeit der bezeichneten Schutzwehr durchaus überzeugt, diese scheine aber im Plane B ihrem eigentlichen Zwecke nicht zu entsprechen, weil der Raum, den dieser Plan zwischen den Quais und dem Damme läßt, sich auf den ersten Blick als zu beschränkt für die Bewegung der Schiffe darstelle, so daß letztere in großer Anzahl den See- und Landwinden ausgesetzt wären und eines sichern Ankerplatzes entbehren müßten. Es freue ihn, diese seine Ansichten von einem erfahrenen Seemanne wie Herrn Tarabochia getheilt zu sehen, und er halte es nicht für gerathen, daß man, bloß um sich consequent zu bleiben, auf dem früheren Widerspruche gegen den Damm beharre. Schließlich empfahl Herr Daninos der Versammlung sein Votum zur Annahme, welches auf die Genehmigung des Planes B mit größerer Ausdehnung der Quais und Molos und weiterer Hinausrückung des Dammes nach Maßgabe des von ihm abgegebenen und bereits verlesenen Separatvotums abzielt.

Herr G. A. Gaddum zog aus den Erklärungen des Vorredners den Schluß, daß im Allgemeinen, und zwar auch von den Vorkämpfern des Dammes, anerkannt werde, letzterer sei gegenwärtig für unsere Rhede nicht nothwendig, während andererseits die Meinungen und Gutachten der Fachmänner darüber abweichen, ob die bezeichnete Schutzwehr bei Ausführung der neuen Arbeiten unerläßlich sei oder nicht. Unter solchen Umständen gibt er dem Plan A unbedingt den Vorzug, da derselbe vorläufig der allgemeinen Meinung über die Unzweckmäßigkeit des Dammes Rechnung trägt, ohne der späteren Errichtung von Schutzwehren, falls sie sich nothwendig erweisen sollten, im Wege zu stehen, wobei wohl zu erwägen sei, daß die Errichtung solcher Bauten das Werk einiger Jahre sei, während bereits durchgeführte Bauten, wie schädlich sie sich auch erweisen, nicht rückgängig zu machen seien.

Herr J. M. Tarabochia bemerkte ungefähr Folgendes: Ich, als auf dem Meere ergrauter Seemann, könnte der vom Herrn Vorredner geäußerten Ansicht nie meine Zustimmung geben, und indem ich mich ohne Bedenken den technischen Autoritäten und jenen Seeleuten, deren Einsicht nicht getrübt und von äußeren Einflüssen beherrscht ist, zur Seite stelle, behaupte ich, daß die beabsichtigten, auf Ausdehnung der Quais und Molos abzielenden Bauten sich ohne die

Schutzwehr des Dammes nicht bewerkstelligen lassen. Diese Thatsache wurde auch in der Regierungscommission anerkannt, die seiner Zeit einberufen war, um die Reihenfolge der Hafenarbeiten festzusetzen. Alle Mitglieder derselben erklärten sich einstimmig für die Nothwendigkeit, mit den äußeren Bauten (dem Damme) zu beginnen, gleichzeitig aber auch die Quais und Molos in Angriff zu nehmen, ohne jedoch letztere eher zu beendigen, als bis die äußere Schutzwehr vollendet sei. Die Regierung — das ist nunmehr notorisch — will einen Hafen, und ein Hafen ohne Damm ist kein Hafen. Schreitet man nicht vor Allem zum Bau der äußern Schutzwehr, so werden jene, welche mit mir die künftigen Arbeiten erleben, sich meiner Worte erinnern und die bei den neuen Molos verankerten Schiffe zu Grunde gehen sehen.

Herr v. Parente hob hervor, daß Herr Tarabochia einerseits die Rhede für ausgezeichnet erkläre, während er anderseits sowohl den Plan A als den Plan B zurückweise und sich für das Project Talabot ausspreche. Er wisse nicht, ob der Vorredner diese Ansicht auch im Schooße des Stadtrathes, dessen Mitglied derselbe sei, befürwortet habe; es sei ihm jedoch bekannt, daß Hr. Tarabochia mit dem Auftrage nach Wien geschickt wurde, gegen den Damm zu protestiren, weshalb er nicht begreifen könne, wie Herr Tarabochia sich mit den Herren Ministern verständigt habe. Oder er wisse es sich vielmehr sehr wohl zu erklären, indem er annehme, daß der genannte Herr mit ihnen im besten Einvernehmen stand, da er eben die ministeriellen Ansichten theilt. Herr v. Parente wies neuerdings auf den fortwährenden Widerspruch gegen den Damm hin, der nichts weniger als willkürlich sei, sondern sich auf wohlbegründete Gutachten ausgezeichneter und erfahrener Capitäne stützt, und erklärte schließlich abermals seine Beistimmung zum Plane A aus den zu dessen Gunsten von der Commission und von der Börsedeputation angeführten Gründen, sowie mit Rücksicht auf den heute von Herrn G. A. Gaddum in eindringlichster Weise geltend gemachten Umstand der Feuersgefahr.

Bezüglich der Feuersgefahr machte Herr A. Daninos bemerklich, daß, wenn man, seinem Vorschlage gemäß, einen größern Raum zwischen den Quais und dem Damme verlange, die Gefahr erheblich vermindert erscheine. Es sei zu erwägen, daß die Zollmagazine bisher zu nahe am Meere lagen, während, wenn die Quais nach seinem Antrage auf 200 Meter erweitert würden, die größere Entfernung die bezeichnete Gefahr wesentlich verringern müßte. Uebrigens seien, da es sich um maritime Fragen wie jene des Hafens handle, zunächst die von Seite des Meeres drohenden Gefahren ins Auge zu fassen, und erst in zweiter Linie die zu Lande eintretenden.

Herr Daninos faßte hierauf sein Votum als ein Amendement zu dem Antrage der Börsedeputation zusammen.

Herr Tarabochia sagte, er wolle keineswegs, wie Herr v. Parente behauptet, ein drittes Hafenproject und habe, wenn ihn Herr v. Parente nicht mißverstanden, sich vielleicht undeutlich ausgedrückt. Er sei vielmehr mit den Plänen A und B in Betreff der Erweiterung der Quais und der Molos vollkommen einverstanden und habe an ersterm nur auszusetzen, daß derselbe den Hafen offen lasse, während letzterer zu beengt sei. Seiner Ansicht nach sei der Damm Talabot dem ersten Projecte desselben gemäß der einzig nützliche und zweckmäßige.

Von seiner Sendung nach Wien sprechend, brachte Hr. Tarabochia blos in Erinnerung, er habe bei jenem Anlasse einen Auftrag des Stadtrathes zu erfüllen gehabt und gestrebt, während er nach seiner Rückkehr Niemandem gegenüber ein Geheimniß aus seiner Privatmeinung gemacht habe, und zwar vor der Ernennung der gemischten Commission für das Studium des Hafenprojectes, was er hier ausdrücklich erwähne, damit man nicht etwa glaube, er habe es übel genommen, daß man ihn nicht zum Mitgliede derselben erwählt.

Herr v. Parente erwiederte darauf, es sei ihm nun klarer als je, daß er Herrn Tarabocchia nicht mißverstanden, da letzterer eben erkläre, er wolle weder den Plan A, noch den Plan B, sondern einen dritten C, nämlich den Talabot'schen.

Herr W. Cloetta erklärte, daß er die Kenntnisse des Herrn Tarabochia achte, er berücksichtige aber auch die Gutachten anderer ausgezeichneter Seeleute, die alle dem Damme entgegen seien, welche sich übrigens dem Plane A, wie Herr Gaddum bemerklich gemacht, keineswegs in den Weg stellen, weshalb er die unbedingte Annahme des Plans A befürworte.

Herr C. Girardelli erklärte, daß er als Mitglied der Commission, welche die Projecte A und B ausgearbeitet, zur Erläuterung dieser Arbeit darauf hinweisen müsse, wie schwierig und zweideutig die Stellung der Commission gewesen sei, weshalb sich dieselbe, statt einen entschiedenen Weg einzuschlagen, mehr einer Politik des Ausgleichs beflissen habe. Auch die dem Damm mit aller Bestimmtheit widersprechenden Ansichten konnten den gutächtlichen Aeußerungen von Seeleuten, die demselben günstiger lauteten, nicht alle Berücksichtigung versagen, weshalb, gleichzeitig mit der Annahme und offenen Befürwortung des Planes A in zweiter Linie auch der mit B bezeichnete vorgelegt wurde. Der darin bemessene beschränkte Raum zwischen den Quais und den Dämmen entsprang aus der Absicht, sich mit dem äußeren Quai des Dammes möglichst nahe ans Land zu halten, um den Schiffen auch dort einen sicheren Ankerplatz darzubieten. Es könne ja nicht davon die Rede sein, mit vollen Segeln und freiester Bewegung in die Bassins einzulaufen, da schon das bloße Bestehen eines Dammes die Hilfe von Schleppern nöthig mache. Die Commission habe übrigens auf alle Eventualitäten Bedacht genommen, indem sie unter 6 künftige Berathungen über den Gegenstand beantragte, wobei alle Betheiligten einvernommen, alle Rathschläge in Betracht gezogen, alle in den einzelnen Projecten wahrgenommenen Mängel beseitigt werden könnten. Von diesem Gesichtspuncte ausgehend, befürwortete Herr Girardelli die vollständige Annahme der Commissionsanträge und wies bezüglich der Feuersgefahr auf die heutige Lage der Dinge hin, indem er bemerklich machte, daß in der Regel 14—16 Schiffe im Kanal bei der rothen Brücke liegen, mitten zwischen den Häusern. Gegen Gefahren solcher Art gewähre der Besitz von Feuerlöschrequisiten, wie sie die moderne Industrie in größter Vollkommenheit zu erzeugen verstehe, das beste Schutzmittel, dessen wir aber bisher noch entbehren.

Der Hr. Präsident bemerkte bezüglich des großen Kanals, daß zur Vermeidung der Feuersgefahr daselbst sehr strenge Polizeivorschriften bestehen und daß auch Anordnungen getroffen sind, um die Ausfahrt der Schiffe zu erleichtern und zu beschleunigen.

Herr R. Currò gab unter den verschiedenen Projecten dem Plane A den Vorzug, da derselbe allfälligen künftigen Bauten zum Schutze des Hafens nicht im Wege stehe und erklärte sich für die unbedingte Vorlage eines einzigen Planes, damit es sich zeige, daß man eine bestimmte Meinung habe und welcher Art diese sei. Will die Regierung sich damit nicht befreunden, so werde es wenigstens keinem Zweifel unterliegen, daß wir unsere Pflicht gethan. Da der Gegenstand übrigens von allen Seiten beleuchtet sei, so beantragte Herr Currò Schluß der Discussion.

Herr Dr. L. Buzzi glaubt als Referent der Commission Einiges zur Erläuterung ihrer Arbeit sagen zu müssen. Dieselbe habe, bemerkte er, die Beschlüsse der Kammer und des Municipiums zum Ausgangspuncte genommen und sich an diese haltend, sich vor Allem mit dem Lazarethe beschäftigt, davon aber blos deshalb Abstand genommen, weil sie sich leider einer vollendeten Thatsache gegenüber sah. Dann habe die Commission den Damm in Berathung gezogen und gestützt auf das Gutachten von zehn Capitänen, die bereits vom Präsidium der Kammer einvernommen wurden, und von eben so vielen, welche die Commission selbst zu Rathe gezogen, im Einklange mit der Meinung solcher Sachverständigen und ihrer eigenen Ueberzeugung folgend, den Damm, wie er im Regierungsprojecte vorgeschlagen ist, verworfen und bezüglich der Gestaltung des Hafens die in den sechs Puncten am Schlusse ihres Berichtes zusammengefaßten Anträge gestellt.

Die von derselben befürworteten Bauten wurden als durch die Bedürfnisse des Handels und der Schiffahrt unseres Hafens gefordert anerkannt. Es dürfe jedoch nicht unerwähnt bleiben, daß der Auftrag der Commission darin bestand, bei Entwerfung ihrer Projecte auf den Regierungsplan geeignete Rücksicht zu nehmen, und indem sich die Commission dies vor Augen gehalten, sei sie dessen eingedenk gewesen, daß im Jahre 1862 ein von einer gemischten Commission ausgearbeitetes Hafenproject ohne Damm bei der Regierung keine beifällige Aufnahme gefunden habe. Auch habe sie nicht vergessen, daß bei den unlängst auf Veranlassung der Regierung abgehaltenen commissionellen Berathungen jede Discussion über den Damm im Auftrage der Regierung selbst untersagt wurde, was Alles zu dem Schlusse zu berechtigen scheine, daß letztere eine vorgefaßte Meinung zu Gunsten eines geschlossenen Hafens, eines Dammes hege. Die Commission konnte sich demnach der Besorgniß nicht enthalten, daß der Plan A — welcher überdies die so warm befürwortete Erhaltung des Lazareth- und des Eisenbahnbassins ausschließt — keine Annahme finden und die Regierung in diesem Falle die Arbeiten nach ihrem eigenen Plane zum allgemeinen Schaden zur vollständigen Ausführung bringen werde. Um einen so beklagenswerthen Ausgang zu verhindern, so wie um die in wiener Blättern häufig erhobenen Vorwürfe zu widerlegen, daß Triest gegen Alles Opposition mache, hat die Commission auch den Plan B ausgearbeitet und in Vorschlag gebracht, womit sie dem Regierungsprojecte gegenüber einen vermittelnden Weg einschlagen und künftigen Verhandlungen, welche durch die unbedingte Beantragung eines einzigen Planes erschwert würden, Grundlage und Spielraum darbieten wollte.

Herr Dr. Buzzi hob hervor, bei anderen Fragen sei ein Abhilfsmittel mehr oder weniger leicht, die Durchführung des Regierungsprojectes aber werde den Ruin unserer Rhede zur unvermeidlichen Folge haben — ein Ruin, dem man, seiner Meinung nach, durch gleichzeitige Vorlage des Plans B vorbeugen könne. Herr Buzzi bekämpfte demnach den Antrag der Börsedeputation und erklärte sich zu Gunsten der Commissionsvorschläge, welche er höchstens — wenn man schon von denselben abweichen wolle — im Sinne der Anträge der HH. Tarabochia und Daninos abgeändert sehen wolle, indem er der Ansicht sei, daß wenn der Raum in Plan B als zu beschränkt anerkannt werde, nach grundsätzlicher Annahme desselben die Einzelheiten, z. B. größere Entfernung des Dammes, Ablenkung der Bäche, Dock u. s. w. sehr leicht mittels weiterer Verhandlungen modificirt werden könnten.

Herr Dr. Buzzi stellte nicht in Abrede, daß es leichter sei, Schiffe auf der Karte mittels des Compasses zu manövriren als auf der See selber, machte jedoch bemerklich, daß bei Entwerfung von Hafenprojecten die technische Frage immer dem nautischen Gutachten untergeordnet sei, welches laut den von angesehenen und ausgezeichneten Capitänen geäußerten Ansichten bezüglich des Plans B constatirt habe, daß der

*

für die Entfernung des Dammes erforderliche Raum höchstens 1000 Fuß zu betragen habe, während der Plan B in der That 900 Fuß darbiete.

Der Plan B gewähre überdies am Ufer von St. Andrea Raum genug sowohl für Petroleumsmagazine als für die Operationen des Kielholens und beseitige durch Hinausrückung der Quais die Feuersgefahr, zu deren Verhütung das Regierungs- oder, wenn man es so nennen wolle, Südbahn-Project ebenfalls den Bau abgesonderter und entfernter Magazine für besonders feuergefährliche Gegenstände in Vorschlag bringe.

Gegen den Damm Talabot erhob Dr. Buzzi das Bedenken, daß, da derselbe nur zwei Mündungen darbiete, den Schiffen und namentlich den Dampfern die Ausfahrt dadurch sehr erschwert würde, welchem Uebelstande der Plan B eben dadurch abhelfe, daß er, auf Anregung eines erfahrenen Seemannes, eine Mündung in der Mitte offen lasse und zudem die Lage der beiden anderen ändere.

Der Redner erklärte sich schließlich zu Gunsten aller Commissionsanträge und betonte namentlich die Wichtigkeit des unter 6. gestellten (Commission in Triest), weil er darin ein Mittel erblickte, zu einer definitiven Vereinbarung zu gelangen, die er auf Grundlage des Plans B erreichbar glaubt.

Herr Tarabochia bemerkte noch, auch in Schooße des Stadtrathes sei die Discussion über den vorliegenden Gegenstand sehr lebhaft gewesen, und besonders Herr M. Maffei habe im Laufe derselben ungefähr die nämlichen Bemerkungen gemacht, welche er selbst heute auseinandergesetzt, weshalb er sich in jener Versammlung darauf beschränkt habe, seine Beistimmung zu denselben auszusprechen.

Herr G. A. Gaddum constatirte endlich, er habe bei der Hinweisung auf die Feuersgefahr selbstverständlich nicht bloß die Gefahr der Verbreitung des Brandes von den Häusern her, sondern im Allgemeinen die Möglichkeit einer Fortpflanzung des Feuers auf die Schiffe von was immer für einer Seite oder den Ausbruch eines solchen inmitten derselben im Auge gehabt, weshalb seine Bedenken über die Erschwerung der Bewegung der Schiffe innerhalb der Dämme von ihrem Gewichte nichts einbüßen, auch wenn auf die künftige Erweiterung der Quais Rücksicht genommen werde.

Nachdem die Discussion geschlossen und das Amendement des Herrn Daninos ohne die erforderliche Unterstützung geblieben war — da blos Herr Salem sich dafür erhob — wurden die Anträge der Deputation zur Abstimmung gebracht und von der Kammer mit großer Mehrheit folgende Beschlüsse gefaßt:
1. daß der Plan A als den Bedürfnissen des Handels- und Schiffahrtsverkehrs des Hafens von Triest besser als der von der Regierung angenommene Plan entsprechend angesehen werde und daß daher der projectirte neue Hafen nach dem Plan A und nicht nach dem Regierungsprojecte gebaut werden solle;
2. daß dieser Plan demnach der kais. Regierung zur Annahme vorzulegen sei, mit der Bitte
3. (4. der Commission) daß die diesem Plane gemäß auszuführenden Bauten in ihrer Gesammtheit und nicht blos theilweise in folgender Reihenfolge zur Durchführung kommen sollen:
   a) der Durchschnitt des Leuchtthurmarms und gleichzeitig
   b) die Regelung und der Bau der Quais und Molos, von der Eisenbahnstation angefangen mit allmäliger Ausdehnung gegen die Sacchetta hin;
   c) die Austiefung und Regelung des Bassins der Sacchetta;
   d) die Anlage der Schienengeleise auf den Quais und beziehungsweise auch auf den Molos.
4. (5. der Commission) daß das Präsidium zu beauftragen sei, den Commissionsbericht ohne Aufschub mittels der k. k. Statthalterei dem k. k. Handelsministerium zur erbetenen Genehmigung des Planes A vorzulegen.

Nachdem Herr C. Girardelli den besondern Antrag gestellt, es sei auch Punct 6 der Commissionsvorschläge zu genehmigen, sagte Herr Millanich, er habe zuerst den Vorschlag gemacht, daß die Kammer auch den Antrag annehmen möge, vom Handelsministerium die Ernennung einer gemischten, d. h. aus Abgeordneten der Regierung, des Municipiums und der Handelsvertretung bestehenden Commission zu erbitten, mit Zuziehung erfahrener Seeleute und Techniker, für den Fall nämlich, daß das vorgelegte Project nicht genehmigt würde, und er wiederhole diesen Vorschlag, damit für weitere Verhandlungen und vielleicht auch Vereinbarungen ein Spielraum eröffnet sei.

Dieser Antrag fand die erforderliche Unterstützung und wurde von der Kammer zum Beschlusse erhoben, indem Punct 6 in der von der Commission vorgeschlagenen Form und mit Beseitigung der auf den Plan B bezüglichen Stelle genehmigt wurde. Derselbe lautet:

„Daß gleichzeitig an das h. Handelsministerium für den Fall, daß dasselbe den Plan A in seinem Gesammtumfange nicht zu genehmigen und anzunehmen fände, die Bitte gerichtet werde, eine gemischte aus eigenen Abgeordneten und von der Stadt- und der Handelsvertretung aus ihrer Mitte zu wählenden Vertretern, sowie aus von der Handelskammer zu wählenden erfahrenen Technikern und Handelscapitänen bestehende Commission einzuberufen zur weitern freien und unbeschränkten Erörterung des Planes selber, sowie des Regierungsprojectes und zur definitiven Feststellung des Planes für den neuen Hafen von Triest."

Auszug aus dem Sitzungsprotokolle

der Triester Handels- und Gewerbekammer
vom 25. Mai 1869.

Ministerialerlaß in Erledigung des die Hafenarbeiten betreffenden Memorials.

Der betreffende Ministerialerlaß wurde bereits in den Zeitungen veröffentlicht.

Die Börsedeputation beantragt in Erwägung der diese wichtige Angelegenheit betreffenden früheren Vorgänge mit Stimmenmehrheit, eine aus 6 Kammermitgliedern bestehende Commission einzusetzen, welche sich mit der vom Stadtrathe eingesetzten vereinigen sollte, um den erwähnten Ministerialerlaß näher zu erörtern und der Kammer Bericht und Antrag zu erstatten.

Auf Verlangen des Herrn H. Escher wird das Protokoll der von der Börsedeputation am 24. Mai d. J. abgehaltenen Sitzung verlesen, soweit sich dasselbe auf diesen Beschluß bezieht. Es ist darin auch das Separatvotum des Herrn H. Escher enthalten, zu dessen Erläuterung derselbe beifügt, die Interessen, worauf er angespielt, seien hauptsächlich die Eisenbahnverbindung Triest-Villach über den Predil — zu deren Gunsten Se. Maj. sich ausgesprochen und die auch von der Regierung warm befürwortet worden, weshalb er nicht wünsche, daß man sich mit dieser in der vorliegenden Frage in Widerspruch setze.

Hr. A. Daninos erklärte, er könne nicht begreifen, worauf die Mehrheit der Deputation abziele, indem sie die Ernennung einer Commission beantrage, welche sich jener des Stadtrathes anzuschließen habe, nachdem doch die gänzliche Erfolglosigkeit der von beiden Körperschaften in diesem Sinne zuletzt gemachten Schritte bekannt sei. Indem dieser Erwähnung geschehe, müsse auch in Erinnerung gebracht werden, daß die Stellung der Kammer von jener verschieden sei, welche der Stadtrath in dieser Angelegenheit eingenommen.

Ungefähr im März seien nämlich zwei Pläne für den Hafen ausgearbeitet worden, welche die Bezeichnung A und B trugen, und das Municipium habe sich für den Plan A, in zweiter Linie für B ausgesprochen. Die Kammer habe dagegen, nach langer Verhandlung, den Plan A mit einigen Abänderungen genehmigt und dessen Annahme erbeten, wobei sie die Alternative zurückgewiesen. Prüfe man nun den fraglichen Erlaß, so sei — obschon es sich vielleicht ergebe, daß die Aenderung des Planes, auf welche der Erlaß anspiele, schon früher beschlossen worden — daraus doch unlengbar zu entnehmen, daß die Regierung den von der Kammer beantragten Aenderungen, z. B. der anempfohlenen Verlängerung des Dammes u. s. w., Berücksichtigung zu schenken scheine.

Der Zweck der vorgeschlagenen Commission lasse sich nicht recht einsehen und die eben erwähnten Gründe bestimmen mithin Herrn Daninos, dem Separatvotum des Herrn H. Escher beizutreten, mit dem Beifügen, daß diese erfolglosen Kämpfe Schaden stiften und keinen Nutzen bringen, und daß besonders die Kammer, wenn sie dabei verharre und die bezügliche Polemik fortsetze, ihrer Pflicht, die allgemeinen praktischen Interessen zu fördern, nicht entspreche.

Dies Alles reiflich erwägend und im Hinblick auf den Umstand, daß die Hafenarbeiten sehr vorgerückt, daß sie vom Reichsrathe und von Sr. Maj. selbst während der Anwesenheit des Monarchen in Triest genehmigt sind, beantragt Herr Daninos die einfache Tagesordnung.

Hr. R. Currò bemerkte, ihm seien die früheren Verhandlungen über den Gegenstand ganz wohl erinnerlich. Er sehe nur, daß unsere Vorschläge von der Regierung nicht genehmigt wurden, er betrachtet es jedoch als eine Pflicht der Kammer, deshalb nicht das Feld zu räumen, sondern als

Vertreterin des Handels sich an jenen Berathungen zu betheiligen, welche der Stadtrath anregte und die durch Antheilnahme der Vertreter des Handels nur gewinnen könnten.

Herr G. A. Gaddum gibt zu, daß den vollbrachten Thatsachen gegenüber das Elaborat der vorgeschlagenen Commission sich keine besondere Wirkung versprechen dürfe; man dürfe jedoch nicht außer Acht lassen, daß der Ministerialerlaß in allzustrengen Ausdrücken abgefaßt sei, als daß er ohne Antwort bleiben könne. Ueberdies ziele der heutige Antrag der Deputation nicht einmal darauf ab, indem es der Commission anheimgestellt sei, diesen Erlaß zu prüfen, und es mithin auch von ihrem Ermessen abhänge, eine Antwort darauf zu beantragen oder nicht, während es schließlich Sache der Kammer sei, zu entscheiden, ob und wie der Commissionsantrag zur Ausführung gelangen soll oder nicht.

Herr Salomon Ritter von Parente bringt in Erinnerung, daß die vorliegende Angelegenheit die Handels- und die städtische Vertretung von Triest schon seit acht Jahren beschäftige. Der fragliche Erlaß biete also insofern etwas Neues dar, indem die Fassung desselben seiner Ansicht nach die Kammer bestimmen müsse, ihn nicht mit Stillschweigen zu übergehen. Er seinerseits finde es daher vollkommen passend, sich den betreffenden Beschlüssen des Stadtrathes anzuschließen und eine Commission zur näheren Erörterung des Erlasses einzusetzen.

Man müsse, fuhr der Redner fort, der Regierung zeigen, daß wir die mit der Ausführung ihres Projectes verbundenen Nachtheile voraussehen, und wenigstens werden wir — möge es nützen oder nicht — unsere Pflicht bis zu den äußersten Grenzen der Möglichkeit erfüllen. Die Regierung selbst deutet in diesem Erlasse auf die Möglichkeit künftiger Nachtheile hin, die aus dem Bau des Dammes entspringen könnten (hier citirt der Redner wörtlich die betreffende Stelle des Ministerialerlasses), und im Hinblick darauf, daß diese Möglichkeit zugegeben wird — weil sie durch das Gutachten der in dieser Angelegenheit einvernommenen Handelsschiffscapitäne, sowie durch den gewichtigen Ausspruch des Herrn Pascal ihre Bestätigung findet — müsse man reiflich erwägen, ob das von der Regierung für diese Nachtheile in Aussicht gestellte Abhilfsmittel eine Sicherheit darbiete. Wer bürgt uns nämlich dafür, daß die Verlängerung des Dammes, oder besser gesagt, die dazu erforderlichen Millionen seiner Zeit vom Reichsrathe bewilligt werden? Die Ausgabe, welche die Regierung gegenwärtig gegen unsern Willen macht, sichert uns gewiß nicht die künftige, auch wenn wir dieselbe seiner Zeit begehren. Ich muß in der That erklären, daß die Triester, was die Erfüllung ihrer Wünsche betrifft, große Hoffnungen auf den Besuch Sr. Excellenz des Hrn. Ministers von Plener in Triest setzten, indem sie sich schmeichelten, derselbe, umsichtig und scharfblickend wie er ist, würde sich nicht damit begnügen, die Ansicht von einer, zwei oder zehn Personen zu vernehmen, sondern das Gutachten Vieler einholen, nicht aber sich blos an die Meinungen einer und derselben Farbe zu halten. Wäre die Reise Sr. Excellenz von dem Ergebnisse begleitet gewesen, welches Triest ersehnt, so würde sie unserer Stadt und dem Staate namhaften Vortheil gebracht haben, während das Geschehene in mir den Gedanken hervorruft, daß eine vorgefaßte Idee diesem Ergebnisse hindernd in den Weg trat.

Eine ausgezeichnete Persönlichkeit, früher Hauptmann im Geniecorps, eine Waffe und ein Posten, die Bildung, Intelligenz und Wissen verlangen, diese Persönlichkeit, welche jetzt an der Spitze der hiesigen Statthalterei steht, Herr FML. Mocring, hatte dem Ministerium jene Abänderungen des Hafenprojectes vorgeschlagen, die geeignet waren, alle Ideen zu verschmelzen, alle Meinungen zu versöhnen — aber, seltsame Anomalie! während die hiesige Regierungsbehörde alle ihre Kräfte, allen ihren guten Willen und ihren ganzen Einfluß aufbietet, um die Meinungen möglichst zu versöhnen — nicht die Parteien, welche in Triest nicht bestehen, da Alle Oesterreicher sind, sondern die verschiedenen Ansichten — sieht sich diese Behörde in ihren Bestrebungen nicht durch gleiche Versöhnungsmaßregeln von Seite des Ministeriums in Wien gefördert, und es ist doch gewiß, daß wenn Se. Exc. der Herr Minister Plener den starken Widerstand gegen das Regierungsproject kennen und würdigen gelernt hätte, er gewiß nicht gezögert haben würde, das billige Versöhnungssystem zu unterstützen.

Nachdem ich dies vorausgeschickt, muß ich bekennen, daß mir ein Ministerium eine geringschätzige Meinung einflößen würde, wenn ich glauben müßte, dasselbe könne, wie Hr. Escher anzunehmen scheint, uns bei einem andern Anlasse Uebles zufügen wollen, weil unsere Ansicht in der Hafenfrage von der seinigen abweicht.

Ein anderer Redner spricht von Kämpfen; wir aber wollen und können nicht in den Kampf ziehen, wir Kleine mit den Großen; es ist jedoch stets unsere Pflicht, die Wünsche und Gesinnungen Triest's kundzugeben und zu wiederholen. Als guter Oesterreicher und guter Bürger von Triest wünsche ich, daß jene Besorgnisse, deren wohlbegründetes Bestehen die Regierung selbst sich nicht verhehlt, derselben neuerdings ausgedrückt werden mögen.

Ich unterstütze daher den Antrag auf Einsetzung einer Commission, der, wenn er nichts Anderes bewirkt, doch zeigen wird, daß die Kammer an ihrem Selbstgefühle und ihrer Würde festhalte und nicht verdiene, bei anderen Anlässen so obenhin behandelt zu werden, sondern daß ihre Stellung schonendere Berücksichtigung verdiene, auch im Hinblick auf den uneigennützigen Eifer, womit die Mitglieder derselben ihre Thätigkeit öffentlichen Fragen widmen.

Herr H. Escher bemerkt dem Vorredner gegenüber, daß Se. Exc. der Herr Minister Plener bei seiner Reise den Zweck hatte, sich an Ort und Stelle zu unterrichten und Erkundigungen einzuziehen, was den Gedanken an eine vorgefaßte Idee ausschließe. Der Redner hebt hervor, daß die Wünsche der Kammer in der vorliegenden Angelegenheit dem Ministerium schon zu wiederholten Malen mitgetheilt worden, daß aber in Triest selbst und noch mehr auswärts denselben, sowie den Ansichten des Herrn Vorredners entgegengesetzte Meinungen sich geltend gemacht. Die Kostenfrage sei ein Gegenstand, der dem Ermessen der Regierung anheimgestellt bleibe, welche bei ihren diesfälligen Beschlüssen auf die Interessen der ganzen Monarchie Rücksicht nehmen müsse, welche für die Regierung in erster Linie entscheidend seien. Endlich sei eine Opposition nicht rathsam, wodurch andere wichtige Interessen gefährdet werden könnten.

Hr. S. Ritter v. Parente bezieht sich auf Das, was er bezüglich der Besorgnisse des Herrn Escher, den Unwillen der Regierung zu erregen, bereits gesagt — die Zukunft drohe jedoch leider noch mit anderen Mißgeschicken, da einer Aeußerung Sr. Exc. des Herrn Handelsministers gegen den Abgeordneten Lohninger zufolge — wenn er nicht irre — der Freihafen von Triest eine Frage sei, deren Lösung bis zur Vollendung des Hafens vorbehalten bleibe — was die Besorgniß rechtfertige, daß nebst dem Verluste der Rhede und der Verschwendung von Millionen auch die Aufhebung des Freihafens eintreten werde, dem er als Triester mit warmer Liebe zugethan sei. Unfähig, gegen überlegene Kräfte zu kämpfen, denke er nicht an Kämpfe, verzichte aber deswegen nicht darauf, die Wahrheit zu sagen, und die Kammer werde, hoffe er, durch ihren Beschluß zeigen, daß auch sie diese Gesinnungen theile. Sache der Kammer sei es dann jedenfalls, auf den vorliegenden Gegenstand zurückzukommen, da die beantragte Commission, wenn genehmigt, ihre Anträge der Kammer vorlegen werde, welche sie zurückweisen, abändern u. s. w. könne.

Herr Ed. d'Angeli findet, daß jede Erörterung über die Hafenarbeiten gegenwärtig zwecklos und unnütz sei, da der Bericht der Commission abgewartet werden müsse, um zu wissen, ob und was zu verhandeln sei — worauf Hr. Daninos erwiederte, es befremde ihn, die Discussion als unnütz bezeichnen zu hören; er wiederhole, daß der Widerspruch gegen die Tagesordnung darauf abziele, die allzu strengen Worte des Ministerialerlasses nicht stillschweigend hinzunehmen, worin er die Absicht erblicke einen unnützen und erfolglosen Kampf zu unternehmen. Sei der Erlaß auch strenge, so sei es doch nicht die Aufgabe der Kammer, über Worte zu discutiren; er bringe endlich in Erinnerung, daß, wie löblich auch der Gesichtspunct sein möge, von dem Herr Ritter von Parente ausgegangen, nicht unbeachtet bleiben dürfe, daß sein Gesichtspunct nicht auch jener der Kammer sei, welche mittels ihrer letzten Beschlüsse zwar einen Plan annahm, aber andere nicht mit Entschiedenheit zurückwies.

Die HH. v. Parente und Gaddum erwiedern noch, daß die eben erwähnten Beschlüsse der Kammer den Regierungsprojecten unbedingt entgegen seien, so wie der Plan A, welchen die Kammer genehmigt und der keinen Damm enthalte, auch eine unbedingte Verurtheilung des im Regierungsprojecte aufgenommenen Dammes umfasse.

Nachdem die Discussion erschöpft und das Amendement des Herrn H. Escher auf Uebergang zur Tagesordnung zur Abstimmung gebracht wurde, blieb dasselbe in der Minderheit (mit 7 St. gegen 27) und es wurde dagegen von der Kammer mit 27 St. (bei 34 Votanten) die Ernennung einer Commission im Sinne des Antrags der Börsedeputation beschlossen.

Hierauf schritt die Kammer zur Ernennung der sechs Mitglieder dieser Commission mittels Stimmzettel, wobei aus dem Scrutinium folgende Herren als gewählt hervorgingen: G. A. Gaddum, J. Brüll, J. Berlam, S. Ritter v. Parente, C. Girardelli, B. Verona — und da letzterer die Wahl ablehnte, so trat Herr J. M. Teuschl an dessen Stelle.

Auszug aus dem Protokolle der ordentlichen Sitzung

der Triester Handels- und Gewerbekammer vom 5. Juli 1869.

---

3. **Gegenstand.** Entwurf einer Erwiederung an das k. k. Handelsministerium in der Angelegenheit des Hafenbaues.

Der Bericht der aus den HH. G. A. Gaddum, J. Berlam, J. Brüll und S. Ritter v. Parente bestehenden Commission, sowie der beigefügte Entwurf einer Antwort an das Ministerium wurden verlesen.

Nachdem die Discussion eröffnet war, verlangte Herr G. A. Gaddum, mit Bezug auf den verlesenen Bericht, daß zur Vermeidung von Mißverständnissen, und um die von der Kammer abgeordnete Commission von jeder Verantwortlichkeit zu befreien, die Zuschrift des Herrn Podestà an das Präsidium, womit ein Exemplar der in derselben Angelegenheit vom Municipium an den Minister gerichteten und vom Präsidium dann der Commission mitgetheilten Denkschrift begleitet war, ebenfalls verlesen werde.

Nachdem dies geschehen war, erklärte Herr H. Escher, daß er, an seinen bereits bei anderen Anlässen ausgesprochenen Ansichten noch immer festhaltend, in der Verzichtleistung auf die offene Rhede keinen Nachtheil erblicken könne, da ihm ein geschlossener Hafen stets den Vorzug zu verdienen scheine. In dieser Meinung habe ihn noch mehr das Gutachten der

Capitäne bestärkt, die bei der letzten Commission einvernommen worden und unter der Voraussetzung des Vorschiebens der Molos und Quais sich für den Damm ausgesprochen. Die Verschüttung des Lazarethbassins aber sei von allen Technikern für nothwendig erklärt worden, zur Erweiterung der Station, zum Transporte des Materials für den Hafen, sowie um eine Fläche für die Tracirung und die Station der Rudolphsbahn zu schaffen.

Hr. Salomon Ritter v. Parente sagte, die Denkschrift des Municipiums müsse theilweise von jener der Kammer abweichend lauten, weil das Mandat des erstern von dem der Kammer verschieden sei, indem dem Municipium der Schutz verschiedener Interessen obliege, wie sich beim Durchlesen des bezüglichen Memorials ergebe. Nachdem der Redner dies vorausgeschickt, constatirte er, daß die ohne Zweifel gewissenhafte Ansicht des Herrn Escher mit den Wünschen, welche die Handelsvertretung zu wiederholten Malen geäußert, durchaus nichts gemein habe. Er persönlich könne nun einmal in dem geschlossenen Hafen die verheißene Manna nicht erblicken, da ihm jeder Behelf fehle, um denselben auch für sicher zu halten, während es eine Thatsache sei, daß die durch ihre Trefflichkeit ausgezeichnete und nach jener von Valparaiso als die sicherste angesehene offene Rhede von Triest im Laufe von 35 Jahren blos Schadenfälle im Gesammtbetrage von 350,000 fl. oder im mittlern Durchschnitt von jährlich 10,000 fl. aufzuweisen habe, welche auch, wenn die Regierung selbst die großmüthigste Vergütung leisten wollte, bei weitem nicht das ungeheure Opfer von 30—50 Mill. fl., welche die projectirten Bauten verschlingen werden, erfordern würden. Es sei nur allzu bekannt, daß das Project eines geschlossenen Hafens und eines Dammes aufgetaucht sei, um andere Interessen zu begünstigen; wir könnten jedoch nicht gegen überlegene Kräfte ankämpfen, und es sei vielleicht ein Uebersehen des frühern Municipiums, daß es sich dieser Gefahr gegenüber zu spät ermannt habe. Ihm scheine auch der vor kurzem gefaßte Beschluß des hiesigen Municipiums, kraft dessen ein Hafenproject mit einer Alternative, die ebenfalls einen Damm in sich schloß, vorgelegt wurde, nicht sehr zweckmäßig. Die Kammer hingegen, und dies müsse man stets

im Auge behalten, sei immerdar eine ebenso offene als ehrerbietige Gegnerin des Dammbaues gewesen.

Herr J. M. Tarabochia setzte auseinander, daß er,
früher ein Gegner des Dammes, weil er auf die Erhaltung
des Theresienlazareths und des Eisenbahnbassins rechnete, sich
entschlossen habe, der Idee des geschlossenen Hafens beizustimmen, sobald er den festen Entschluß der Regierung wahrgenommen, diese beiden Bassins zu verschütten. Von einem
nicht geschlossenen Hafen sprechen, erscheine ihm als Anomalie;
die Geldopfer seien durch die Nothwendigkeit auferlegt, die
Platzspesen auf den möglichst geringen Betrag herabzusetzen,
um die Concurrenz anderer Plätze anshalten zu können. Auf
die Schwierigkeiten hinweisend, welche schon die schwachen
Winde der letzten Tage den Arbeiten längs der Quais und
Molos verursacht, leitete Herr Tarabochia daraus die Unmöglichkeit jeder Operation ab, für den Fall, daß die Molos
und Quais hinausgeschoben würden, ohne daß zugleich ein Werk
zum Schutze derselben errichtet würde. Der Redner berief sich
dann auf die Urtheile der berühmten Techniker Talabot und
Pascal zu Gunsten eines geschlossenen Hafens, erwähnte die
nach dem Plane dieser Celebritäten in Marseille und Cette
gebauten geschlossenen Häfen, hob jedoch hervor, daß auch der
Hafen von Marseille sich theilweise mangelhaft zeigte, weshalb
eine Commission eingesetzt wurde, um die Abhilfsmittel ausfindig zu machen. Er möchte deshalb, daß der Plan für den
Hafen von Triest schon jetzt etwas abgeändert und der Damm
von den Quais etwas weiter hinausgerückt, letztere aber nicht
so sehr vorgeschoben würden, und zwar zu dem Zweck, die
Ausdehnung des Hafens in einem der gegenwärtigen und
künftigen Schiffahrtsbewegung entsprechenden Maße zu ver-
größern, so wie auch die Bewegung der Schiffe, namentlich
der Dampfer zu erleichtern, welche letztere jeden Tag an Zahl
und Größe zunehmen und mithin einen bequemen Raum be-
nöthigen, um auch bei windigem Wetter sich ungehemmt bewegen zu können.

Den geschlossenen Hafen bedürfen wir ferner, weil wir
Ruhe nöthig haben, um bei jedem Wetter die Ein- und Aus-
ladungsoperationen ohne Zeitverlust und ohne Beihilfe von Lichterschiffen und die daraus entspringenden namhaften Kosten
vornehmen zu können und dadurch auch von unserer Seite

nach dem Vorbilde anderer Plätze jene Vorbereitungen zu
treffen, die uns im Hinblick auf die bevorstehende Eröffnung
des Kanals von Suez die Concurrenz erleichtern können. Mit
den Anträgen der Commission nicht einverstanden, stimmt Red=
ner daher für den geschlossenen Hafen und befürwortet blos
eine geringere Ausdehnung der Molos und Quais, so wie
größere Entfernung des Dammes, indem er bemerkt, daß,
sollte auch die größere Tiefe des Meeres den bezüglichen
Bau kostspieliger machen, dagegen durch die geringere Noth=
wendigkeit, den Damm zu verlängern, eine Ersparniß erzielt
würde.

 Herr v. Parente wendete dagegen ein, er könne der
Beweisführung keinen Geschmack abgewinnen, daß man seine
Ansicht blos deshalb ändern müsse, weil die Regierung im
Widerspruche mit derselben vorgehe; er könne mithin nicht in
die Fußstapfen des Herrn Tarabochia treten, da seine, des
Redners, Meinung eine und dieselbe und so beschaffen sei, daß
er dadurch veranlaßt werde, der Regierung bei jedem Anlasse
freimüthig zu sagen, ob und wann sie einen Fehlgriff gethan.
Das Urtheil der von dem Herrn Vorredner angeführten Ce=
lebritäten — ein Urtheil, dem einerseits Lobeserhebungen ge=
spendet werden, während es sich anderseits in der praktischen
Ausführung fehlerhaft zeige — könne gewiß keine Bürgschaft
darbieten, daß auch der Hafen von Triest, wenn er diesem
Urtheil entsprechend, überdies aber ohne jene Localkenntnisse
gebaut werde, welche die genannten Techniker betreffs der
Häfen bei sich zu Hause besaßen, sicher und gut ausfallen
müsse.

 Was die angebliche Nothwendigkeit der Verschüttung des
Lazarethbassins betreffe, so beklagt der Redner die gewisser=
maßen vollendete Thatsache und erklärt, daß die Gutachten
zahlreicher Personen, darunter ausgezeichneter Techniker, ein=
stimmig dahin lauten, die Südbahn hätte auf der andern
Seite und gegen den Berg hin mehr als genügenden Raum
zur Verfügung gehabt, wenn sie sich nur hätte entschließen
können einige Hunderttausend Gulden auszugeben.

 Herr A. Daninos lobte die Raschheit und Umsicht,
womit sich die Commission ihrer Aufgabe entledigt und er=
klärte, er müsse, an seiner bei anderen Anlässen geäußerten
Meinung festhaltend, bemerken, daß die beantragte Erwiede=

rung von einem irrthümlichen Grundsatze ausgehe, einem Grundsatze, der bei den Erörterungen über unsern Hafen leider immer in den Vordergrund trete. Man behauptet nämlich immer, Triest bedürfe keines Hafens, es genüge die Rhede; wenn dies bis jetzt Geltung hatte, so läßt es sich doch nicht länger behaupten, da seit Jahren Alle über die Nothwendigkeit von Arbeiten einig sind, welche dazu dienen, das Anlanden der Schiffe zu erleichtern neue Aus- und Einladungsplätze zu schaffen und die ununterbrochene Fortdauer der commerciellen Manipulationen ohne Hemmnisse und ohne die Beihilfe von Lichterschiffen zu ermöglichen, was, wenn es von Jedermann zugestanden und anerkannt ist, auch unerläßlich macht, daß man die Folgen annimmt oder sich gefallen läßt. Denn es ist eine Thatsache, daß, wenn die Bauten nur auf die Hinausrückung der Molos und Quais beschränkt würden, dieselben nicht die eben bezeichneten erwünschten Vortheile brächten und die betreffenden Ausgaben mithin unnütz wären. Diese Thatsache haben auch die erfahrenen Capitäne anerkannt, welche die Handelsvertretung im verflossenen Jahre einvernahm, indem sie erklärten, daß die beabsichtigte Erweiterung der Quais und Verlängerung der Molos und Schutz des Dammes zur Nothwendigkeit mache, eine Erklärung, deren Gewicht nicht geschmälert wurde, wenn auch dieselben Capitäne, von einem Gesichtspuncte ausgehend, der mit dem Handel und dessen Vortheilen nichts gemein hat, schließlich meinten, daß unser Hafen eigentlich keiner Verbesserung bedürfe.

Dieser Grundsatz und dieser Gedanke dienen ungefähr auch dem beantragten Memorial zur Richtschnur, das nur ganz nebensächlich die Nothwendigkeit einiger Arbeiten berührt, weshalb der Redner sich gewiß nicht damit einverstanden erklären konnte.

Mit Bezug auf die Besorgniß, daß bei den beabsichtigten Bauten Fehler oder Irrthümer begangen werden könnten, so ist es nicht zu leugnen, daß Fehlgriffe täglich und überall vorkommen.

Man darf jedoch hoffen, daß sie Dank den gemachten Erfahrungen sich werden vermeiden lassen; jedenfalls würde, wenn man blos aus Besorgniß vor Irrthümern die Hände in den Schooß legen wolle, dies einem Rückschritte gleichkommen und eine mit dem allgemeinen Fortschritte unvereinbare Indolenz verrathen. Irren ist menschlich; man darf aber deshalb nicht allen zu hoffenden Vortheilen entsagen.

Herr Daninos bezog sich schließlich auf seine früheren Aeußerungen in dieser Angelegenheit, indem er beifügte, daß er den Plan B, welchen das Municipium als Alternative mit dem jedoch etwas weiter hinausgerückten und verlängerten Damm vorgeschlagen, für den Bedürfnissen und Interessen Triests entsprechender halte.

Herr Gaddum nahm die Commission in Schutz, indem er hervorhob, daß die vorgelesene Denkschrift in ganz bestimmten Ausdrücken von den Arbeiten spreche, deren wir bedürfen, indem sie im Einklange mit den Wünschen der Kammer die Ausdehnung der Molos und Quais, wie sie von der Regierung projectirt und in dem seiner Zeit von der Kammer genehmigten Plane A enthalten sei, verlange, jedoch den Damm verwerfe, von dem man für den südlichen Theil des Hafens jene Nachtheile befürchte, welche auch das Ministerium selbst mit Recht voraussehe, und die den kleinen Barken den ganzen gegenwärtigen Raum zum Anlanden entziehen würden. Die Denkschrift geht von der Idee aus, daß der Plan A mit seinen breiten Quais, seinen verlängerten Molos und ohne Damm den Wünschen der Kammer und den Bedürfnissen unseres Platzes entspreche, daß derselbe eine sehr erhebliche Gelderspariß erziele und endlich nicht den Weg zur Abhilfe versperre, falls die Erfahrung den Bau eines Dammes als unentbehrlich darstelle, während, sobald dieser einmal errichtet, weder das Ministerium noch wir selbst im Stande wären, den dadurch angerichteten Schaden wieder gut zu machen.

Herr J. M. Tarabochia gibt zu, daß der projectirte Hafen etwas beengt werden wird, zeigt aber, daß auch mittels der auf die Ausdehnung der Molos und Quais beschränkten Bauten kein größerer Raum geschaffen werde, weshalb er auf seinen früheren Anträgen besteht, das beabsichtigte Ausmaß für die Vermehrung beziehungsweise Erweiterung der Quais zu verringern, indem er constatirt, daß der Regierungsplan ihnen eine das Bedürfniß weit überschreitende Ausdehnung gebe, was auch von den Molos gelte. Dann auf die Hauptfrage zurückkehrend, ob ein geschlossener Hafen zu errichten sei oder nicht, gibt der Redner alle Vorzüge unserer Rhede zu und äußert die Ansicht, daß dieselbe sich in einem früheren

*

Zeitraume als genügend erwiesen habe, als die Rheder mit der Bewilligung von Liegegeldern auf Monate freigebig waren und der Handel im Allgemeinen, in einem minder ausgebildeten Entwicklungsstadium begriffen, seine Operationen langsam vornahm, während heutzutage die Concurrenz, die Thätigkeit und der Aufschwung des Handels bewirken, daß die Schiffe von größter Tragfähigkeit ihr Aus= und Einladungsgeschäft binnen wenigen Tagen vollenden müssen, Liegegelder in spärlichem Ausmaße verlangt und bewilligt werden, und man bei jeder Operation die möglichste Ersparung zu erzielen sucht. Diese Anforderungen der Gegenwart machen daher nach der Ansicht des Redners Arbeiten nöthig, um das Anlanden, das Beladen und Löschen der Schiffe zu beschleunigen, zu erleichtern und vor Unterbrechungen durch ungünstiges Wetter zu sichern, welcher Zweck sich nur durch das in dem von ihm beantragten Sinne abgeänderten Regierungsproject erreichen lasse.

Herr S. Ritter v. Parente brachte in Erinnerung, daß das Project der Rudolfsbahn noch nicht bestand, als die Regierung ihre ersten Hafenpläne entwarf, weshalb die Gründe für die Nothwendigkeit der Verschüttung des Lazarethbassins zum Behufe des Zuganges für die Station der Rudolfsbahn — von welcher er lebhaft wünsche, daß man sie in allem Ernste unabhängig bis Triest führen möge — nicht stichhaltig seien. Was den künftigen Aufschwung des Verkehrs betreffe, so bringe er demselben seine wärmsten Wünsche entgegen, sehe aber bis jetzt nichts als eine Zunahme des Transits großentheils zum Vortheile der Südbahn, während gewisse Artikel, die einst den Haupttheil unseres Handels bildeten, z. B. Zucker, Kaffee u. s. w. ein von dem erwähnten Aufschwunge sehr abstechendes Bild darbieten.

Herr Daninos erklärt, daß er, ohne eine besondere Vorliebe für den Damm oder eine bestimmte Abneigung gegen den Plan A sich doch für das Regierungsproject mit dem Damme aussprechen müsse, weil competente Personen, ausgezeichnete Fachmänner, erfahrene Seeleute und wiederholte Commissionen den Schutz des Dammes für die künftigen Hafenbauten mit Entschiedenheit als unerläßlich bezeichnet haben. Er für seinen Theil wolle nichts Anderes als eine größere Entfernung des Dammes und die Verlängerung desselben schon jetzt, um jenen Nachtheilen vorzubeugen, deren Möglichkeit auch das Ministerium nicht in Abrede stelle.

Auf das vom Herrn Dr. Levy erhobene Bedenken, daß die Denkschrift der Kammer sich mit jener des Municipiums im Widerspruch befinden könnte, was er bedauern würde, entgegnete Herr Gaddum mit der Versicherung, daß die Hauptgrundsätze in beiden zum Ausdruck gelangen, und eine Abweichung nur dort eintrete, wo das Municipium seine besonderen Interessen zu schützen habe, so wie an der Stelle, wo der absolute Widerspruch der Kammer gegen jeden Damm für letzteren eine etwas verschiedene Stellung schaffe.

Auch der Präsident constatirte dies, indem er sich auf das bereits durch den Druck veröffentlichte Memorial des Municipiums bezog, wodurch sich Herr Dr. Levy befriedigt erklärte.

Nachdem die Discussion erschöpft und von Herrn A. Salem ein Amendement in dem Sinne eingebracht war, „daß die Kammer, den Commissionsantrag ablehnend, beschließe, den Erlaß Sr. Exc. des Ministers unbeantwortet zu lassen und denselben einfach zur Kenntniß zu nehmen," verwarf die Kammer dieses Amendement mit 26 Stimmen von 34 und genehmigte dagegen mit 26 Stimmen von 34 die beantragte Erwiederungsdenkschrift.

Auszug aus dem Sitzungsprotokolle

der Triester Handels- und Gewerbekammer vom
11. October 1871.

Hierauf wurde zur Verhandlung über den einzigen auf der Tagesordnung befindlichen Gegenstand geschritten: Einladung des Präsidenten der k. k. Seebehörde zur Abordnung von Vertretern bei einer Commission über Hafenbauangelegenheiten. Die Börsedeputation beantragt, zur Ernennung von Abgeordneten für den in der verlesenen Zuschrift bezeichneten Zweck zu schreiten, wobei der Präsident bemerkt, er habe die Kammer zu einer außerordentlichen Sitzung einberufen, da die Abgeordneten des Ministeriums bereits eingetroffen seien und die erste Sitzung der Commission am Donnerstag zu erwarten sei.

Hr. Ofenheimer hebt hervor, daß die Kammer sich bereits zu wiederholten Malen über den Grundsatz auszusprechen hatte, weshalb er der Meinung sei, daß man gegenwärtig die Verantwortlichkeit für eine Thatsache, die nicht nur nicht von ihr herrühre, sondern gegen ihre ausdrückliche Willensmeinung ins Leben trat, vollständig der Regierung überlassen sollte.

Hr. Ritter Currò befürwortet die Delegirung, da dieselbe nur praktischen Vortheil, nie aber Schaden bringen könne.

Hierauf bringt der Präsident die gesetzlichen Bestimmungen über die Verpflichtungen der Kammer, den Gesuchen der Behörden um Gutachten zu entsprechen, zur Verlesung, und fügt bei, heute handle es sich nicht um den Grundsatz, sondern es gelte, Stockungen bei Durchführung desselben vorzubeugen; man dürfe nicht vergessen, daß die Abwesenden immer Unrecht haben und es ließen sich vielleicht Vorkehrungen in Anregung bringen, die geeignet wären, einige Abhilfe zu verschaffen.

Auf die Frage des Herrn Dr. Levy, ob diese commissionellen Verhandlungen in Folge einer Initiative von Seite der Kammer stattfinden, erwiederte der Präsident verneinend.

Hr. Brüll erinnert daran, daß er und Hr. Tarabochia vor einigen Jahren als Abgeordnete der Kammer ähnlichen Verhandlungen über die Ordnung der zu unternehmenden Arbeiten beiwohnten und bei diesem Anlasse der Discussion einen förmlichen Protest gegen den Grundsatz vorausschickten, was auch jetzt geschehen könnte.

Hr. Ofenheimer erklärt, er wisse wohl, um was es sich handle, dies lasse sich jedoch seiner Ansicht nach in dem Dilemma zusammenfassen, ob wir mitwirken wollen, den Folgen einer vorausgesehenen Thatsache abzuhelfen, einer eher einzig in ihrer Art dastehenden als selten vorkommenden Thatsache, einer Ausgabe von Millionen, die gegen den Willen Triests auf das Urtheil eines einzigen Ausländers hin gemacht worden, der sich blos 24 Stunden hier aufgehalten.

Der Präsident bemerkt, daß er, weit entfernt, die Vertheidigung Dessen, was geschehen, übernehmen zu wollen, doch die Thatsache constatiren müsse, daß die fraglichen Arbeiten nicht auf das Gutachten eines Fremden hin, sondern gestützt auf den Ausspruch einer in aller Form einberufenen, sehr zahlreichen Commission, in welcher Mitglieder der Kammer und des Stadtrathes saßen, unternommen worden.

Bei der vom Präsidium hervorgerufenen Abstimmung sprach sich die Kammer mit 17 St. von 27 grundsätzlich für die Delegirung aus.

Ein Zwischenfall, der dadurch entstand, daß Hr. Dr. Levy betonte, es sei wünschenswerth, unter den Delegirten auch Herrn Ritter v. Parente, einen bekannten Gegner des Hafens, zu sehen, blieb ohne weitere Folgen, indem dagegen bemerkt wurde, daß Hr. v. Parente — abgesehen von der Un=

zulässigkeit, bei einer Abstimmung vorher Namen zu citiren — sich nicht in Triest befinde.

Hierauf entspann sich eine kurze Discussion über die Zweckmäßigkeit, den Delegirten ein an die den Commissionsberathungen vorauszuschickende Erklärung — die Kammer erneuere nämlich ihre frühere grundsätzliche Verwahrung gegen die Hafenbauten — gebundenes Mandat zu geben.

Die HH. Brüll, Terni und Teuschl befürworten diese Verwahrung und die Kammer erklärt sich mit 20 St. von 27 damit einverstanden.

Der Vorschlag des Herrn Ritters Currò, drei Abgeordnete zu erwählen, wurde nicht angenommen, und dagegen die Zahl derselben mit 24 St. von 27 auf 2 festgesetzt.

Bei der mittels Stimmzettel vorgenommenen Abstimmung wurden die HH. J. M. Tarabochia und B. Verona zu Abgeordneten der Kammer bei der erwähnten Commission ernannt, mit dem Auftrage, auch bei diesem Anlasse die immer erhobenen Verwahrungen der Handelsvertretung gegen die Hafenarbeiten zu erneuern.

Hr. Tarabochia, der erklärt hatte, das Mandat nicht annehmen zu können, indem er überzeugt sei, daß die Hafenbauunternehmung alle ihre Ansprüche durch technische Gründe zur Geltung zu bringen wissen werde, nahm auf Einladung des Präsidenten, der den bereits ausgesprochenen Wunsch der Kammer zum Ausdruck brachte, diese Erklärung zurück und nahm an.

Joseph Morpurgo, Vicepräsident.

Bujatti, Protok.

Auszug aus dem Sitzungsprotokolle

der Triester Handels- und Gewerbekammer vom
17. Nov. 1871.

Vierter Gegenstand. Bericht der HH. Abgeordneten J. M. Tarabochia und B. Verona über die Hafenangelegenheit. Derselbe lautet:

„Die unterzeichneten Abgeordneten der l. Handelskammer wohnten auf Grund des ihnen unterm 11. Oct. d. J. Nr. 2750 ertheilten Mandats am folgenden Tage der Sitzung bei, die bei der hl. k. k. Seebehörde unter dem Vorsitze des Herrn Ministerialrathes Dr. F. E. Scherer im Beisein der HH. Oberbaurath Edler v. Verida, Abgeordneten des k. k. Handelsministeriums, Ritter August v. Alber, Inspector Ritter L. Blasich, Oberingenieur Heinrich (für die Eisenbahn), Ritter Ernst v. Tommasini, Baurath E. Breidenstein und Oberingenieur Jäger abgehalten wurde.

Ueber die gegenwärtigen Hafenarbeiten befragt, erwiederten die Unterzeichneten, sie könnten von ihrem Mandate nicht abweichen, das ihnen vorschreibe, wie früher gegen den Plan und die im Gange befindlichen Arbeiten für den neuen Hafen zu protestiren, mit der Bitte, dies zu Protokoll nehmen zu lassen.

Auf die Anfrage, ob sie geneigt seien, ihr Gutachten privatim als Seeleute abzugeben, erklärten sie sich dazu bereit.

Befragt, ob man das Eisenbahnbassin und den zwischen dem Molo Klutsch und dem Salzmolo befindlichen Meeresraum sammt anliegendem Quai der Südbahn abtreten könne, um die Verschüttung zu beginnen, und ohne die freie Handelsbewegung zu beeinträchtigen, antworteten sie verneinend, indem der bezeichnete Raum für das Anlegen der Schiffe und die Handelsoperationen unentbehrlich sei, weil unser Hafen für den gegenwärtigen Verkehr zu wenig Raum darbiete. Ferner hielten sie es für angemessen den Rath zu ertheilen, daß die Seebehörde sich beim Ministerium eindringlichst verwende, um zu erwirken, daß in dem Molo S. Carlo und Giuseppino ähnlicher Molo errichtet werde und zwar auf der Strecke zwischen diesen beiden, indem der beengte Hafen von Triest immer weniger Bequemlichkeiten für das Aus- und Einladen von Schiffen gewähre. Dieser Rath wurde von der hl. Seebehörde entgegengenommen und die Unterzeichneten ersuchen die löbl. Kammer, eine Vorstellung zu gleichem Behufe an das h. Ministerium zu richten. Es ist den Unterzeichneten angenehm, beifügen zu können, daß die ehrenwerthen Herren, welche der erwähnten Sitzung beiwohnten, sich mit der Ansicht der Unterzeichneten einverstanden erklärten.

Triest, 23. October 1871."

Herr v. Parente spricht seine Ueberzeugung aus, daß die Kammer den Herren Abgeordneten dankbar sein werde, welche sich streng innerhalb der Grenzen ihres Mandats hielten und den Beschlüssen der Kammer treu blieben, die sich stets gegen den Hafen als unnöthig, unnütz, ja schädlich aussprach. Deshalb beantragte er, daß den Abgeordneten der Dank der Kammer ausgedrückt werde.

Herr Verona zeigt in ausführlicher Rede die Nothwendigkeit eines neuen Molos, der durch die aus den im Gange befindlichen Hafenarbeiten entspringenden Hemmnisse unerläßlich gemacht wird.

Die Kammer nahm den Bericht zu angenehmer Kenntniß, drückte den Abgeordneten ihre Anerkennung für die Festigkeit aus, womit dieselben die stets sowohl dem Projecte des neuen Hafens als den darauf bezüglichen Arbeiten widerstreitenden Ansichten der Kammer zur Geltung zu bringen gewußt, und beschloß an das Ministerium ein dringendes Ansuchen zu richten, um den Bau eines Molos nach dem Muster der Molos S Carlo und Giuseppino und zwischen diesen beiden zu erwirken, welcher eben durch die Hafenarbeiten noch unentbehrlicher gemacht werde.

Auf eine Interpellation des Herrn O f e n h e i m e r betreffs der Stichhaltigkeit einer ihm in der Sitzung vom 10. October ertheilten Auskunft, welche dahin lautete, daß die gegenwärtigen Hafenarbeiten in Folge des Beschlusses einer zahlreichen Commission durchgeführt werden, an der Vertreter der Handelskammer sich betheiligten, behielt sich der Präsident vor, in einer nächstfolgenden Sitzung zu antworten.

Auszug aus den Sitzungsprotokollen

der Triester Handels= und Gewerbekammer vom 11., 18., 29. Dec. 1871 u. 10. Januar 1872.

Bevor zur Verhandlung über die andern auf der Tages=
ordnung befindlichen Gegenstände geschritten wurde, schickte der
Präsident, indem er, wie er sich vorbehalten, eine Interpel=
lation des Herrn Ofenheimer in einer früheren Sitzung über
die vom Herrn Vicepräsidenten Baron Joseph Morpurgo in
Abwesenheit des Herrn Präsidenten abgegebenen Erklärungen
beantwortete, voraus, daß, obschon der Gang der vielbespro=
chenen Hafenfrage ihm vollkommen bekannt sei, er sich dennoch,
um darüber auf das genaueste informirt zu sein, nichtsdesto=
weniger Mühe gegeben habe, alle darauf bezüglichen sehr vo=
luminösen Acten durchzusehen, aus denen erhellt, daß der
Herr Vicepräsident nichts gesagt habe, was er nicht mit vol=
lem Rechte behaupten konnte, nämlich, daß die Hafenfrage in
einer zahlreichen Sitzung entschieden wurde, welcher Vertreter
der Stadtgemeinde und der Handelskammer beiwohnten, was
der Wahrheit vollkommen entspricht, ohne daß sich jedoch
daraus folgern lasse, was auch der Herr Vicepräsident that=
sächlich nicht gesagt, daß nämlich die Abgeordneten der Kammer
zu den bezeichneten Arbeiten ihre Zustimmung gaben. Sie
legten vielmehr, indem sie blos Abgeordnete zur Berichterstat=
tung waren, Verwahrung dagegen ein, was auch die Kammer

selbst stets gethan hat, so zwar, daß einer von diesen Abgeordneten (Herr Capitän Verona) Herrn Pascal von der absoluten Unzweckmäßigkeit des Dammes überzeugte.

Herr Ofenheimer erklärte sich durch diese Antwort zufriedengestellt, indem er dieselbe als eine Erklärung ansah, welche Jedem sein Recht widerfahren lasse.

Auszug aus dem Sitzungsprotokolle

der Triester Handels- und Gewerbekammer vom 3. Juni 1872.

Außerordentlicher Gegenstand. (Referent Hr. Rathsprotokollist Bujatti.) Der Herr Podestà richtete an das Präsidium folgende Zuschrift:

„Geehrtes Präsidium! Der Stadtrath hat in seiner heutigen Sitzung in Folge eines Dringlichkeitsantrages das unterzeichnete Präsidium beauftragt, eine Petition an den Reichsrath zu richten, damit eine parlamentarische Enquete über die Arbeiten für den im Bau befindlichen neuen Hafen eingeleitet werde, mit Zuziehung der Delegirten des Stadtrathes und der l. Handels- und Gewerbekammer und Ausschluß der Unternehmer und Subarrendatoren der Hafenarbeiten. Des lebhaften Interesses eingedenk, womit die l. Handelskammer in früherer Zeit wiederholt beflissen war, die gefürchteten Gefahren und Nachtheile zu beschwören, denen, wie man voraussah, unsere Stadt, das Emporium, der Hafen, sowie der Staat entgegengehen mußten, wenn die Arbeiten durchgeführt worden wären, hegte der Stadtrath die Ueberzeugung, daß im Hinblick auf die unlängst eingetretenen bedauerlichen Vorfälle, welche die Einstellung eines Theiles dieser Arbeiten zur Folge hatten, Eine l. Kammer, im Einklange mit den bei anderen Anlässen kundgegebenen Grundsätzen, auch ihrerseits einen ähnlichen Beschluß fassen und auf solche Weise mit dem Stadtrathe Hand in Hand gehen werde, der eine dringende Einladung in diesem Sinne an die l. Kammer richten zu lassen beschloß. Ich bin gewiß, daß eine l. Kammer in dieser Angelegenheit, welche ganz vorzugsweise in deren Wirkungskreis gehört, sich bewogen finden wird, die Schritte der Stadtvertretung zu unterstützen, welche ich mir der einflußreichen Befürwortung eines l. Präsidiums lebhaft zu empfehlen erlaube, mit der Bitte, den Ausdruck meiner vollkommenen Hochachtung und Werthschätzung zu genehmigen. Triest, 31. Mai 1872. Der Podestà M. d'Angeli."

Der Gegenstand, von welchem die verlesene Zuschrift handelt, ist der Kammer so bekannt, daß jedes weitere Wort in diesem Betreffe als überflüssig betrachtet werden kann. Die Deputation glaubt deshalb für heute sich auf folgende Anträge beschränken zu können, welche sie hiermit stellt: 1. die Angelegenheit für dringlich zu erklären; 2. der vom Municipium ausgegangenen Einladung unmittelbar in folgendem Sinne Folge zu leisten: Daß die Kammer, ihren eigenen Gesichtspunct betreffs der Hafenarbeiten, welchen sie den höheren Behörden schon bei so vielen Anlässen kundgegeben, stets festhaltend, beschließe, ein dringendes Gesuch an das k. k. Handelsministerium zu richten, damit eine Enquêtecommission mit Beiziehung der Delegirten der Kammer und des Stadtrathes und Ausschuß der Unternehmer und Subarrendatoren der Hafenarbeiten eingesetzt werde, mit dem Auftrage, zu erheben und darüber Bericht zu erstatten, ob die bisher ausgeführten Arbeiten nicht im Hinblick auf die erlittenen Beschädigungen Gefahren für die Sicherheit der Rhede und des Seeverkehrs zur Folge haben.

Nachdem die Dringlichkeit einstimmig angenommen war, äußerte sich Herr Topali ungefähr folgendermaßen: Hier bietet sich wieder eine Frage dar, worin die Kammer mit der städtischen Vertretung nicht einig geht. Ich hätte von der l. Deputation einen solchen Antrag nicht erwartet und will heute auch nicht in Erinnerung bringen, was ich schon bei andern Anlässen darlegte, daß nämlich die Uneinigkeit zwischen den beiden Körperschaften der Stadt und ihrem Handel zum Nachtheil gereicht. Es wurde soviel über die Petroleummagazine gesprochen und wir sehen jetzt, daß die Frage den Schlaf der Gerechten schläft, weil die Kammer sie nicht mit den Augen des Municipiums beurtheilte.

Hier richtet der Herr Präsident an Herrn Topali die Einladung, nicht vom Gegenstande abzuschweifen, worauf letzterer erwiedert, er beabsichtige eben mit Bezug auf diesen zu sprechen, und folgendermaßen fortfährt: Auch die Eisenbahnfrage geht einer ernsten Gefahr entgegen, weil beide Körperschaften verschiedene Wege einschlagen. Heute endlich will das Municipium in einer Frage, welche für unsere Stadt und den Handel großes Interesse besitzt, eine parlamentarische Enquête erwirken, und siehe da, die Börsedeputation weigert sich beizustimmen, indem sie bei ihrem System verbleibt und auch die Enquête vom Ministerium erbittet. Das Parlament steht über dem Ministerium und in seinem Schooße wird es daher Leidenschaften und Privatinteressen schwerer gelingen, die thatsächlichen Verhältnisse aus den Augen verlieren zu lassen. Ich hoffe also, die Kammer werde den Antrag der Börsedeputation nicht annehmen und dadurch auch in Wien zeigen, daß die beiden Körperschaften in dieser Angelegenheit einig gehen, so wie auch die hier zu Lande herrschende Ansicht nicht bestätigen, daß die Kammer nur Dem zustimmt, was mit den Beschlüssen des andern Vertretungskörpers im Widerspruche steht. Ich schlage vor, schloß Herr Topali, sich den vom Municipium beschlossenen Schritten vollständig anzuschließen.

Der Herr Präsident erwiederte: Herr Topali hat bei seinen Aeußerungen gewiß die besten Absichten, wie alle Jene, denen das Wohl des Landes am Herzen liegt, und sicher auch das Municipium. Ich weiß jedoch nicht, ob Herr Topali das Vorausgegangene kennt. Wir hatten Monate lang die erforderlichen Schritte beim Ministerium eingeleitet, um die leider zu Grunde gerichtete Rhede zu schützen. Das Ministerium sandte einen Rath hierher, um in einer Commission den Vorsitz zu führen; wir ließen unlängst eine abermalige Vorstellung zum Schutze der Rhede und zur Befürwortung des von der erwähnten Commission abgegebenen Gutachtens folgen. Jetzt wacht das Municipium, das leider sehr oft schlummert, plötzlich auf und ruft, man müsse eine parlamentarische Enquête verlangen. Die Deputation war jedoch der Meinung, daß, wenn man sich bisher mit günstigem Erfolge an das Mini-

sterium wandte, jetzt kein Grund vorhanden sei, demselben zu
mißtrauen und nicht einmal die Beschlüsse über den Ausgang
der Commissionssitzungen abzuwarten. Dies ist die Ursache,
warum die Deputation, obschon von dem Wunsche beseelt,
auch in dieser Angelegenheit möglichst einträchtig vorzugehen,
nicht den Antrag stellen konnte, sich dem Municipium anzu=
schließen, sondern in der Absicht, auf die Idee desselben ein=
zugehen, nämlich nach Möglichkeit das Beste zu erreichen, die
heutigen Vorschläge machte.

Herr Ritter Currò findet, daß den beiden Körper=
schaften die gleichen Gesinnungen zur Richtschnur dienen. Es
werden Dinge dargelegt, die Allen bekannt sind und von der
Kammer gehörig hervorgehoben werden. Er nimmt deshalb
keinen Anstand, sich mit den Anträgen der Deputation ein=
verstanden zu erklären.

Herr Topali bemerkt dagegen, daß gerade weil diesen
Körperschaften der gleiche Zweck am Herzen liege, den der
Stadtrath durch eine parlamentarische, nicht aber durch eine
ministerielle Enquête erreichen möchte, es um so mehr den
Anschein gewinne, daß wir eine abweichende Modalität nur
darum vorziehen, um zu widersprechen. Dies sei gewiß nicht
der Fall; der Schein des Gegentheils bekomme jedoch eine
gewisse Berechtigung und wer durch Theilen herrschen wolle,
könnte daraus Vortheil ziehen. Mit der Annahme der Einla=
dung, sich ans Parlament zu wenden, sei kein Nachtheil ver=
bunden, um so weniger, als man, um dem Ministerium auch
nicht im Geringsten zu nahe zu treten, demselben sogar eine
Abschrift der Petition an den Reichsrath mittheilen könnte.

Herr Ritter Daninos bezieht sich auf das bereits
vom Präsidenten Gesagte, um das Verfahren der Börsedepu=
tation zu erläutern. Von Seite der Kammer fehlt es weder
an der günstigen Stimmung, noch am besten Willen, mit
dem Stadtrathe einig zu gehen, und sie beweist es auch jetzt,
indem sie sich dessen Ansichten anschließt, obschon sie ihrerseits
den betreffenden Schritten bereits zuvorgekommen ist. Daß
aber diese Eintracht bis zur Verzichtleistung auf das ihr zur
Erreichung des gemeinsamen Zweckes als das geeignetste er=
scheinende Mittel ausgedehnt werde, dies kann man nicht ver=

langen. Rücksichten der Zweckmäßigkeit, Ermessen des eigenen Wirkungskreises, da es sich um einen der Thätigkeit der Executivorgane und nicht jener der legislativen Factoren anheimgestellten Gegenstand handelt, dies Alles macht es rathsam, den Anträgen der Deputation beizustimmen.

Herr Dr. Levy ist der Ansicht, daß man, wenn man sich ans Parlament wende, nur dem, was man gemeinsam anstrebe, ernsteren Nachdruck und größeres Gewicht gebe, worauf Herr Ritter Daninos entgegnet, man wolle vor Allem rasch einschreiten, und es sei bekannt, daß die Vertagung des Reichsrathes binnen 10—15 Tagen eintreten werde, so daß es sich voraussehen lasse, die Petition werde bis zur nächsten Parlamentssaison schlummern. Das Ministerium dagegen könnte gleich handeln und würde es ohne Zweifel thun. Die Nützlichkeit und der größere Vortheil sprechen mithin zu Gunsten des Antrages der Börsedeputation.

Herr Dr. Levy hebt in diesem Betreffe hervor, das Ministerium werde, wenn es wisse, daß eine parlamentarische Enquête bevorstehe, sich gewiß verpflichtet fühlen und sich alle Mühe geben, auch seinerseits die Angelegenheit unverzüglich einer Prüfung zu unterziehen.

Der Herr Präsident sagt: Die Kammer kann nicht verkennen, daß ich, ohne meine Leistungen überschätzen zu wollen, zu Gunsten der Hafenfrage verschiedene Lanzen eingelegt habe, daß aber alle meine Bemühungen fruchtlos blieben, gewiß nicht zum Besten der Stadt. Wüßte ich, daß aus den vorgeschlagenen Maßregeln ein Vortheil hervorginge, so würde ich mich damit einverstanden erklären; es besteht jedoch ein Unterschied zwischen zwei Personen, die eine Sache wollen, und dem was sie darüber wissen. Kein Mitglied des Municipiums erfuhr etwas von Sr. Exc. dem Herrn Minister, während ich eine Stunde bei ihm verweilte und von ihm über Alles, was geschehen sollte, Aufschlüsse erhielt. Sich nun jetzt an den Reichsrath wenden und sagen, daß die Arbeiten schlechten Fortgang nehmen, was würde dies nützen? Alle wünschen es, kann man aber Allem abhelfen? Durchaus nicht, das Municipium z. B. will handeln, indem es eine parlamentarische Enquête verlangt, dies ist undeutlich, wenn sie jedoch wirklich etwas Gutes stiften wollten, müßten sie sagen, daß im Vertrag die Wurzel des Uebels liegt, dazu gehören aber andere Dinge. — Wenn sie sagen, daß die neuen großen Molos nachgeben, so kann man darauf erwiedern, daß auch die kleinen nachgeben, selbst nach Jahren. Ich hätte gewünscht, daß das Municipium mit klaren Ideen auftrete, in dieser Zuschrift aber wird nichts gesagt.

Endlich ist die Kammer von jeder andern Körperschaft unabhängig; sie achtet jede Meinung, kann jedoch den eigenen Ansichten nicht entsagen, sie ist unabhängig von Jedermann und läßt sich nicht ins Schlepptau nehmen. Dies wird hoffentlich niemals der Fall sein, so lange ich die Ehre habe, den Vorsitz zu führen. Ich, meine Herren, werde das Gute und das Ueble darlegen, jedoch immer fragen, was wollen Sie? Und dann werde ich mich an's Parlament wenden. In der Zuschrift des Herrn Podestà ist jedoch nichts Anderes gesagt, als man wolle eine parlamentarische Enquête verlangen. Ich hatte bereits in der Deputation beantragt, zwei Herren zum Podestà abzusenden, um Erläuterungen über Das zu erlangen, was man eigentlich wolle.

Herr B. Verona bemerkt, es sei, wie ihm scheine, klar, was man wolle; seiner Ansicht nach verlange man eine parlamentarische Enquête zur Untersuchung der Hafenarbeiten.

Der Herr Präsident entgegnete, daß zu diesem Behufe das Einschreiten der Kammer nicht mehr nöthig sei, da in Folge der von ihr gethanen Schritte bereits ein Ingenieur hier gewesen sei, worauf Herr Verona erwiedert, dieser Ingenieur sei nicht hieher geschickt worden, um die Hafenarbeiten im Sinne der Enquête zu untersuchen, sondern nur um ausfindig zu machen, ob die Fortsetzung der Arbeiten zwischen dem Molo Klutsch und dem Salzmolo jene Hemmnisse hervorbringen würde, welche die Börsedeputation selbst hervorgehoben hatte.

Herr Dr. Levy macht bemerklich, daß beim Ministerium ohnehin Alles bekannt sei, was man ihm sagen könnte. Man weiß nämlich, daß die Kammer den Arbeiten im Allgemeinen stets abgeneigt gewesen; dieser Weg führe also zu nichts mehr. Aus einer parlamentarischen Enquête hingegen

*

könnten wichtigere Folgen hervorgehen, wenn der Beweis geliefert würde, daß die Fortsetzung der Arbeiten den Hafen und die Rhede von Triest zu Grunde richten müßte, ohne dafür einen Ersatz zu gewähren. In diesem Falle würde man vielleicht alle Arbeiten einstellen lassen und es würde Alles erreicht, was man wünsche.

Der Herr Präsident erklärt, er hege die Zuversicht, daß der Podestà, wenn er mit ihm gesprochen, sich überzeugt haben würde, es sei besser, sich ans Ministerium zu wenden, da es noch immer Zeit sein werde, eine Petition ans Parlament zu richten, durch welchen Schritt man gegenwärtig in anderer Richtung Schaden stiften würde. Mehr kann ich nicht sagen, schloß der Herr Präsident, wenn ich wollte, hätte ich noch Stoff mehr als genug.

Herr Verona findet, man könne sehr wohl alle hervorgehobenen Rücksichten vereinigen, indem man sich betreffs der Schritte beim Reichsrathe dem Municipium anschließe, gleichzeitig aber das zweckmäßig Scheinende beim Ministerium einleite.

Herr Millanich regte, auf die Aeußerung des Präsidenten hinweisend, die Absendung von zwei Mitgliedern der Kammer an, um, wenn möglich, die gewünschte Vereinbarung mit dem Municipium zu erwirken, was Herr Ritter Currò mit der Bemerkung unterstützte, daß diese Vereinbarung sich vielleicht dadurch erzielen lasse, daß beide Körperschaften sich an das Parlament und an das Ministerium wenden.

Der Herr Präsident wünscht, daß die beiden Delegirten den Herrn Podestà ersuchten, mit ihm zu sprechen und dann würde es ihm vielleicht gelingen, denselben zu überreden, von dem gefaßten Beschlusse abzugeben.

Die HH. R. Salem und Dr. Levy erklären, den Antrag des Herrn Topali zu unterstützen.

Dieser Antrag wurde bei der Abstimmung mit 18 St. von 24 angenommen und mithin beschlossen, der Einladung des Municipalpräsidiums auf Grund des stadträthlichen Beschlusses betreffs einer an den Reichsrath zu richtenden Petition zu entsprechen, um die Einleitung einer parlamentarischen Enquête über die Arbeiten für den im Bau befindlichen neuen Hafen zu erwirken, mit Zuziehung der Delegirten des Stadtrathes und der Handelskammer und Ausschluß der Unternehmer und Subarrendatoren der Hafenarbeiten.

A. Vicco, Präsident.

Bujatti, Protokollist.

Auszug aus dem Sitzungsprotokolle

der Triester Handels- und Gewerbekammer vom
27. Mai 1872.

Herr Ofenheimer richtete an das Präsidium das Ansuchen, die Versammlung über den Ausgang der bei der Seebehörde stattgefundenen commissionellen Verhandlungen über die Hafenarbeiten beruhigen zu wollen.

Der Präsident erwiederte, die Börsedeputation sei noch vor seiner Abreise bei dem Ministerium eingeschritten, um eine Abhilfe für die Nachtheile zu erwirken, womit die Fortsetzung der Arbeiten auch im Hinblick auf die zahlreichen Schiffe, die erwartet werden, unsern Platz bedrohe. Mit Beziehung darauf und auf die Maßregeln, welche gewiß auch die Seebehörde in dieser Angelegenheit getroffen haben wird, wurde vom Ministerium eine Commission einberufen, die sich mit diesem Gegenstande beschäftigen sollte, und ein Abgeordneter desselben hieher geschickt, der auch mit andern Angelegenheiten beauftragt wurde, die hoffentlich zu unsern Gunsten ausfallen werden. Uebrigens könne Herr Verona, welcher der Commission beiwohnte, nähere Auskunft geben.

Herr Verona bringt in Erinnerung, daß im Jahre 1871 eine Commission unter dem Vorsitze des Herrn Ministerialrathes Scherer, welcher er und Herr Tarabochia beiwohnte, sich mit einem ähnlichen Gegenstande beschäftigt habe. Damals wollten die Unternehmer einen Theil des Eisenbahnbassins verschütten und die Arbeiten auf die Strecke zwischen dem Molo Klutsch und dem Salzmolo ausdehnen. Diese Absicht stieß auf Widerstand, weil man von derselben ernstliche Hemmnisse für den Verkehr besorgte. In diesem Sinne faßte auch die Commission ihre Beschlüsse, indem sie verschiedene technische Rathschläge beifügte, auf die jetzt einzugehen unnütz wäre. Die Sache schien auf solche Weise erledigt, als die Unternehmung vor ungefähr einem Monate kundgab, sie wolle Baggerungen von der Mündung des Eisenbahnbassins gegen den Salzmolo vornehmen, worauf er mit den Herren Ofenheimer und Tenschl eine Vorstellung an die Börsedeputation richtete, welche sich an das Ministerium wandte, und zwar mit günstigem Erfolge, da Herr Oberbaurath Berida abgeordnet wurde, um in einer Commission den Vorsitz zu führen, welcher auch verschiedene maritime Experten beiwohnten.

Die Südbahn, d. h. die Unternehmer, wollen Baggerungen vom 3. Molo bis zum Salzmolo und theilweise auch gegen den Molo S. Carlo ungefähr in der Tiefe von 14 Meter von der Meeresfläche auf eine Breite von circa 34 Meter vornehmen; die Commission fand jedoch, daß dies der Schiffahrts- und Handelsbewegung empfindlichen Schaden zufügen würde und beschloß, auf Grund der gutächtlichen Aeußerungen der maritimen Experten, daß für den Zweck der Hafenarbeiten keine weiteren Meeresstrecken abzutreten seien, indem man für das Anlanden und den Verkehr der Schiffe keine anderen Plätze zur Verfügung habe. Der Ausspruch der Commission hat natürlich nur einen berathenden Charakter und es wäre deshalb zweckmäßig, daß die Kammer zur Unterstützung desselben an das zur Entscheidung berufene Ministerium eine Vorstellung richtete.

Herr Tenschl erwähnt, S. Exc. der Herr Handelsminister habe eine allfällige Aenderung des Hafens mit Rücksicht auf eine Eisenbahnstation ins Auge gefaßt, welche am Ufer längs der Straße nach Barcola zu errichten wäre, was betreffs der unabhängigen Fortsetzung der Predilbahn noch größere Beruhigung einflößen würde.

Herr Verona bestätigt dies mit dem Beifügen, daß auch über diesen Punct die nämliche Commission zur Aeußerung aufgefordert worden sei, welche sie in dem Sinne abgegeben, daß eine solche Aenderung in dem Plane der fraglichen

Arbeiten unter der Voraussetzung des wirklichen Baues einer
solchen Station sehr leicht ausführbar und zweckmäßig wäre.

Der Herr Präsident sagt, S. Exc. der Herr Handels=
minister habe am Schlusse in der Sitzung des Eisenbahn=
ausschusses eine Interpellation in solchem Sinne gemacht,
weshalb Hr. Teuschl zu seiner Auffassung berechtigt sei, ob=
schon der Thatsache kein größeres Gewicht beigelegt werden
dürfe, als noch so unbestimmte Daten verdienen.

Die Kammer nahm die gegebenen Aufklärungen zur
Kenntniß und beschloß, den Ausspruch der maritimen Com=
mission im Sinne des von Herrn Verona gestellten Antrages
zu unterstützen.

S. Parente, Präsident.

Bujattti, Protok.

Auszug aus dem Sitzungsprotokolle

der Triester Handels- und Gewerbekammer vom 6. September 1872.

Fünfter Gegenstand. Erneuung einer Commission in Hafenangelegenheiten.

Folgendes zahlreiche Unterschriften tragendes Gesuch wurde an die Kammer gerichtet:

„Löbliche Kammer! Die hiesigen Hafenarbeiten sind nunmehr zum Bau des Molos Nr. 3 gelangt, welcher binnen wenigen Wochen die Wassertiefe an jenem Puncte auf blos 8 Meter vermindert haben wird, und werden, wenn sie ihre Fortsetzung finden, falls sie die Einfahrt in das Eisenbahnbassin nicht ganz verhindern, dieselbe gewiß sehr erschweren, ohne daß dem Handel ein anderes entsprechendes Bassin zur Verfügung gestellt wird, wie dies versprochen war.

Um den höchst empfindlichen Nachtheilen vorzubeugen, welche die Fortsetzung dieser Arbeiten vom Molo Nr. 3 zum Molo S. Carlo hervorrufen müßte, wenden sich die Unterzeichneten, welche dieser Stadt und ihren sich als Lebensfragen darstellenden Interessen mit wärmster Neigung zugethan sind, an die l. Handelskammer, die sich stets durch den energischen Widerstand gegen das in Rede stehende Werk und dessen Theile — welche dem Gedeihen dieses Emporiums in den

Weg treten — hohe Verdienste erworben, mit der Bitte, im Dringlichkeitswege eine aus Technikern und Nautikern, die mit den Verhältnissen unserer Rhede praktisch vertraut sind, bestehende Commission zu ernennen und dann auf Grundlage des Berichtes dieser Commission mit allem Nachdrucke ein letztes Gesuch an die höchsten Behörden zu richten, um zu erwirken, daß die Arbeiten zwischen dem Molo Nr. 3 und dem Molo S. Carlo nach den Angaben der erwähnten Techniker und Nautiker durchgeführt werden und unsere Rhede auf solche Art vor einem sie bedrohenden größeren Schaden als dem bereits erlittenen bewahrt bleibe.

Die Unterzeichneten hegen die Zuversicht, die l. Kammer werde ihr Gesuch mit jener Dringlichkeit behandeln, welche der Gegenstand erheischt, und statten ihr im Voraus ihren Dank ab, in der Ueberzeugung, daß sie bei ihrem Gesuche und bei ihrem Danke den Gesinnungen der ungeheueren Mehrheit ihrer Mitbürger Ausdruck geben.

Triest, 28. August 1872.

A. Carcassonne, P. J. Pilato, M. Andric, J. Pessi, S. Verona, A. Marassi, A. Premuda, P. Remedelli, J. Bucetich, D. Zetto, E. Florio, E. Zellersitz, S. Seelestino, G. Chiostergi, Gebr. Uccelli, J. Pollack, Ing. J. Dr. Righetti, V. M. Schivitz, Dr. E. Geiringer, J. Baldini, J. Berlam, C. Hermann, p. p. C. de Leis, Sohn A. A. de Leis, Contoglu u. Gialussi, Erben Kalister, D. A. Economo, p. p. Reitz und C., G. B. Bressan, G. A. Roediger, S. Clescovich.

Die Börsedeputation stellt nun den Antrag, die Kammer möge sich mit dem wichtigen Inhalte des vorgelesenen Gesuches der Hauptsache nach einverstanden erklären und zur Ernennung einer aus Technikern und Nautikern, die auch außerhalb des Schoßes der Kammer gewählt werden können, bestehenden Commission schreiten, in jener Anzahl, die sie passend findet, und zu dem von dem in Rede stehenden Gesuche ausgesprochenen Zwecke.

Herr Topali zollt den Unterzeichnern der Adresse seinen Beifall, namentlich Hrn. Ritter Carcassonne, von dem,

wie er wisse, die Anregung dazu ausgegangen. Er zweifle
nicht, daß die Kammer den Antrag der Deputation ohne
Weiters annehmen werde, obwohl er nicht verhehlen könne,
daß auch für diese Schritte keine große Wahrscheinlichkeit
eines günstigen Erfolges bestehe, soweit man wenigstens abge=
sehen von anderen Umständen, auch nach den unmuthigen
Aeußerungen verschiedener Wiener Blätter beurtheilen könne,
als vor einigen Monaten die Hafenarbeiten in Folge eines
Ministerialbeschlusses suspendirt wurden.

Unter diesen Blättern ragte die „Neue Freie Presse"
hervor, die sich am 7. Juni gegen Triest ereiferte und sagte,
daß wir den Arbeiten abgeneigt seien, weil wir die Docks und
Entrepots fürchten und von solchen Beweggründen geleitet das
von der Südbahn und dem Finanzminister im Interesse der
Monarchie begünstigte Project bekämpfen. Dennoch muß,
nachdem man die Stimme der ehrenwerthen Bürger vernom=
men, von denen das heutige Gesuch ausgeht, Alles aufgeboten
werden, um den gemeinsamen Zweck zu erreichen. Er – der
Redner — trat den neuen Arbeiten grundsätzlich niemals
feindselig entgegen und thut dies auch jetzt nicht; indem er
jedoch, da er kein Techniker ist, mit den Augen eines Laien
das Werk aufmerksam betrachtete, welches, wie er glaubt,
nach seiner Vollendung den Interessen Triests keineswegs so
verderblich sein wird, muß er die Erklärung abgeben, daß die
Art und Weise, wie die Arbeiten durchgeführt werden, ihm
sehr schlecht und so beschaffen erscheine, daß Triest eines Ta=
ges erwachen könnte, ohne im Stande zu sein, den großen
Schiffen einen Quai darzubieten. In Erwägung dessen und da
es anderseits den Anschein habe, daß die Südbahn das Ver=
fahren einer gewissen Verbrüderung nachahme, die man jetzt
aus dem Reiche zu vertreiben strebe, indem sich dieselbe jedes
Mittels bediene, um die eigenen Interessen zu fördern — in
Erwägung aller dieser Umstände beantragt Herr Topali, daß
die Kammer, sich mit den Ansichten der Unterzeichner des
Gesuches einverstanden erklärend, den Vorschlag der Depu=
tation genehmige und eine aus 12 Mitgliedern bestehende
Commission ernenne, mit der Befugniß, das Gutachten aller
ihr beliebigen Personen zu vernehmen; und mit dem Auftrage,
den im Gesuche zur Sprache gebrachten Gegenstand zu studi=
ren und mit möglichster Beschleunigung über das Ergebniß

dieser Studien und Erhebungen Bericht zu erstatten, damit die Kammer die nöthigen Daten erhalte, um in dieser Angelegenheit eine weitere Vorstellung ergehen zu lassen.

Dieser Antrag wurde einstimmig angenommen und es erscheinen als Mitglieder der Commission gewählt die HH. Ritter Carcassonne, D. A. Economo, T. Florio, Dr. E. Geiringer, J. Pessi, Dr. J. Righetti, J. Sforzi, B. M. Schivitz, E. Strudthoff, J. M. Teuschl, C. D. Topali, B. Verona.

Auszug aus dem Sitzungsprotokolle

der Triester Handels- und Gewerbekammer vom 14. October 1872.

Hierauf kam der einzige Gegenstand — Commissionsbericht über die Hafenarbeiten — zur Berathung.

Da der gedruckte Bericht bereits unter die Mitglieder der Kammer vertheilt worden, wurde die Verlesung desselben unterlassen, und der Präsident erklärte die Discussion für eröffnet.

Hr. B. Verona, als Mitglied der Commission, bittet einen Fehler berichtigen zu dürfen, der sich in den Bericht und zwar bei den Zahlen eingeschlichen, welche sich auf die beim 2. Molo angetroffene Tiefe beziehen, wo es heißen soll 20' 17' 19'.

Herr Ritter Daninos ersucht den Herrn Präsidenten, die hier anwesenden Mitglieder der Commission zu befragen, ob sie bezüglich der Maßregeln, welche die Kammer mit Bezug auf den Bericht zu treffen hätte, einen besondern Antrag stellen wollen und welchen.

Herr Topali bemerkt dagegen, daß es, bevor solche besondere Anträge zur Kenntniß gebracht werden, zweckmäßig sei, das Commissionselaborat zu erörtern und dann zu vernehmen, ob die Kammer den darin dargelegten Ideen beipflichte oder nicht.

Der Herr Präsident sagte, er habe eben deshalb die Discussion eröffnet, worauf Hr. Topali erwiedert, daß, da Herr Ritter Daninos früher einen besondern Antrag über die von der Kammer zu ergreifenden Maßregeln hervorzurufen beabsichtige, um dann vielleicht gegen den Bericht selbst Widerspruch einzulegen, er der Ansicht sei, die Discussion solle gerade über die im Berichte dargelegten Ideen begonnen werden, indem, falls man dagegen Widerspruch einlegen wolle, dieser jedem andern Beschlusse vorangehen müsse.

Der Präsident ladet die Kammer ein, den Bericht der Berathung zu unterziehen. Nachdem einige Minuten Schweigen geherrscht, sagte Herr Topali: Aus dem Schweigen der Kammer schließe ich, daß sie der Darlegung der Commission beistimmt. Dies vorausgesetzt, knüpfe ich daran den Antrag, daß, im Hinblick auf die Zustimmung der Kammer zu den Ansichten der Commission und, obgleich schon der Commissionsbericht die Weigerung des Ministeriums erwähnt, die angesuchte Beiziehung des die Hafenarbeiten leitenden und überwachenden Ingenieurs zu gestatten, die Börsedeputation beauftragt werde, an das k. k. Handelsministerium eine Denkschrift zu richten, die auf Grundlage des Commissionselaborats verfaßt und in welcher der peinliche Eindruck hervorgehoben werden soll, den die erwähnte Weigerung verursacht habe. Rücksichtlich der letztern fügte Herr Topali die Bemerkung bei, die Behauptung sei unrichtig, daß die Kammer sich an den Commissionsberathungen über die Hafenangelegenheit niemals betheiligt habe, indem er, obwohl erst seit kurzem Mitglied der Kammer, jedoch, wie natürlich, den Interessen dieser seiner zweiten Heimat lebhafte Theilnahme widmend, der verschiedenen Stadien, welche dieser Gegenstand durchlaufen, keineswegs unkundig sei und wisse, daß die Kammer sich an darauf bezüglichen, von der Regierung angeordneten Commissionsberathungen wiederholt betheiligt habe. Entweder sei dem Ministerium diese Thatsache unbekannt gewesen, oder es wollte sie ignoriren, oder es sei schlecht unterrichtet gewesen — das seien die Möglichkeiten, welche den betreffenden, damit im Widerspruche stehenden Behauptungen des Ministeriums zur Erklärung dienen können.

Nun ist es jedoch keineswegs mehr zulässig, daß dasselbe ignoriren könne, was von Seite der Handelsvertretung des ersten Emporiums der Monarchie geschehen sei; noch weniger lasse sich annehmen, daß man diesen ersten Hafen des Reiches absichtlich schädigen wolle; es bleibt also nichts übrig, als die Vermuthung, Se. Excell. der Minister sei in dieser Angelegenheit schlecht berichtet gewesen, und deshalb scheine es angemessen, das ausdrücklich hervorzuheben, was dazu dienen könne, auch diesen auf das Gebiet der verschiedenen, gegen die Kammer und deren Vertreter erhobenen ungerechten Beschuldigungen gehörigen Vorwurf zu widerlegen.

Wie schwach auch die Hoffnung sei, welche der Redner bezüglich der Ergebnisse der neuen Schritte hegt, die nun gethan werden sollen, so glaubt er doch, daß man auf dieselben nicht verzichten könne und dürfe, ja er habe zuerst die Idee gehegt, die heutigen Ansuchen mittelst einer besonderen Deputation beim Ministerium und nöthigenfalls bei Sr. M. dem Kaiser zu befürworten. Gegenwärtig scheine es ihm jedoch, daß die betreffenden Anträge in dem Sinne abgeändert und vereinfacht werden könnten, daß, da der Herr Statthalter, wie er vernommen, im Begriffe stehe, nächstens nach Wien abzureisen, die Börsedeputation beauftragt werde, demselben eine Denkschrift zu überreichen und dabei den lebhaften Wunsch der Kammer auszudrücken, daß die darin dargelegten Ideen und Vorschläge zur Durchführung gelangen, gleichzeitig aber ihn um seine kräftige Unterstützung zu Gunsten dieser Bestrebungen des triester Platzes zu bitten. Herr Topali hegt die zuverlässige Hoffnung, der Herr Statthalter werde diesem Ansuchen geneigtes Gehör schenken und stellt mithin folgenden Antrag: Die Kammer wolle die Börsedeputation beauftragen, dem Handelsministerium eine Denkschrift zukommen zu lassen, die auf Grundlage des Commissionselaborats verfaßt sei und worin der peinliche Eindruck hervorgehoben werde, welchen die Weigerung hervorgerufen habe, den mit Leitung und Ueberwachung der Hafenarbeiten beauftragten Ingenieur an den Commissionsberathungen theilnehmen zu lassen, und die Kammer möge die Börsedeputation ferner beauftragen, diese Denkschrift dem Herrn Statthalter mit der Bitte zu überreichen, er möge bei den höheren Behörden seinen mächtigen Einfluß zur Geltung zu bringen, damit die Wünsche der Kammer und der Stadt Erhörung finden.

Herr Ritter A. Daninos sagt, Herr Topali habe nunmehr der Anfrage entsprochen, die er zuerst an den Präsidenten gerichtet und die Discussion könne sich jetzt auf einem bestimmten Boden bewegen. Bevor er jedoch auf den Antrag des Herrn Topali näher eingehe, müsse er einige Bemerkungen über das Commissionselaborat vorausschicken. Die Frage der Hafenarbeiten gehöre in hohem Grade zu jenen, bei welchen das Licht der Wahrheit überaus wünschenswerth erscheine, so daß die Bestrebungen Aller darauf gerichtet seien, dieses Licht zu erzielen, welches freilich mit vielen Schwierigkeiten zu kämpfen habe. Es sei unleugbar, daß die Arbeiten vom Beginne an von Seite eines großen Theiles der Bevölkerung auf eine aus Voreingenommenheit entsprungene Antipathie stießen. Diese Antipathie ist verschiedenen Ursachen zuzuschreiben, und zwar vielleicht weniger thatsächlichen Gründen als der geringen Sympathie für die Gesellschaft, welche das Werk übernommen. Was technische Fragen betrifft, so können dieselben sicher nicht durch einseitige Erörterungen zahlreicher Körperschaften entschieden werden; dies ist eine Aufgabe, welche nur am Arbeitstische von competenten Sachverständigen gelöst werden kann. Von dieser Ueberzeugung durchdrungen hat die Kammer eine Commission ernannt, welche ihren Auftrag mit gleich lobenswerther Emsigkeit und Sachkenntniß erfüllte. Als einen der größten Vortheile, die sich aus dem Commissionsoperate ergeben, bezeichnet Herr Ritter Daninos den durch dasselbe gelieferten Beweis, daß die Besorgnisse, denen sich die Bevölkerung Triest's betreffs der Nachtheile hingebe, die aus den Hafenarbeiten für Handel und Schiffahrt entspringen, sehr übertrieben seien, indem sich aus dem Berichte entnehmen lasse, daß die gerügten und übertriebenen Verschiebungen, die der Rhede durch die Steinwürfe u. s. w. zugefügten Schäden u. s. w. nicht jenen Umfang haben, den man ihnen zuschrieb. An einem einzigen Puncte habe nämlich die Commission solche Vorkommnisse in erheblicherem Grade ausfindig gemacht. Hr. Ritter Daninos will indessen auf das Wesen der vorgeschlagenen Aenderungen an den Molos u. s. w. nicht näher eingehen, da er sich nicht die Fachkenntniß zutraue, um dabei als Richter oder Kritiker aufzutreten, um so weniger als die Kritik mit besseren Rathschlägen Hand in Hand gehen müsse, die er, in der Hydraulik unerfahren, gewiß nicht zu ertheilen im Stande sei. Als Ergebniß von Studien, welche competente Personen an Ort und Stelle vorgenommen, werden die Anträge der Commission ohne Zweifel die besten für unsere Interessen sein, er beabsichtige deshalb durchaus nicht, dagegen Einwendungen zu machen. Weniger einverstanden sei er jedoch mit einem andern Theile des Commissionselaborats, nämlich mit jenem, wo es heiße, daß auch jene Arbeiten, gegen die kein Bedenken obwalte, und die keine Abänderung zu erleiden hätten, nicht eher zur Durchführung gelangen sollen, als bis ein vollständiges neues Bassin überliefert ist — ein Verlangen, welches ebensoviel heißt, als die Einstellung der Arbeiten fordern. In einer Frage, welche blos den Unternehmer interessirt, ist ein einseitiges Urtheil nicht möglich. Es ist beklagenswerth, wie Herr Topali sagte, daß die Commission mit den bei der Arbeit beschäftigten Ingenieuren in keine Berührung kam, weil aus einer solchen Berührung mittels des Ideenaustausches eben der Funken der Wahrheit entspringen konnte; allein deshalb und wegen des mißlungenen Versuches einer solchen Berührung erfordert es die Klugheit doch nicht, die Schlußfolgerungen und Anträge des Commissionsberichtes vollständig anzunehmen, und es bleibt immer rathsamer, jene Conferenzen hervorzurufen, bei welchen der Austausch von Anträgen, Ideen und Rathschlägen, die bei einer so wichtigen Frage unerläßlich sind, mit aller Leichtigkeit stattfinden kann. Mit Rücksicht auf das zwischen der Regierung und der Südbahn betreffs des Hafens bestehende Uebereinkommen kann die Regierung in dieser Angelegenheit nicht befehlend auftreten, ohne sich starken Entschädigungsforderungen auszusetzen und auch deshalb ist eine vorgängige Verständigung unter den Betheiligten dringend nothwendig. Angemessen und willkommen scheint Herrn Ritter Daninos der Gedanke, den Herrn Statthalter um seine Unterstützung zu bitten; er möchte dieselbe jedoch folgendem Antrage gesichert wissen, den er mit Bezug auf den verhandelten Gegenstand stellt:

Die Kammer nimmt den Bericht der löbl. Commission zur angenehmen Kenntniß und drückt derselben für den Eifer und die Sachkenntniß, womit sie den ihr ertheilten Auftrag erfüllte, den gebührenden Dank aus; sie beauftragt ferner die Börsedeputation, an S. Exc. den Herrn Handelsminister eine Denkschrift zu richten, welche, nach vorausgeschickter Wider=

legung der in dessen Erlasse vom 14. September d. J. Nr. 25275 angeführten Gründe, die im Commissionsberichte enthaltenen thatsächlichen Erhebungen und daran geknüpften Anträge zusammenfasse und die dringende Bitte beifüge, Se. Exc. möge ohne Aufschub in Triest eine Enquetecommission einsetzen, die aus Abgeordneten der k. k. Regierung, der Südbahn und der Handelskammer zu bestehen habe, zu dem Zwecke, wenn möglich im gemeinsamen Einverständniß jene Maßregeln zu prüfen, zu erörtern und festzustellen, die am geeignetsten wären, die Interessen und Bedürfnisse des Handels und der Schiffahrt mit den für den Hafen noch durchzuführenden Arbeiten und beziehungsweise mit jenen Bestimmungen des bezüglich dieser Arbeiten zwischen der k. k. Regierung und der Südbahn bestehenden Uebereinkommens in Einklang zu bringen, deren Abänderung durchaus nicht möglich wäre.

Herr Escher erklärt sich mit dem Antrage des Herrn Ritters Daninos einverstanden und fügt bei, daß wenn auch Se. Exc. der Minister früher die angesuchte Betheiligung der bei den Arbeiten beschäftigten Ingenieure abgelehnt, er, da er Grund zu glauben habe, es sei ein Mißverständniß vorgekommen, die Ansicht hege, daß derselbe jetzt diesem Ansuchen zustimmen werde.

Der Präsident bemerkt, er nehme die Aeußerung des Herrn Escher bezüglich eines vorgekommenen Mißverständnisses zu angenehmer Kenntniß.

Herr Topali hebt als erste Grundlage seiner Darlegung die durch die Erhebungen constatirte Thatsache hervor, daß, wenn eine Möglichkeit vorhanden sei, daß der künftige Hafen Verbesserungen erlange, es durchaus nöthig sei, die von der Commission in diesem Betreffe gegebenen Rathschläge rasch zur Ausführung zu bringen. Jeder Aufschub wäre verderblich. Die Commission hat ferner — und dies möchte er ausdrücklich hervorgehoben sehen — keineswegs vergessen, was in dieser Angelegenheit schon gethan und gesagt worden ist; es war keineswegs ihre Absicht, das Hafenproject anzunehmen und gutzuheißen und das bisher Geschehene zu billigen; sie wollte ganz einfach das Uebel als eine vollendete Thatsache anerkennen, demselben aber wenigstens für die Zukunft einen Damm setzen. Ja, um zu zeigen, welcher versöhnliche Geist sie beseelte, suchte sie um die erwähnte Betheiligung von Seite der Regierung an, erhielt jedoch eine abschlägige Antwort. Hierauf prüfte sie, was bereits gethan worden, und was in Zukunft gethan werden könnte; und die Studien und Erhebungen von Männern, die in hydraulischen Arbeiten und in der Schiffahrt erfahren, sowie in den Localverhältnissen bewandert, sind es eben, welche dem heutigen Berichte der Commission zum Grunde liegen.

Die Schlußfolgerungen des Herrn Ritters Daninos — fährt Herr Topali fort — ich bedaure dies sagen zu müssen, da ich schon bei andern Anlässen zu meinem Leidwesen seine Empfindlichkeit, wenngleich nicht durch meine Schuld, verletzt sah, seine Schlußfolgerungen gehen von keinem richtigen Principe aus. Er sagt, die Regierung habe nicht das Recht, an den Hafenarbeiten Abänderungen zu treffen, weil sie durch einen Vertrag mit der Südbahn als Unternehmerin gebunden sei, welche Entschädigungen verlangen könnte. Selbst dies Alles zugegeben, ist es doch nicht diese Frage, womit sich die Kammer zu befassen hat, indem es sich jedenfalls ergibt, daß Aenderungen möglich sind. Herr Topali las vor einigen Tagen ein Schreiben des Herrn Bontoux an den Herrn Ritter Carcassonne, worin ersterer erklärt, er wünschte im Privatwege alle verlangten Aufschlüsse über die Hafenarbeiten zu geben, jedoch nur, wenn ihm von der Regierung dazu die Erlaubniß ertheilt würde, da seiner Ansicht nach der Staat die Arbeiten anordnet, die Südbahn dieselben aber blos ausführt. Kurz Alles bestärkt in der Ueberzeugung, daß das Commissionselaborat, beziehungsweise die Wünsche der Kammer ohne Aufschub vorgelegt werden sollten, und wer heute die Angelegenheit verzögern wollte, würde seiner Ansicht nach dem durch die Hafenarbeiten schon benachtheiligten Lande nur neuen Schaden zufügen.

Der **Präsident** bemerkt, auch er habe von dem Schreiben, welches Hr. Topali erwähnt, und von den darin enthaltenen Erklärungen Einsicht genommen. Hierauf hebt er einen von Hrn. Ritter Daninos gebrauchten Ausdruck hervor, der eine schiefe Auslegung finden könnte, weshalb er, ohne sich zum Dolmetscher der Bevölkerung Triest's aufzuwerfen, doch mit Bezug auf die früheren Verhandlungen über den Gegenstand betonen müsse, daß die Kammer nicht aus Anti=

pathie gegen die Südbahn, sondern das Beste Triest's und des Staates ins Auge fassend bisher stets gegen die projectirten Arbeiten Opposition gemacht habe.

Hr. Ritter Daninos erklärt, er müsse die Aeußerung, gegen welche der Hr. Präsident gewissermaßen eine Rüge ausgesprochen, richtig stellen; er habe nämlich nicht von der Kammer gesprochen, sondern von einem großen Theile der Bevölkerung Triest's, habe also keine rügenswerthe Anspielung weder auf die Kammer noch auf deren Abgeordnete gemacht. Bezüglich der Bemerkungen des Herrn Topali fügt Herr Ritter Daninos bei, daß, falls auch die Kammer das Commissionselaborat genehmigte und es Sr. Exc. vorlegte, man deshalb doch nicht die gestellten Anträge im Verlaufe von einigen Tagen angenommen und decretirt sähe — denn wie sehr auch die Südbahn sich blos als Unternehmerin betrachte, könne doch das Ministerium niemals Das befehlen, was nicht im gemeinsamen Einverständniß angenommen wird. Herr Topali selbst gebe dies zu und deshalb weise er, der Redner, den Vorwurf zurück, daß, wer etwas Anderes vorschlage, als die unmittelbare Vorlage des Berichtes, die Schuld für den Schaden tragen würde, welchen die Arbeiten der Stadt zufügten oder zufügen könnten. Dies ist, fügt Hr. Ritter Daninos bei, eine der gewöhnlichen, aus der Luft gegriffenen Beschuldigungen, die hier nicht gehört werden sollten, wo thatsächliche Fragen zur Verhandlung kommen; mein Gewissen sagt mir, daß ich nie etwas gegen die Interessen dieser meiner geliebten zweiten Heimat gesagt oder gethan, noch thun werde.

Hr. Topali erwiederte, er habe wohl vorausgesehen, daß die Empfindlichkeit des Hrn. Ritters Daninos so groß sei, daß man ihm zuliebe die Worte auf die Wagschale legen müsse, als wären sie Gold, was sie doch nicht sind, und Jene, denen, wie ihm, nur eine schwache rednerische Begabung zu Gebote stehe, sich bewogen finden müßten, ganz aufs Wort zu verzichten. Was er übrigens sage, das — dessen sei er sich bewußt — sage er zu Gunsten seiner Mandanten. Er erhob und erhebe niemals derlei „gewöhnliche Beschuldigungen", sondern habe als Mitglied der Kammer das Recht es auszusprechen, wenn er etwas für dem Lande schädlich halte. Werde man auch, wie Herr Ritter Daninos sagte, den gewünschten Erfolg nicht so leicht erzielen, wenn man den Be=

richt direct dem Ministerium vorlege, so ist er doch überzeugt, daß man auch später etwas erlangen werde, wenn man jetzt blos eine neue Commission verlange. Herr Topali liest die Stelle des Schreibens des Hrn. Bontoux, auf die er früher hingewiesen, und schließt mit der Aeußerung, er glaube, daß, sowie Herr Ritter Daninos durch seine patriotischen Gesinnungen bekannt sei und gewiß nur immer von diesen beseelt spreche, ebenso auch keinem Zweifel unterliege, daß alle Mitglieder der Kammer in gleicher Weise denken und handeln.

Herr Escher ist der Meinung, die Stellung der Südbahn sei eine zweifache, da sie zwar Unternehmerin sei, aber ihr Privatinteresse auch erfordere, daß der Hafen immer seine Verbindung mit der Station beibehalte, so daß man von der Südbahn gewiß nützliche Aufklärungen erhalten könne, weshalb der Antrag des Herrn Daninos zweckmäßig erscheine.

Herr Ritter Daninos erblickt in der von Herrn Topali verlesenen Stelle des Schreibens ein Argument zu seinen Gunsten, da Herr Bontoux seine Geneigtheit erkläre, Aufschlüsse zu geben, woraus erhelle, das einzige Mittel, um zu ersprießlichen und raschen Ergebnissen zu gelangen, bestehe eben in einer Erörterung zwischen den betheiligten Parteien.

Herr Tarabochia bezeichnet die Annahme des Herrn Ritters Daninos als irrig, daß die Bevölkerung von Triest sich aus Antipathie dem Hafenprojecte feindselig gegenübergestellt habe. Ebenso ungegründet sei es, daß die Bevölkerung und der Handelsstand ihren Widerwillen gegen die Arbeiten aufgegeben. Es sei eine durch die Acten bewiesene Thatsache, daß die städtischen Körperschaften sich bei allen Anlässen bereitwillig zeigten, an Berathungen und Conferenzen über den Gegenstand theilzunehmen, aber es ist nicht minder wahr, daß diese Conferenzen immer illusorisch blieben, weil sie von den Präsidien mit der Erklärung eingeleitet wurden, daß der Plan des Hafens keiner Erörterung unterliege, und diesem Umstande seien die Verwahrungen zuzuschreiben. Noch in neuester Zeit trat dieser Fall ein, deshalb hat man jedoch nicht auf seine Meinung Verzicht geleistet und beabsichtigt auch nicht durch sein Schweigen das Geschehene zu billigen. Wer nur die geringsten maritimen Kenntnisse hat, und die Arbeiten mit eigenen Augen betrachtet, überzeugt sich, daß die Bassins zu beschränkt ausfallen werden, daß die mit dem Projecte beauftragten Techniker dasselbe auf dem Papiere studirten und nicht an der Hand der Erfahrung. Zum Beweise dafür möge man die im Gange befindlichen, nicht vollendeten und dem Einsturze nahen Bauten in Augenschein nehmen; blos der Molo II bietet heute nur kleine Senkungen dar, weil er in Folge des schlechten Ergebnisses der früheren Systeme nach einem neuen errichtet wurde; wie Herr Tarabochia glaubt, indem er jedoch vorausschickt, daß er kein Techniker sei, wird auch dieser neue Bau einstürzen, wenn man die jetzt errichteten Seitenwände ausfüllen wird. Schließlich wird ein Ruinenhaufen zum Vorschein kommen, ein Berg im Meere und Plätze, erkauft mit Millionen, die bestimmt waren, einen Hafen ins Leben zu rufen.

Die Commission wollte darauf nicht zurückkommen, sondern ihr eigenes Bestreben ist darauf gerichtet, bei den noch durchzuführenden Arbeiten mindestens einen kleinen Meeresraum zu retten, der für die freie Bewegung unentbehrlich ist, den aber das in Ausführung befindliche Project jedenfalls wegnehmen würde. Die Regierung wird thun, was sie für das Beste hält, allein die Handelsvertreter haben die Pflicht, das Uebel in jenem letzten Theile dessen zu mildern, was einst unser Hafen war, aber nicht mehr ist. Herr Tarabochia befürwortet also diesen letzten Versuch, obschon nach den letzten gemeinschaftlich mit dem Municipium gethanen Schritten wenig Aussicht auf Erfolg ist.

Herr Dr. Levy glaubt, man könnte vielleicht die verschiedenen Ansichten mit einander in Einklang bringen, wenn man das Commissionselaborat dem Ministerium vorlegte und demselben, unter Hervorhebung des peinlichen Eindruckes der Weigerung, den besondern Wunsch beifügte, daß das Ministerium, um eine definitive Entscheidung der Frage herbeizuführen, auch die Ingenieure und die Südbahn einvernehme.

Herr Verona schmeichelt sich nicht, daß die vorzunehmenden Schritte einen günstigen Erfolg haben werden, da er, der an allen Commissionen theilgenommen, gesehen hat, wie von der Regierung denselben zugezogene Personen, obschon dieselben mit den Wünschen Triest's nicht einverstanden waren, schließlich die von unseren Seeleuten ausgesprochenen Ideen unterstützten, ohne daß man in Wien darauf irgendwie Gewicht legte oder sich in seinen Entschließungen beirren ließ.

Die Regierung wird, wenn sie will, die Wünsche Triests, des Municipiums und der Kammer berücksichtigen können, und zwar, ohne eine neue Commission zu hören, weshalb die Einberufung einer solchen nur einen schädlichen Aufschub verursachen würde.

Herr Teuschl hebt hervor, die Kammer habe vor einigen Monaten die Einberufung einer Commission ohne Zuziehung von Delegirten der Eisenbahn verlangt; in der gegenwärtigen Commission habe man auf seinen Antrag dies wieder gut machen wollen, aber Se. Exc. der Minister lehnte das betreffende Ansuchen ab, zu großem Befremden Derer, von denen es ausgegangen. Jetzt neuerdings dasselbe verlangen, habe keinen rechten Grund, da man vielmehr annehmen müsse, das Ministerium wolle hier keine Commission mit Zuziehung der gewünschten Ingenieure; vielleicht werde sich Se. Exc. der Minister aus eigenem Antriebe entschließen, die Sache untersuchen zu lassen, und wenn er übel berichtet war, hätte er jedenfalls die Kammer über die schwebende Angelegenheit einvernehmen können. Bei der Stilisirung des Berichtes könnte man aber vielleicht auf die Nützlichkeit commissioneller Erhebungen hinweisen.

Nach Schluß der Discussion wurde, nachdem der Antrag des Herrn Ritters Daninos ohne Unterstützung geblieben, und auch der Vermittlungsvorschlag des Herrn Dr. Levy nur 7 Stimmen erhalten, der Antrag des Herrn Topali zur Abstimmung gebracht und mit 21 St. angenommen, so daß also beschlossen ist, dem k. k. Ministerium so wie der k. k. Statthalterei zur warmen Befürwortung das Commissionselaborat vorzulegen, mit Hervorhebung des peinlichen Eindrucks, den die vom Ministerium für die erwähnte Weigerung angeführten Gründe hervorgerufen.

www.ingramcontent.com/pod-product-compliance
Lightning Source LLC
Chambersburg PA
CBHW021811230426
43669CB00008B/717